Contra-história da filosofia

V

EUDEMONISMO SOCIAL

MICHEL ONFRAY

Contra-história da filosofia

V

EUDEMONISMO SOCIAL

Tradução
Ivone C. Benedetti

SÃO PAULO 2013

Esta obra foi publicada originalmente em francês com o título
L'EUDÉMONISME SOCIAL
por Editions Grasset & Fasquelle
Copyright © Editions Grasset & Fasquelle, 2008
Copyright © 2013, Editora WMF Martins Fontes Ltda.,
São Paulo, para a presente edição.

1ª edição 2013

Tradução
Ivone C. Benedetti
Acompanhamento editorial
Luzia Aparecida dos Santos
Revisões gráficas
Andréa Stahel M. da Silva
Renato da Rocha Carlos
Edição de arte
Katia Harumi Terasaka
Produção gráfica
Geraldo Alves
Paginação
Moacir Katsumi Matsusaki

Dados Internacionais de Catalogação na Publicação (CIP)
(Câmara Brasileira do Livro, SP, Brasil)

Onfray, Michel
    Eudemonismo social / Michel Onfray ; tradução Ivone C. Benedetti.
– São Paulo : Editora WMF Martins Fontes, 2013. – (Série contra-história
da filosofia)

    Título original: L'eudémonisme social
    ISBN 978-85-7827-674-4

    1. Eudemonismo 2. Filosofia – História I. Título. II. Série.

13-02981   CDD-109

Índices para catálogo sistemático:
1. Filosofia : História   109

Todos os direitos desta edição reservados à
Editora WMF Martins Fontes Ltda.
Rua Prof. Laerte Ramos de Carvalho, 133 01325-030 São Paulo SP Brasil
Tel. (11) 3293-8150 Fax (11) 3101-1042

e-mail: info@wmfmartinsfontes.com.br http://www.wmfmartinsfontes.com.br

SUMÁRIO

QUINTA PARTE
EUDEMONISMO SOCIAL

Introdução: Estúpido século XIX? 13

1) *De Hegel a Husserl...* **2)** *Termos e temores do século.* **3)** *Utopia liberal.* **4)** *Anatomia do liberalismo.* **5)** *Vícios privados, virtudes públicas.* **6)** *Vivam os pobres!* **7)** *Invenção dos socialismos.* **8)** *O século da pauperização.* **9)** *Flora versus Karl.* **10)** *Uma biografia do capitalismo.*

PRIMEIRO TEMPO: Liberalismos utópicos

I. WILLIAM GODWIN E "A FELICIDADE GERAL" 35

1) *O gato do domingo.* **2)** *O menino pregador.* **3)** *Temperamento libertário.* **4)** *A carne de um homem sem carne.* **5)** *Filósofo de sucesso.* **6)** *O avô de Frankenstein.* **7)** *O anarquista mais esquisito da paróquia!* **8)** *Inferno e paraíso no mesmo livro.* **9)** *Profeta do utilitarismo.* **10)** *Casuísticas utilitaristas.* **11)** *O lacaio de Fénelon.* **12)** *Tirania da utilidade.* **13)** *Eutanásia do governo.* **14)** *O paraíso? Um inferno...*

II. JEREMY BENTHAM E O "EUDEMONISMO COMO ARTE" . . 69

1) *O geniozinho da inutilidade.* **2)** *Eureca filosófico.* **3)** *A dupla Bentham-Dumont.* **4)** *O empreendedor filósofo.* **5)** *O empreendedor, continuação!* **6)**

O horticultor e a geladeira. **7)** *A múmia filosófica.* **8)** *Eudemonismo como arte.* **9)** *Rachadura no belo edifício.* **10)** *Abolir a palavra dever.* **11)** *Puro prazer e prazer puro.* **12)** *"Termômetro moral".* **13)** *Vícios e virtudes.* **14)** *Técnicas éticas.* **15)** *"Emancipai vossas colônias!"* **16)** *Contra o preconceito homofóbico.* **17)** *Zoofilia utilitarista.* **18)** *Excelência da pequena moral.* **19)** *Liberalismo utópico.* **20)** *A ficção do destruidor de ficções.* **21)** *Droga de pobres!* **22)** *Crimes da indigência.* **23)** *Regime disciplinar liberal.* **24)** *Princípio pan-óptico.*

SEGUNDO TEMPO: Socialismos atópicos

I. John Stuart Mill e "a plenitude de vida" 125

1) *Uma educação benthamiana.* **2)** *Ainda sob a égide do pai.* **3)** *Hápax existencial.* **4)** *Alegria por matar o pai!* **5)** *Lições de uma depressão nervosa.* **6)** *Uma vida romântica.* **7)** *Entre a vida antiga e a nova.* **8)** *O antipai no nome da mãe.* **9)** *Adultério utilitarista.* **10)** *Harriet, sua razão maiêutica.* **11)** *Radicalismo filosófico.* **12)** *Uma obra escrita a três.* **13)** *Um utilitarista sutil.* **14)** *É preciso matar o pai.* **15)** *A vida pós-Édipo.* **16)** *Sócrates insatisfeito versus porco satisfeito.* **17)** *O prazer por acréscimo.* **18)** *Os hedonistas como irmãos inimigos.* **19)** *Socialismo antitotalitário.* **20)** *Celebração do indivíduo.* **21)** *Novas possibilidades de existência.* **22)** *Limites à liberdade.* **23)** *Por um Estado controlador.* **24)** *Um socialismo moderado?* **25)** *Uma vida socialista.*

II. Robert Owen e "a felicidade progressista" 173

1) *Criança autodidata.* **2)** *Empreendedor prodigioso.* **3)** *Capitalista paternalista.* **4)***O "monitor silencioso".* **5)** *Invenção do socialismo.* **6)** *Um "sistema da felicidade".* **7)** *O empresário da utopia.* **8)** *Façamos tábua rasa.* **9)** *Flagelo liberal.* **10)** *Abolir a propriedade privada.* **11)** *Eliminar a religião.* **12)** *Destruir o casamento.* **13)** *Funesta instituição.* **14)** *O casal em fase de teste.* **15)** *Uma pedagogia da felicidade.* **16)** *Formação dos caracteres.* **17)** *Uma educação nacional.* **18)** *Um homem novo.* **19)** *Reino da justiça.* **20)** *Os meios da revolução.*

III. Charles Fourier e "a magia social" 211

1) *O cosmo como bordel.* **2)** *Primórdios em Besançon.* **3)** *Maçã e arroz.* **4)** *O come-gato.* **5)** *Parto gnóstico.* **6)** *Sobrinhas zoneiras.* **7)** *Tempo dos discípulos.* **8)** *Fourier divulgado.* **9)** *Uma filosofia gótica.* **10)** *Numerologia frenética.* **11)** *Coroamento do gótico.* **12)** *Um gnóstico pós-industrial.* **13)** *"Atração apaixonada".* **14)** *Girafa, antigirafa, contragirafa.* **15)** *Nossos corpos etéreos imortais.* **16)** *Falsidade da Civilização.* **17)** *Da abundância nasce pobreza.* **18)** *A invenção da ecologia.* **19)** *Um companheiro de estrada utilitarista.* **20)** *Razão glacial e paixões liberadas.* **21)** *Falanstério e gastrosofia.* **22)** *Ópera e esgotos.* **23)** *Quando o trabalho é prazer.* **24)** *Um radicalismo feminista.* **25)** *Hierarquia dos chifrados.* **26)** *Sexo em Harmonia.* **27)** *Quando o cosmo goza.*

IV. Bakunin e "o paraíso humano na terra" 267

1) *Bakunin, o jovem.* **2)** *Devorar, digerir, superar Hegel.* **3)** *Boêmia revolucionária.* **4)** *Energia de destruição.* **5)** *Cela, exílio e deportação do gigante.* **6)** *Programa anarquista.* **7)** *Fim de uma vida boêmia.* **8)** *Manual de utilitarismo anarquista.* **9)** *"Confissões", breviário utilitarista.* **10)** *Anarquista ou libertário?* **11)** *Um pensamento satânico.* **12)** *Ciência libertária.* **13)** *Ateísmo combativo.* **14)** *As três morais.* **15)** *Autoritários contra libertários.* **16)** *Água e fogo.* **17)** *Estado marxista contra revolta anarquista.* **18)** *Amigo e inimigo do povo.* **19)** *Sequência das previsões.* **20)** *Positividade anarquista.*

Conclusão: Elogio de uma política minúscula 309

1) *Vida e morte dos dispositivos coletivos.* **2)** *Positividade das microssociedades.* **3)** *Radicalismos existenciais.*

Bibliografia 315

Cronologia 325

Índice remissivo. 331

"A máquina mói os ossos dos operários"
NIETZSCHE, *Considerações inatuais*, I.

"A divisão do trabalho é o princípio da barbárie"
NIETZSCHE, *Nascimento da tragédia*, fragmentos diversos.

"As palavras fábrica, mercado de trabalho, oferta e demanda, produtividade (pertencem ao) jargão dos negreiros e dos empregadores"
NIETZSCHE, *Considerações inatuais*, I.

QUINTA PARTE

Eudemonismo social

INTRODUÇÃO
Estúpido século XIX?

1

De Hegel a Husserl... Na esteira de Léon Daudet, militante da Ação Francesa que vomitou 1789 em *Les Morticoles* (1894), frequentemente se fustigou o *Stupide XIXe siècle* [Estúpido século XIX], título de uma de suas obras, publicada em 1922. Por quais razões se recorreu a essa expressão para caracterizar os cem anos que, *grosso modo,* separam a morte de Immanuel Kant (1804) da publicação da *Interpretação dos sonhos* de Sigmund Freud (1900)? Ou, segundo outras referências, a publicação da *Fenomenologia do espírito* de Hegel (1807) do ano durante o qual Nietzsche mergulha na loucura (1889)? Por quais razões, se não para relegar o século do socialismo e do comunismo, do anarquismo e das revoluções às latas de lixo da História nas quais a direita reacionária gostaria de confiná-los definitivamente?

Esse século começa com o nascimento de Victor Hugo (1802), ou com *Le Génie du christianisme* [O gê-

EUDEMONISMO SOCIAL

nio do cristianismo] de Chateaubriand no ano anterior, terminando com a música de Ravel – *Pavana para uma infanta defunta* – ou com as teorias de Max Planck sobre os *quanta*. Abertura com Fichte, Hegel, Schelling; fechamento com Freud, Bergson e Husserl. Goya, David, Turner, Ingres para começar; Cézanne, Matisse, Picasso para acabar... Cabe lembrar que *As senhoritas de Avignon* data de 1907! Naquele ano, Anton von Webern compõe sua primeira obra. Cem anos marcados por velocidade, aceleração, desabalada do tempo, loucura cronológica que a revolução industrial trouxe e levou consigo...

Na sexta caminhada de seus *Rêveries du promeneur solitaire* [Devaneios do caminhante solitário] (1782), Rousseau conta como se acha distante do mundo e dos homens, dos quais foge para encontrar a felicidade; fala do reconforto e do consolo da natureza, da floresta, das ravinas, dos precipícios; sente prazer com plantas e flores quando herboriza; depois, mais ainda, delicia-se com a sua solidão total... É então que ouve um ligeiro estalido, um ruído regular. O filósofo para, deita-se, *presta atenção*, afasta os ramos e descobre... uma "manufatura num precipício"!

Os glosadores da universidade, com carta geográfica em punho, acreditam que aí também, aí novamente, Rousseau exagera; que na configuração topográfica o precipício realmente não é precipício, o sublime tampouco é sublime e, talvez, a manufatura não esteja tanto assim no barranco... barranco que, aliás, podia não passar de pequena depressão geológica... Rousseau tal qual em si mesmo! Não importa, o que conta aí é sua presciência: o real, embora não se assemelhe de verdade à realidade, acabará por conformar-se a ela um dia. O que o pensador

INTRODUÇÃO

atrabiliário ensina – ou seja, o fim do tempo virgiliano e o advento dos tempos industriais, a morte dos campos e o reinado das fábricas – são verdades com as quais o século seguinte precisará entender-se. O autor de *Confessions* [Confissões] nem imaginava como a História lhe daria razão nesse ponto!

2

Termos e temores do século. A verdade do século XIX está em alguns termos novos que, evidentemente, abrangem e nomeiam realidades novas. *Communisme* [comunismo], por exemplo, já se encontra em 1797 na obra *Monsieur Nicolas* [Senhor Nicolas], de Restif de La Bretonne, mas a palavra fica relativamente sem uso até 1840, data do banquete comunista de Belleville que reuniu mil e duzentas pessoas, com a exclusão explícita dos socialistas. Cabe acrescentar que a ideia comunista existe antes disso, por exemplo em Campanella, Mably, Morelly, entre outros modernos. A palavra *socialisme* [socialismo], por sua vez, data de 1831. Dissemina-se na França graças a Pierre Leroux em seu livro *Égalité* [Igualdade], mas o termo já existia em italiano desde 1803, ou na Inglaterra, em Owen, já em 1822. *Anarchiste* [anarquista] encontra-se pela primeira vez na pluma de Pierre Joseph Proudhon na obra *Qu'est-ce que la propriété?* [O que é a propriedade?], de 1840. Esse sintagma serve-lhe para indicar sua posição política singular: o pensador socialista recusa e refuta qualquer autoridade e qualquer governo vindos de cima para baixo, preferindo-lhes lógicas de uma horizontalidade contratual.

15

EUDEMONISMO SOCIAL

Capitalisme [capitalismo] existe faz tempo, pois seu princípio é tão velho quanto o mundo... A estreita definição marxista do termo (sistema econômico construído com base na propriedade privada dos meios de produção) não faz jus à realidade e à verdade da coisa, pois a lógica econômica da propriedade privada faz a lei desde a aurora do mundo. Assim, a posse da concha de forma e cor original, portanto rara, e sua transformação em mercadoria passível de troca ilustram já uma das modalidades (primitivas) do capitalismo. Após o neolítico procuraríamos em vão um período da história da humanidade no qual as trocas econômicas não tenham sido reguladas por esse sistema de produção e de trocas de bens. Já em 1753 – a palavra existe na pluma de Helvétius –, o termo *capitaliste* [capitalista] designa a pessoa que possui riquezas. O sentido moderno data de meados do século XIX.

O termo *libéraliste* [liberalista] aparece em 1818 na pluma de Maine de Biran. Na acepção da época, ainda não politizada, o termo qualifica o defensor das liberdades, pessoa que, em tempos autoritários, trabalha para a ampliação das liberdades de pensamento, expressão, publicação, ensino e de várias liberdades associadas – entre as quais a de comércio. Essa acepção depois dá lugar a uma definição mais política e também mais econômica: em virtude desse sentido preciso, o liberalismo rejeita a intervenção do poder público nos assuntos da indústria, da manufatura e da produção.

Portanto, o liberal deseja que o Estado exista, é claro, mas que deixe os produtores livres para produzirem como bem entendem. Fica a cargo do Estado ocupar-se da ordem pública – justiça, polícia –,

16

INTRODUÇÃO

da segurança do território – exército –, da moeda – garantias fiduciárias. Quanto ao resto, o adágio *"laissez faire, laissez passer"* basta como totalidade da doutrina... Jeremy Bentham age como filósofo emblemático dessa corrente de economia política que também designa uma corrente filosófica. O mercado deve fazer a lei, pois a "mão invisível" cuida de produzir a ordem justa que dele decorre mecânica e necessariamente – o aparecimento dessa famosa mão data de 1776; ela é encontrada no livro VI da *Riqueza das nações* de Adam Smith. Ora, essa fantasia faz parte da mais pura utopia, o que é confirmado pela realidade há três séculos.

3

Utopia liberal. O liberalismo está enraizado numa *teleologia* cristã ao mesmo tempo que negligencia, esquece ou despreza *a ética* do amor ao próximo oriunda dos Evangelhos. Nesse sentido, a partir de uma desordem visível, essa extravagante mão invisível acaba por produzir uma ordem desejada por um tipo de Ser supremo escolado nas lógicas do mercado. Esse *Deus economista dos liberais* entra em contradição com o *Deus de amor dos Evangelhos*, pois as virtudes habitualmente associadas ao ministério de Jesus ficam em maus lençóis no regime econômico dos fiéis de Adam Smith.

No final das contas, o liberalismo é um utopismo tão perigoso quanto o dos comunistas, se não pior ainda, porque inteligentemente disfarçado: cultua uma teleologia fantasiosa em nome da qual, deixando-se agir a mão invisível, seria possível obter a riqueza das nações que, por uma estranha e inexplicável

EUDEMONISMO SOCIAL

operação do Espírito Santo liberal, possibilitaria a prosperidade de todos por intermédio do enriquecimento de alguns. Ora, Bentham não dá a receita dessa extravagante transmutação. Apresentar os meios da riqueza das nações não basta para enriquecer *todas as individualidades* que as constituem: a realidade comprova que apenas um punhado de eleitos, uma minoria escolhida (provavelmente pelo corpo celeste, divino e invisível que acompanha a famosa mão...), está no comando da grana. Mas esse Deus de mão invisível não é parcimonioso quanto ao preço que se deve pagar pelo enriquecimento das nações. O custo? A negação pura e simples da moral evangélica. Pois a pauperização, correlato inevitável do enriquecimento, justifica e legitima a pobreza dos pobres, a riqueza dos ricos, a rarefação dos ricos e, no mesmo movimento, o aumento do número de pobres e depois o crescimento da riqueza dos ricos concomitante ao da pobreza dos pobres. O Deus que quer ou pelo menos tolera e deixa fazer esse tipo de operação imoral não tem muita relação com a palavra evangélica...

4

Anatomia do liberalismo. O liberalismo dissocia economia, política e moral. Pelo menos: moral cristã. Para justificar sua lógica, ele dispõe de uma moral nova, o utilitarismo, que, com seu pressuposto consequencialista (o bem se confunde com o bom que é definido pelo útil para realizar o soberano bem proposto, a saber, a produção da riqueza das nações...), legitima *moralmente* a busca do lucro e dos ganhos, depois desculpa a negação da dignida-

INTRODUÇÃO

de dos homens transformados em produtores, trabalhadores, operários, proletários. O utilitarismo liberal funciona de mãos dadas com um cinismo ético. Não é amoral, mas imoral, e os filósofos que o defendem elaboram essa imoralidade à sombra das manufaturas. O pai de todos eles chama-se Mandeville, Bernard de Mandeville (1670-1733). Filho de médico, e médico também, especializado em psiquiatria, nasce na Holanda, viaja pela Europa, vai morar na Inglaterra, aprende a língua em alguns meses e depois traduz fábulas de La Fontaine. Escreve um poema de 433 octossílabos intitulado "The Grumbling Hive or Knaves turn'd Honest" [A colmeia resmungona ou Patifes que se tornaram honestos], publicado em 1705. Em 1714, incorpora essa fábula a um texto mais desenvolvido: *The Fable of the Bees or Private Vices, Public Benefits* [A fábula das abelhas ou Vícios privados, benefícios públicos]. A segunda edição publicada no mesmo ano explicita assim no subtítulo: "contendo vários discursos que mostram que os defeitos dos homens, na humanidade depravada, podem ser utilizados em proveito da sociedade civil e desempenhar o papel de virtudes morais".

Distante das versões liberais apresentáveis de Locke, Montesquieu ou Tocqueville, gente civilizada como se deve, ou que pelo menos usa máscara, Mandeville avança com franqueza, de maneira cínica e até cruel: sua fábula diz alto e bom som o que os liberais pensam baixinho. Não devemos esquecer que ele traduz para os ingleses o trabalho de La Rochefoucauld e de outros moralistas franceses: Mandeville pensa além do bem e do mal, como cirurgião, anatomista e legista, para quem o liberalismo é de-

19

EUDEMONISMO SOCIAL

duzido de uma antropologia, quando não de uma visão do homem, desesperadora.

5

Vícios privados, virtudes públicas. O que diz essa fábula? Tem-se uma colmeia próspera, que vive no luxo e no conforto, que refulge graças às suas armas e suas leis, suas ciências e sua indústria, ignorando tanto a tirania quanto a "versátil democracia", governada por um rei limitado por leis. Nessa comunidade de abelhas, alguns trabalham duro, arduamente, outros vivem no luxo, na abundância, e sem jamais recuarem diante daquilo que habitualmente é visto como vicioso: mentira, vilania, hipocrisia, trapaça. Estes últimos não trabalham, a sua atividade consiste em espoliar os primeiros.

No varejo da colmeia, os advogados embromam, pois, quanto mais seus casos se arrastarem, mais eles encherão os bolsos; os médicos preferem os honorários à saúde dos doentes; os militares desonestos, facilmente subornáveis, perdem batalhas enquanto os corajosos que vão para o combate pagam com a própria vida o comprometimento sincero; as sinecuras rendem fortunas; os reis e os ministros, despreocupados com o bem público, pilham o tesouro; os vendedores e os comerciantes trapaceiam no preço de suas mercadorias e roubam o freguês; a justiça é venal, profere suas sentenças em função dos valores recebidos; os magistrados poupam os poderosos, acusam os miseráveis; nada é mais normal... Um retrato da vida corrente de ontem, hoje e amanhã... Cada uma das partes é viciosa, realmente, mas o todo é próspero: os crimes contribuem para a gran-

INTRODUÇÃO

deza; os canalhas, para o bem comum; o paraíso é construído com pedaços de inferno...

O luxo, que parece tão detestável a alguns, fornece trabalho à maioria. O mesmo ocorre com as paixões consideradas ruins, pretensamente indefensáveis, como o orgulho, a inveja e a vaidade, que por sua vez geram grande número de indústrias úteis à prosperidade da nação. O vício mantém o espírito inventivo e o tropismo industrioso: os pobres tiram benefício disso, pois estão em jogo o seu trabalho, sua segurança e a manutenção do emprego, do salário, dos rendimentos, da vida, da sobrevivência, tanto quanto do bem-estar.

Depois – inversão conceitual –, Bernard de Mandeville imagina um tipo de golpe de Estado da moral moralizadora: Júpiter estronda e decide que tudo aquilo deve desaparecer, que é preciso limpar as estrebarias de Augias, fazer faxina, acabar com o vício e impor a virtude. A população amaldiçoa a política, exige moral, quer probidade. Júpiter livra a colmeia de toda a desonestidade. Surge então o reinado da virtude... O filósofo fabulista examina as consequências – o próprio Helvétius também praticara esse tipo de exercício de ficção política em sua obra *De l'homme* [Do homem].

Consequências: os preços caem, pois os vendedores os marcam honestamente, sem trapacear o cliente; os tribunais se esvaziam, pois nenhum litígio ocorre desde que os devedores pagam as somas devidas de livre e espontânea vontade; os oficiais de justiça fazem cera, já não têm trabalho; a delinquência desaparece; as prisões se esvaziam; os serralheiros que viviam desse negócio fecham as portas; os carcereiros ficam desempregados; o carrasco já não

EUDEMONISMO SOCIAL

tem função. Ao mesmo tempo, os médicos executam de verdade o seu trabalho, portanto o número de seus colegas diminui perigosamente; os padres, cada vez menos úteis, são reduzidos à quantidade devida; pelo menos uma vez na vida só lhes resta praticar a caridade; os ministros vivem na frugalidade; os parasitas evaporam... Para pagar as dívidas – pois ficaram honestos –, os credores vendem a preço baixo equipagens, carruagens e cavalos. Por causa disso, os artesãos que viviam desse comércio vão à falência: os castelos desaparecem por um ridículo punhado de dinheiro; pedreiros, carpinteiros, canteiros e todos os artesãos da construção não têm onde trabalhar. Como os bêbados abandonaram as baiucas, seus donos deixam de ter caixa; como a virtude triunfa e a castidade dá as cartas, as moças de vida fácil, as cafetinas e os proxenetas ficam sem um tostão. Ninguém mais oferece grandes ceias, portanto cozinheiros, criados de mesa, serviçais, fornecedores ficam sem emprego. As roupas de seda, brocado, bordados de ouro, tecidos preciosos já não têm razão de ser, e, por conseguinte, alfaiates, comerciantes de tecidos, costureiras, aprendizes de costura ficam desempregados. Os militares, que viviam de paixões viciosas – orgulho imoderado, vaidade, busca de honrarias e glórias... –, recusam-se a empunhar armas, deixam de defender o território nacional e permitem a entrada de quem queira apoderar-se dele... Mais nenhum mercenário pode ser chamado para reforço.

A colmeia definha, seu esplendor passado já não existe, e ela míngua proporcionalmente à ascensão da honestidade. As multidões virtuosas que viviam do vício dos ricos perdem trabalho, empobrecem e

INTRODUÇÃO

sofrem miséria muito maior do que antes. Lição dessa história, moral da fábula: vamos deixar de nos queixar da marcha viciosa do mundo, a virtude conduz à penúria das nações, o vício aumenta sua riqueza e a prosperidade, que são as causas da felicidade comum. Querer ser honesto é condenar-se a viver de bolotas de carvalho... Sem dúvida, depois do reinado absoluto da moral, a virtude triunfa totalmente, mas nada mais triunfa com ela, pois tudo o que não é virtude morreu.

6

Vivam os pobres! Mandeville volta ao ataque nos mesmos termos cínicos com um texto intitulado "Essay on Charity and Charity Schools" [Ensaio sobre a caridade e as escolas de caridade] e o acrescenta à edição de 1723 de sua *Fable of the Bees*. Em 1729, reitera tudo o que disse, gabando os méritos da prostituição. Por quê? Porque as escolas de caridade travam o movimento liberal, contrariam os gestos da mão invisível, atravessam-se à ordem natural das coisas... A educação das crianças pobres deforma as leis do mercado de trabalho, pois elimina a abundância de uma mão de obra servil fácil de aceitar subsalários.

Além disso – diz o fino conhecedor dos moralistas franceses –, as motivações dos ricos filantropos aos quais se devem essas casas de caridade estão a anos-luz da eventual pureza de um gesto nobre: na raiz dessas ações pretensamente caridosas, estão apenas o amor-próprio e o egoísmo. Portanto, que ninguém conte com Mandeville para glorificar pretensas virtudes (caridade) onde desabrocham vícios reais (orgu-

EUDEMONISMO SOCIAL

lho)... A mecânica cínica de Bernard de Mandeville funciona com base no mesmo princípio que justifica a prostituição em nome da prosperidade pública. O livro de Bernard de Mandeville desperta o clamor público. Na época foi feito um trocadilho sobre o significado inglês de seu nome: Mandeville, *Man--Devil*, torna-se *Homem-Diabo*, diabólico. A Igreja condena seu cinismo e põe seu livro no índex. O carrasco o queima em 1745 – jansenismo demais nessas opções, não muito na linha católica apostólica e romana. Nenhuma relação com condenação *moral*: a Igreja promulga uma condenação *política*. Os jesuítas estão alertas: ninguém pode dar abertamente as chaves do maquiavelismo da economia política liberal. Que pelo menos as formalidades sejam respeitadas, a Companhia de Jesus vela por seus próprios interesses...

No século XVIII, mas também no XIX e depois nos seguintes, os defensores do liberalismo aderem, em maior ou menor grau, com meias palavras, com maior ou menor arrogância e cinismo, às análises de *The Fable os the Bees* de Bernard de Mandeville: liberdade de mercado; ordem natural; mão invisível; identificação entre prosperidade das nações e soberano bem; teleologia utopista da felicidade da humanidade; falso cálculo, anunciando que a riqueza das nações engendra a riqueza dos indivíduos que a constituem; e negação da pauperização induzida por essa visão metafísica do mundo.

Diante dessa lógica liberal e deísta, alguns filósofos ensinam a falsidade de semelhantes opiniões e a necessidade de garantir inicialmente a prosperidade das singularidades que a constituem para realizar a da nação. Esses são chamados de socialistas, sejam quais forem as formas atribuídas a essa reivindica-

INTRODUÇÃO

ção *ética* quintessenciada. Os socialistas põem a economia a serviço dos seres humanos, enquanto os liberais fazem o inverso.

7

Invenção dos socialismos. O socialismo assume formas múltiplas. Estende-se de uma ala direita a uma ala esquerda ou até mesmo de extrema-esquerda, passando por formas moderadas: John Stuart Mill, por exemplo, ilustra o *socialismo liberal* ou até mesmo o *socialismo reformista*; Robert Owen encarna um *socialismo paternalista* em suas fábricas e depois um *socialismo comunista* em suas comunidades americanas; Charles Fourier desenvolve um *socialismo lírico*, quando não *romântico*; Mikhail Bakunin, por sua vez, teoriza um *socialismo libertário.* Também seria possível falar do *socialismo sociológico* de Saint-Simon, do *socialismo cristão* de Lamennais, do *socialismo humanitário* de Pierre Leroux, do *socialismo mutualista* de Proudhon etc.

Seria errôneo avalizar a distinção feita por Engels em 1878 no *Anti-Dühring.* O amigo de Marx distingue o *socialismo científico,* que é o dele, do *socialismo utópico,* que é o dos outros, de todos os outros, inclusive daqueles que ele plagiou abundantemente mas nem sempre citou – Flora Tristan em primeiro lugar, mas também Owen ou Proudhon. A separação entre o sério – ele – e os fantasiosos – os outros – faz parte de uma operação de propaganda, do militantismo político que não recua diante de nenhum meio, nem mesmo da calúnia, para levar a crer que seus adversários, transformados em inimigos, elaboram pensamentos ocos, inconsistentes, insuficientemente desenvolvidos.

EUDEMONISMO SOCIAL

Em relação a todas essas operações de policiamento intelectual, dessas intimidações de polêmica violenta – ler *Miséria da filosofia* que responde à *Philosophie de la misère* [*Filosofia da miséria*] de Proudhon... –, e considerando o desejo de Marx de dominar o campo político socialista da época, constatamos que o autor do *Capital* transforma todos os socialistas que o precedem em batedores cuja única função é justamente preparar seu advento. Donde a qualificação indevida, utilizada pela historiografia dominante, que fala de *socialismo pré-marxista...*

Do mesmo modo, constitui outro erro que deve ser corrigido a oposição entre utopia socialista e realismo liberal: os primeiros, sonhadores, idealistas, mais preocupados com o dever-ser do mundo do que com o seu ser real; os últimos, realistas, pragmáticos, lidando com o mundo tal como ele é. A mão invisível dos liberais equivale à mitologia do proletariado emancipador da humanidade. A teleologia liberal parece tão irracional quanto a dos socialistas que veem uma humanidade pacificada por meio da apropriação coletiva dos meios de produção...

8

O século da pauperização. A revolução industrial supera as injunções da natureza com o uso de uma multidão de tecnologias novas e de invenções notáveis que marcam a história da humanidade no sentido do progresso. Por exemplo: telégrafo, fonógrafo, fotografia, cinema, que modificam nossa relação com o mundo, abolindo distâncias, presentificando a ausência, eternizando o fugaz, detendo e dominando o tempo.

INTRODUÇÃO

O motor cria tempos novos: a partir daí, o tempo virgiliano dos ritmos da natureza, de camponeses, apicultores e marinheiros, o tempo da terra e do mar, das estações e dos astros, coexiste com o tempo industrial gerado pelo motor: barcos a vapor, ferrovias, automóveis... O *homo sapiens* domina os elementos: o ar, com os aeróstatos, os dirigíveis, os primeiros aeroplanos; a água, com a navegação a motor, mas também com as primeiras tentativas de navegação submarina; a terra, com os meios de transporte motorizados. O campo se eclipsa, dá lugar ao reinado das cidades. O grande romancista do século XIX talvez não seja tanto o Zola de *Rougon Macquart*, muito menos o Balzac de *La comédie humaine* [*A comédia humana*], e sim o Júlio Verne (1828-1905) de *Tour du monde en quatre-vingts jours* [*Volta ao mundo em oitenta dias*] (1863), *Cinq semaines en ballon* [*Cinco semanas em um balão*] (1875), *Voyage au centre de la Terre* [*Viagem ao centro da Terra*] (1864), *De la Terre à la Lune* [*Da Terra à Lua*] (1865) e *Vingt mille lieues sous les mers* [*Vinte mil léguas submarinas*] (1870), que não passam de anúncios programáticos...

Sem dúvida Júlio Verne escreve o romance da revolução industrial e tecnológica, mas ao mesmo tempo, como reverso da medalha e para completar o retrato do século, é preciso ler Charles Dickens (1812-1866) como um fenomenologista da pobreza (especialmente *Oliver Twist* [1837-1838]), ou também a programática trilogia *Jacques Vingtras* (1879, 1881, 1886) de Jules Vallès (1833-1885). Pois esse século, embora seja o da revolução industrial, também é o da pauperização, e o primeiro período explica o segundo.

EUDEMONISMO SOCIAL

9

Flora versus *Karl.* Para responder à pergunta: "o que é capitalismo?", costuma-se remeter ao *Capital* (1867) de Karl Marx (1818-1893). Um primeiro volume alentado e outros dois constituídos por materiais preparatórios, construção que nunca foi terminada, eis o que é o livro em questão. Nele se aborda o capitalismo pela porta estreita da mecânica econômica. O leitor torna-se imbatível em valor de uso e valor de troca, já não ignora as distinções entre mais-valia absoluta, mais-valia relativa ou até mesmo entre capital constante e capital variável, conhecerá a lei de acúmulo ou a lei da baixa tendencial das taxas de lucro. Exímio no que se refere ao movimento circular do capital, à fetichização da mercadoria ou à formação do salariato, pode sem vacilar tornar-se um capitalista sem igual, informado pela fenomenologia dessa máquina de produzir riquezas.

Também se pode abordar o capitalismo nem tanto pela *análise econômica* quanto pela *biografia crítica* que dele nos apresenta Flora Tristan num livro que tem um título quase sentimental – *Promenades dans Londres* [Passeios por Londres] –, temperado felizmente por um subtítulo sem dúvida mais programático: *ou L'aristocratie et les prolétaires anglais* [ou A aristocracia e os proletários ingleses]. O livro data de 1840. A segunda edição, de 1842, será intitulada *La ville monstre* [A cidade monstro] e começará com a seguinte dedicatória: "Para as classes operárias", que não oculta suas intenções. Muitas vezes se omite o fato de que Engels leu o livro e de que grande número de suas informações se encontram sem remissão em *A situação da classe trabalhadora na Inglaterra,*

INTRODUÇÃO

publicado em 1845, um ano depois da morte de Flora Tristan...

Mas quem é Flora Tristan (1803-1844)? Operária colorista, viajou pela Europa mas também para o Peru, de onde traz uma narrativa de viagem chamada *Pérégrinations d'une paria* [*Peregrinações de uma pária*] (1833-1834), malcasada com um marido que a brutaliza sexualmente e que ela abandona para viver sozinha com os filhos, militante a favor do divórcio, abolicionista em matéria de pena de morte, denunciadora do colonialismo americano, fica conhecendo Fourier e Owen em Paris. Na rua, seu ex-marido lhe dá um tiro: o processo público movimentado revela uma ardente feminista que reivindica o direito a uma igualdade integral com os homens. Ela deseja a união dos trabalhadores explorados e sua constituição em "classe operária", invoca o fim da miséria dos povos. Durante uma longa viagem de militância pelas cidades da França, esgotada, doente, Flora Tristan falece em Bordeaux. Tinha quarenta e um anos. Em sua descendência, por meio da filha Aline, conta-se certo Paul Gauguin.

10

Uma biografia do capitalismo. Para escrever seus *Promenades dans Londres*, Flora Tristan não se fecha numa biblioteca, como Marx, quando trabalha no capitalismo sentado à sua escrivaninha ou na sala de leitura do British Museum. Ela sai em campo, ao encontro físico da miséria; visita pessoas, convive com elas, conversa, vê, toma conhecimento pessoalmente de estatísticas ou estudos, sem a mediação intelectual dos livros.

EUDEMONISMO SOCIAL

Dia após dia, vai a uma fundição para assistir ao trabalho dos operários, fala com moradores de pardieiros, encontra-se com prostitutas em prostíbulos, dialoga com prisioneiros em suas celas, convive com doentes mentais num asilo de alienados. Aqui, ela se disfarça de rapaz turco para entrar na Câmara dos Comuns, proibida para mulheres; ali, assiste a reuniões dos cartistas; acolá, visita creches onde assiste às aulas dadas a crianças oriundas da classe operária.

Quer o fim da miséria e "a felicidade comum", portanto liberdade, alforria e igualdade. Para tanto, constata o conluio entre Escola, Igreja e Imprensa – já. Descreve o que vê: uma escravidão maior entre os proletários do que entre os escravos negros, pois – diz ela – entre os primeiros a miséria não termina, mesmo depois do dia de trabalho; afirma a natureza execrável das condições de trabalho dos operários: sujeira por toda parte, cascão repugnante, exposição a fumaças tóxicas, a vapores nocivos; destaca o papel brutalizador para o corpo e o espírito, para a inteligência e a saúde mental, da divisão do trabalho que obriga inexoravelmente à repetição das tarefas; fala do corpo dos trabalhadores: alcoolismo para aguentar o tranco naquele inferno, doenças profissionais, acidentes de trabalho, raquitismo, elevada taxa de mortalidade; ressalta a penúria em tudo: não há móveis, roupas, alimentação, dinheiro (evidentemente, por causa dos salários de miséria); não há cama, não há aquecimento.

Flora Tristan faz uma leitura política desse quadro. Quando aborda a prostituição, não moraliza, mas constata que as mulheres vendem o corpo porque não foram educadas nem profissionalizadas, porque são "proletárias dos proletários". Apresenta

INTRODUÇÃO

outras razões para esse deplorável estado de coisas: desigual distribuição das riquezas em primeiro lugar; proibição da herança para as mulheres; ausência de direitos cívicos; inexistência de empregos remunerados; falta de compaixão por parte do clero anglicano; impunidade de proxenetas, clientes violentos, cafetinas, rufiões. Relata as calamidades da sífilis e de outras doenças venéreas, do alcoolismo também. Aponta a alta taxa de mortalidade das classes trabalhadoras, a prostituição infantil...

Nas prisões também constata a correlação entre encarceramento e pobreza, delinquência e miséria social. A prisão não restitui ao convívio social, é uma escola do crime. É preciso agir sobre as causas do crime, e não punir o crime em si mesmo. Flora Tristan encoleriza-se, pois às vezes os filhos são presos com a mãe por furtos insignificantes; insurge-se contra a disparidade das penas, a injustiça da justiça, clemência para os poderosos, severidade para com os miseráveis; luta contra as torturas e os maus-tratos infligidos aos reincidentes; rejeita a exploração dos prisioneiros representada por um subsalário pelo seu trabalho; milita pela abolição da pena de morte.

O que propõe para lutar contra esses "antropófagos modernos" que são os liberais e a coorte dos que os acompanham? Outro sistema social, que não seja o capitalismo selvagem, uma alternativa política capaz de eliminar a miséria produzida pelo mercado livre. Quer a união operária, o mutualismo, a força da coletividade, o programa socialista radical que ela tentará constituir no ínfimo punhado de anos que lhe restam para viver – menos de cinco.

Dela são as seguintes frases extraídas de *L'union ouvrière* [A união operária] (1843), cinco anos antes

EUDEMONISMO SOCIAL

do *Manifesto do partido comunista* de Marx e Engels: "proletários, uni-vos", é preciso realizar "a união universal dos operários e das operárias", e também "constituir a classe operária", pois "a emancipação dos trabalhadores será obra dos próprios trabalhadores"... Ela desejava "Palácios da União Operária" nos quais teriam ensino intelectual e manual os filhos de operários para que pudessem tornar-se "agentes moralizadores da gente do povo". Percebe-se em que essa ideia se transformará no Marx teórico da "vanguarda esclarecida do proletariado"! Ali seriam acolhidos os operários inválidos ou feridos, os idosos. Uma cotização financiaria uma mútua em sistema de autogestão, útil para enfrentar doenças, acidentes de trabalho, desemprego.

Na vida e na obra, nos livros e nas conferências, Flora Tristan defende o "bem-estar geral". A história do século XIX se reduz, em grande parte, ao *aumento liberal da pauperização* e, simultaneamente – uma coisa explica a outra –, ao *desejo socialista de minorá-la ou eliminá-la*. Bernard de Mandeville ou Flora Tristan? *The Fable of the Bees* ou *La ville monstre*? Liberalismo ou socialismo? Ontem como hoje, a escolha não oferece muitas alternativas...

PRIMEIRO TEMPO

Liberalismos utópicos

I

WILLIAM GODWIN

e "a felicidade geral"

1

O gato do domingo. Em sua principal obra, *An Enquiry Concerning Political Justice, and its Influence on General Virtue and Happiness* [Investigação referente à justiça política e sua influência sobre a virtude e a felicidade geral] (1793), William Godwin situa, entre os motivos que constituem um ser e criam sua singularidade, forças involuntárias que ainda não são chamadas de inconscientes, formatações intelectuais que vêm desde o ventre materno, hábitos contraídos muito cedo na infância e influências educacionais no sentido lato do termo – circunstâncias, pais, escola, ambiente, acidentes existenciais. Nada de muito novo em relação a Helvétius, filósofo que ele leu bastante, de quem gostou e sobre quem meditou. Mas, se, com base nesses princípios, procurarmos saber o que construiu William Godwin, o que encontraremos?

35

LIBERALISMOS UTÓPICOS

Falta documentação para uma análise precisa, sem dúvida, mas desde logo e bem cedo já se constata, sob um aspecto que parece pesado e duradouro, uma formação religiosa protestante, mais especialmente calvinista, por meio do pai, que pregava como dissidente na ordem puritana dos Independentes. Essa corrente religiosa prima pela austeridade moral, pelo rigor dos costumes, pela dureza nas relações humanas, pela inclinação ao universal, pelo racionalismo exacerbado e pela paixão igualitária. Essa tendência espiritual foi perseguida pelo poder estatal até a Revolução de 1688, pois os "glassitas"* ensinavam a redistribuição das riquezas na tradição dos "*levellers*" (niveladores) do século XVII**. Minha hipótese de leitura é que, em vez de ser pai do anarquismo, Godwin faz parte da tradição glassita protestante.

Aquele que a historiografia dos filósofos, mas também dos libertários, apresenta com tanta frequência como o pai do anarquismo (será que realmente o leram para escrever coisa semelhante?) representa muito mais um tipo de pensador profeta, cujo trabalho consiste em possibilitar na terra, chegada a hora, por meio da prática de uma filosofia *ad hoc*, um tipo de paraíso no qual a negatividade, a contradição, o mal e o sofrimento tenham desaparecido, reinando harmonia total entre os homens a viverem de modo semelhante a deuses numa realidade pacificada, harmoniosa e alegre... Os anarquistas veem nisso a

---

* Membros de uma seita escocesa fundada no século XVIII por John Glass. (N. da T.)

** *Levellers*: nome dado aos partidários do movimento político que, durante a guerra civil inglesa, pregavam soberania popular, sufrágio masculino universal, igualdade perante a lei e tolerância religiosa. (N. da T.)

WILLIAM GODWIN

prefiguração de sua utopia, mas o profetismo calvinista também pode encontrar nela com o que se dar por satisfeito...

Sétimo de treze filhos, William Godwin nasce em 3 de março de 1756 em Wisbech, no cantão de Cambridge. O pai e o avô foram pastores. A mãe não parece muito instruída; em compensação, demonstra uma religiosidade de aço, como convém a uma esposa fiel e submissa ao marido. A educação de seus primeiros anos é confiada, contra remuneração mínima, a uma prima-irmã por parte de pai, que vive sob o mesmo teto familiar. Solteirona, ela também tende a um calvinismo que confere à criança uma formação religiosa elevada. Essa formação exclusivamente mental é acompanhada pelo desprezo da carne, o que transforma a criança num estranho em relação ao próprio corpo.

Godwin relata a ira do pai, que o repreendeu rudemente quando ele tinha cinco anos, por brincar com um gato no jardim da família num domingo, dia do Senhor... Depois de uma mudança de residência, o filho do pastor passa a ser educado por uma mestra-escola octogenária e, evidentemente, calvinista também, com base nos mesmos princípios das anteriores. Entre cinco e oito anos, ela o obriga a ler a Bíblia inteira... com a morte da velhota, ele se torna aprendiz do alfaiate da aldeia, que também dirige uma escola.

2

O menino pregador. Na época, William Godwin brinca de fazer pregações na casa paterna. Trepado numa cadeira, faz sermões para um público imagi-

37

nário, achando-se ministro do culto – como papai. Um pouco depois, arregimenta meninos da sua idade, para desenvolver seus talentos de pregador. Conta-se que já nessa época ele produz fortíssimo efeito sobre o auditório mirim, com o talento que tinha para encenar as angústias do pecado e suas consequências. O menino descreve os tormentos do inferno como se lá passasse as férias, se não a maior parte do tempo...

Uma nova mudança dos pais põe William Godwin, então com dez anos, em contato com um pastor de Norwich, considerado o mais radical dos radicais! Para dar uma ideia do "clima", Godwin escreve a respeito do famoso pastor: "Se Calvino condenou noventa e nove por cento dos homens, Sandeman imaginou o jeito de condenar noventa e nove por cento dos calvinistas"...

Com dezesseis anos, perde o pai, aparentemente sem nenhum sofrimento, conforme dizem seus biógrafos – ora, não dizer nada não significa obrigatoriamente não sentir nada... Mas a formação hiperespiritualista, o treinamento religioso, o horizonte estritamente limitado às histórias cristãs, a falta de relação com o mundo fora do templo, a impossibilidade de se encontrar com outra coisa que não com praticantes fanáticos, a visão que tinha das mulheres, reduzida às velhas carolas, a convivência com um pai que vivia na angústia do próprio desaparecimento, a negação da infância e do corpo, tudo isso faz que William Godwin entre na adolescência num estado psíquico deplorável.

Não é de surpreender que, aos dezoito anos, ingresse no Colégio de Hoxton para se tornar pastor. Formação exclusivamente centrada na teologia e na

WILLIAM GODWIN

discussão: Bíblia e retórica em altas doses. Freneticamente, Godwin obedece a tudo o que lhe pedem, lê sem parar sobre assuntos religiosos. E sempre volta ao calvinismo, horizonte insuperável de sua visão de mundo. Nos debates, mostra-se capaz de deixar os professores em maus lençóis. Lê e estuda durante todo o verão das cinco horas da manhã à meia-noite, dedicando-se apenas à teologia e à metafísica.

3

Temperamento libertário. Em 1778, com vinte e três anos, já é pastor. Nomeado para Ware, fica conhecendo Joseph Fawcet, colega que exacerba o lado dissidente da seita calvinista ao recusar que o poder estatal se intrometa nos assuntos religiosos. O velho pastor critica com virulência o episcopado e seu funcionamento hierárquico. Deposita confiança no exame racional do indivíduo levado pela fé. Fawcet defende com implacável determinação todas as liberdades. Se existe um momento no qual o temperamento libertário, mais do que o pensamento anarquista, se manifesta na vida de Godwin, parece que mais uma vez é no contexto religioso...

Em 1781, outro conhecimento o orienta para seu destino de profeta libertário e de filósofo irenista: Frederic Norman, grande leitor e admirador dos filósofos franceses, o introduz no pensamento alternativo às visões religiosas do mundo. Paixão intelectual fulminante: Godwin lê o *Contrat social* [*Contrato social*] de Rousseau, a obra completa de Helvétius, o *Système de la nature* [*Sistema da natureza*] de D'Holbach, devora Mably, descobre o tratado *Dos delitos e das penas* de Beccaria, depois Voltaire e Montesquieu. À luz dessa nova perspectiva, Godwin muda a direção de seu pensamento para o deísmo. Pois deísmo e protestantismo funcionam mais ou menos na mesma linha: a religião protestante não é inimiga tão declarada da razão e da inteligência quanto sua irmã católica. Portanto, a passagem de Godwin, através dos filósofos, do teísmo protestante para o deísmo filosófico parece menos uma conversão radical do que uma mudança de rumo, uma inflexão metodológica: Godwin deixa de lado a razão teológica do calvinismo em proveito da razão pura da filosofia, mas o projeto intelectual, ético e metafísico nem por isso se torna radicalmente diferente. O tom muda, mas o espírito permanece: a razão deve contribuir para a construção da redenção.

4

A carne de um homem sem carne. Godwin é uma alma sem corpo, um puro cerebral sem carne, sem verdadeiro desejo visível, sem outra paixão a não ser a razão, um homem sem prazeres conhecidos. Evidentemente, ele constrói um sistema hedonista e utilitarista em virtude do qual o prazer define o soberano bem, e o sofrimento, o mal absoluto, mas não se esquece de deixar claro que é preciso ter em vista algo superior ao indivíduo, sendo este pouco notável para ele, pois o que importa é a felicidade da comunidade, a redenção da coletividade – o que a etimologia latina chamaria alegria da *ecclesia*, em outras palavras, da Igreja...

Conta-se que era colérico, irascível, rígido, rompendo com os amigos por intransigência; é descrito como genioso, apresentado como alguém que preferia a frieza da verdade e a austeridade da ideia à carne palpitante de uma relação amistosa, afetiva ou até mesmo amorosa. Sujeito a bruscas mudanças de humor, muito emotivo – o que dá mais indícios da ausência de manifestação de sentimentos do que da ausência de sentimentos... –, era vítima de síncopes que um diagnóstico contemporâneo compararia a sintomas histéricos. Deficiente afetivo e sensual, parece que por volta dos quarenta anos, quando pensa numa primeira relação com uma mulher, ainda não tinha tocado nenhuma...

Do ponto de vista físico, a coisa não parece muito mais atraente: baixo, feio, robusto, calvo, cabeçudo, narigudo, com voz fraca e – dizem – sempre dando a impressão de estar adormecido. Totalmente desprovido de senso prático, amarrado na vida cotidiana, sente-se em casa quando está no escritório, sentado à mesa de trabalho, protegido do mundo pelas pilhas de livros. Com essa aparência e com um psiquismo condizente, seria muito difícil fazer furor entre as mulheres!

A eleita de seu coração – de sua alma, mais provavelmente... – chama-se Mary Wollstonecraft, exerce a função de governanta na Irlanda. São dela alguns livros para crianças, mas também uma *Vindication of the Rights of Woman* [Defesa dos direitos da mulher], publicada em 1792, obra feminista emblemática. Outrora em Paris tinha sido apaixonada por um americano com o qual tivera uma filha chamada Fanny. Abandonada pelo amante, tenta suicidar-se por afogamento, fracassa, e algum tempo depois fica conhecendo Godwin em Londres. Casamento em 1797, o filósofo acaba de entrar na casa dos quarenta.

LIBERALISMOS UTÓPICOS

No entanto, em sua *Enquiry*, Godwin não poderia usar palavras mais duras para fustigar o casamento... Para tentar manter a dignidade (pois o livro foi um grande sucesso de público, especialmente em virtude dessa tese, revolucionária na época...) e não parecer em contradição flagrante com seus escritos – o que ocorreu com frequência... –, o casamento é mantido em segredo. Em compensação, como a obra critica a coabitação, o filósofo pelo menos nisso é coerente com aquilo que prega: cada um vive em sua própria casa, trocando bilhetinhos, como por exemplo para convidar a compartilhar refeições...

Ou maiores intimidades, pois as houve... Em 30 de agosto de 1797 a feminista dá à luz uma menina. Chama-se Mary, como a mãe. Alguns dias depois, em 10 de setembro, debilitada por um parto difícil, Mary Wollstonecraft morre, deixando Godwin sozinho com o bebê e Fanny, filha do amante americano. Logo depois do falecimento, Godwin escreve as *Memoirs of the Author of A Vindication of the Rights of Woman* [Memórias da autora de Uma defesa dos direitos da mulher], nas quais confessa ter sido muito afetado.

Será de se crer? Porque quatro meses depois Godwin manifesta o desejo de casar-se com Harriet Lee. O viúvo recente propõe casamento, pressiona, escreve montes de cartas nas quais, desmentindo as teses de *Enquiry*, gaba os méritos do sacramento e argumenta ressaltando o terrível perigo de uma vida solitária e celibatária! Ela é religiosa, o deísmo de Godwin na época é visto na Inglaterra como ateísmo, a reputação demoníaca dele faz a dama recuar, ela recusa.

Rejeitado, Godwin sai de novo à caça de uma nova esposa e aproveita a recentíssima viuvez de uma jovem de vinte e oito anos, sra. Reveley. Recomeça a corte com base nos mesmos princípios! A cortejada pede um prazo de decência, argumenta que a morte do marido três semanas antes a impede de pensar num novo casamento assim tão depressa. Godwin tem um chilique intelectual e argumenta – sempre o sermão... – contra o decoro assimilado às virtudes burguesas, portanto inútil... Uma anedota arremata o retrato do filósofo: Godwin espanta-se com o fato de a jovem se recusar a casar-se com "um dos homens mais ilustres do tempo"...

No ano seguinte, em 1801, a terceira tentativa dá certo, ele acaba por enfiar a aliança no dedo de certa sra. Clairmont, vizinha cortejada de sacada a sacada. Ela tem dois filhos do marido anterior, ele tem duas também, Fanny e Mary. Eles produzem mais um, por conta própria, o que leva a família a ser constituída por uma mulher mal-humorada, um filósofo intransigente e cinco filhos em casa. Na teoria, Godwin tinha razão: na prática a coabitação é um inferno. Ele não demorará a sentir na pele a correção de suas ideias... E a naufragar socialmente.

5

Filósofo de sucesso. Godwin conheceu o sucesso antes de mergulhar na miséria real. As tentativas de sedução das três mulheres, aliás, não deixaram de contribuir para a reputação do autor de *Enquiry*, que foi um acontecimento de livraria e salão e, depois, de polêmicas jornalísticas e intelectuais. Assim, conta-se que Harriet Lee foi seduzida pela conversa, pelo brilho intelectual e pela retórica de seu pretendente; que a sra. Reveley chorou ao ficar sabendo do casamento de Godwin com Mary Wollstonecraft,

LIBERALISMOS UTÓPICOS

e que, durante o período de flerte, achava Godwin inteligente demais para ela; conta-se também que a sra. Clairmont, um dia à sacada, ao saber do nome do famoso vizinho, teria exclamado: "Quem diria! É o imortal Godwin!" Tudo isso contribuiu para fazer de Godwin um personagem satisfeito consigo mesmo. *An Enquiry Concerning Political Justice, and its Influence on General Virtue and Happiness* é publicado em 1793 na forma de dois volumes alentados. Godwin determinou pessoalmente o seu preço num alto patamar, para que ele não fosse lido por qualquer um! Cabe esclarecer, para informação (e para saborearmos o condimento da anedota, quando não para entendermos melhor o funcionamento da personagem...) que a tese essencial da obra consiste em esclarecer o maior número possível de indivíduos para realizar o mais depressa possível uma sociedade perfeita graças ao intercâmbio, à conversação, à persuasão e à retórica... Especialmente a partir das ideias contidas em *Enquiry*...

Antes desse polpudo volume, que ele corrigirá algumas vezes, modificando algumas das teses radicais – de uma edição a outra ele afirma, por exemplo, a absoluta igualdade de todos os seres humanos ao nascerem, antes de logo em seguida dizer o contrário; diz também que ao longo de uma vida agimos essencialmente pela razão, e não pelo sentimento, e depois profere o inverso... –, portanto, antes desse trabalho maciço, ele assinou artigos políticos na imprensa, uma romança pastoral e diversos textos sem interesse filosófico.

Enquiry torna-se o seu *opus magnum*. Sua matéria intelectual enraíza-se profundamente na Revolução Francesa e desemboca no utilitarismo filosófico – o grande mérito intelectual de Godwin. Seu amigo Thomas Paine, que fora para Paris, escrevera *Rights of Man* [*Direitos do homem*], deixando para os mais próximos, entre os quais Godwin, a incumbência de garantir sua publicação. Sabe-se como a leitura dos filósofos iluministas converteu o pastor Godwin à razão pura. Sua primeira esposa feminista também assinara uma *Vindication of the Rights of Men* [*Defesa dos direitos do homem*] já em 1790. Godwin tinha sido embalado pelos acontecimentos na França, achava que a História provinha da luta dos filósofos, mas que aquele povo, pelo qual não tem muito gosto, a estragara com seu despreparo intelectual.

A obra lhe vale grande sucesso entre os poetas, sobretudo Coleridge e Wordsworth. Alguns pensam em juntar dinheiro para fundar colônias godwinianas nos Estados Unidos. Lá seriam encarnados os princípios de utilitarismo social, eudemonismo coletivo, hedonismo comunitário, ética libertária, em microcomunidades preocupadas com a *pantisocracy* – ausência de governo – e com o *asfeterismo* – ausência de propriedade privada, acompanhada pela socialização de todos os bens.

6

O avô de Frankenstein. Entre os poetas admiradores de Godwin, está Percy Bysshe Shelley. O conhecimento entre os dois ocorre no período descendente do filósofo. A Revolução Francesa, que tanto seduzira na Europa, vai decepcionando proporcionalmente à medida que se torna burguesa. Nessa perspectiva de respeitabilidade da Revolução, o Terror deixa como que um gosto de sangue na boca de seus ex-

LIBERALISMOS UTÓPICOS

-turiferários. 1789, tomada da Bastilha, noite de 4 de agosto, que consagra a abolição dos privilégios, Declaração dos Direitos do Homem e do Cidadão, em suma, a Revolução abrindo para a burguesia o caminho do poder e da substituição da aristocracia, eis aí uma linha de força.

Outra linha de força surge com a decapitação de Luís Capeto*, com a lâmina da guilhotina acionada por Robespierre – braço armado, porém, da burguesia... –, com o clamor do povo e com outros momentos *realmente* revolucionários daquela Revolução Francesa... Com Napoleão, pelo qual Godwin finalmente declara admiração, a Revolução termina abrindo caminho para os proprietários. Os nobres dão lugar aos que possuem bens – belo resultado... A curva de favorecimento que acompanha o destino da obra e do homem Godwin coincide com a curva da história revolucionária. A partir do momento em que assume a trajetória que se conhece como Termidor, Diretório e Consulado, essa curva começa a cair vertiginosamente...

Amarrado a uma coabitação burguesa com uma mulher detestável, obrigado a encher a barriga de um exército de crianças oriundas de famílias recompostas, escrevendo artigos, livros, romances, peças de teatro unicamente por razões de subsistência, sofrendo a falência de uma editora e de uma livraria provavelmente mal geridas por ele mesmo, Godwin vê a chegada de Shelley como uma bênção. O poeta, por sua vez, acreditava que o filósofo estava morto fazia tempo, ou seja...

---

* Luís XVIII, assim denominado depois de perder a majestade. (N. da T.)

WILLIAM GODWIN

Depois de *Things as They Are; or The Adventures of Caleb Williams* [As coisas como são, ou Aventuras de Caleb Williams] (1794), romance (também de sucesso) que populariza as ideias de *Enquiry*, Godwin não consegue voltar a ter sucesso. Ao contrário, parece colecionar fracassos, derrotas, reveses. Escreveram-se livros, textos favoráveis e contrários a ele, traiu-se o seu pensamento para venerá-lo ou desacreditá-lo mais, os salões mundanos foram saturados com seu nome, suas excentricidades, delirou-se em torno de um mito, construiu-se uma ficção à maneira do fetiche primitivo para transpassá-lo de alfinetes ou prostrar-se em sua frente, ele foi lido por poucos, foi mal lido, ou simplesmente não foi lido, evidentemente, e, quando o vento do sucesso foi soprar em outras plagas, Godwin conheceu a solidão extrema. Shelley chega nesse contexto em 1811. O poeta conhece o filósofo e imediatamente se apaixona por sua filha Mary, nascida do primeiro casamento Wollstonecraft. Casado, Shelley tem vinte e quatro anos; solteira, Mary tem dezessete. Godwin fez sucesso de vendas com um livro que fustiga o casamento, denigre iradamente a coabitação, elogia a união livre, gaba os méritos de um contrato afetivo, amoroso e sexual que dure o tempo do interesse e da utilidade, mas esse mesmo Godwin destaca-se pelo mais ridículo dos retornos de édipo, ciumento, reacionário, conservador e, em suma, lastimável. Ira total ao ouvir o anúncio da história de amor entre sua filha e o poeta...
Shelley e Mary fogem, atravessam a Europa de norte a sul, a meta é a Itália. Godwin, na qualidade de utilitarista caricatural, fustiga a filha, desanca o amante dela, invectiva o casal, mas lhes pede dinhei-

47

LIBERALISMOS UTÓPICOS

ro emprestado... a *Enquiry* ensina: se o dinheiro no bolso do filósofo produz maior utilidade, ao contribuir com mais eficácia para o bem da comunidade, se aumenta o interesse geral mais que o interesse apenas do poeta, então é legítimo que ele esteja na algibeira do leitor de Helvétius! Shelley dá, Godwin embolsa – o que não o impede de esbravejar contra os amantes ilegítimos...

A esposa legítima de Shelley suicida-se, afogando--se. Livre, o poeta casa-se com Mary – que logo fica grávida por obra do autor da *Queen Mab* [Rainha Mab]... A criança que nasce tem o mesmo nome do avô filósofo: William. Em 1818, Mary, com vinte e oito anos, escreve um romance que passaria a ser um *best-seller* planetário: *Frankenstein*. Godwin adora. A partir daí, pode-se dizer que o filósofo é o avô de Frankenstein... Novamente pede ao casal um dinheiro emprestado que não devolverá – fiel pelo menos nisso a seus textos! O capítulo 2 do livro II de *Enquiry*, intitulado "Of Justice" [Da justiça], narra os mecanismos dessa lógica oportunista: a utilidade tem costas largas... O interesse geral também.

Julho de 1822, Shelley afoga-se acidentalmente (cabe notar uma antiga tentativa de suicídio por afogamento de Mary Wollstonecraft, um suicídio aquático de Harriet, mulher de Shelley, depois o afogamento deste último: é água demais... ou muitas mortes no entorno de Godwin, se acrescentarmos o suicídio por ingestão de láudano de Fanny, filha de sua primeira mulher, Mary Wollstonecraft, morta no trabalho de parto, e seu próprio filho, vítima do cólera...). Byron incinera o cadáver de Shelley na praia, um pássaro aflora a pira, passa, volta a passar,

48

tudo se consome, menos o coração – conta-se... Mary volta para a Inglaterra com o filho.

Godwin trabalha numa obra cujo título seria *Christianity Unveiled* [O cristianismo desvelado] – piscada para D'Holbach, amor de juventude. (O livro será publicado postumamente.) Em *Enquiry*, livro com mais de seiscentas páginas, os ataques ao cristianismo estão contidos em duas ou três frases que poupam o fundo da religião, a essência do cristianismo: nenhuma palavra sobre a existência ou não de Deus, do inferno, do paraíso ou do purgatório; silêncio sobre a materialidade ou não da alma, nenhuma consideração sobre o pecado original. O que Godwin reprova no cristianismo é às vezes obstar a liberdade de consciência individual, mas isso constitui apenas um pecado venial... A tese panteísta do livro não impossibilita o fundo calvinista do pensamento de Godwin.

Em 1832, ele, que escreveu linhas temíveis contra o Estado-providência, lançou todas as suas flechas contra qualquer governo e até esculhambou os seus princípios, que açulou os cães contra as máquinas estatais, obtém por apadrinhamento um posto de funcionário do Ministério das Finanças, sinecura que nos velhos tempos teria fadado à infâmia pública o autor de *Enquiry Concerning Political Justice*... William Godwin morre em 7 de abril de 1836, com a idade de oitenta anos.

7

O anarquista mais esquisito da paróquia! Godwin costuma ser visto como inventor do anarquismo, provavelmente aos olhos de anarquistas que, ocupa-

LIBERALISMOS UTÓPICOS

dos com seus textos hagiográficos e com a patrologia de seu panteão, eximem-se de ir diretamente à fonte. No entanto, num esforço por maior cultura, ficariam sabendo que o seu filósofo, ao contrário, encarna mais *o utilitarismo calvinista* do que *o anarquismo libertário*. Utilitarismo libertário, digamos, mas essa qualidade não basta para constituir um anarquista propriamente dito. Seria mais exato dizer, se concordarmos com uma concessão de linguagem, um protoanarquista.

Evidentemente, é possível extrair em pontos específicos da *Enquiry* uma infinidade de informações separadas do contexto para tentar apresentar Godwin como pensador anarquista, se definimos anarquismo como projeto de sociedade que tem em vista a abolição do Estado, o desaparecimento da autoridade e a autogestão generalizada em comunidades mutualistas. Mas, de Proudhon, defensor da guerra, a Lecoin, antimilitarista, de Bakunin, que opta pela violência revolucionária, a Sébastien Faure, que prefere a convicção militante por meio de conferências, do príncipe comunitarista Kropotkin ao solitário egotista Max Stirner, da pudica Louise Michel à sexualidade liberada de Émile Armand, na constelação anarquista encontra-se com que satisfazer as convicções mais contraditórias e as trajetórias mais antinômicas! Então, Godwin anarquista, que seja, mas desde que não se olhe de muito perto...

Pois a leitura atenta da obra completa mostra coisa diferente de um inventor do anarquismo. Em primeiro lugar, o tom: Godwin expressa-se como pastor, o que nunca deixou de ser, faz sermões, prega, às vezes profetiza. Pregação anarquizante, é verdade, mas pregação, pregação metafísica, ética, políti-

WILLIAM GODWIN

ca, pregação ontológica, pregação iluminada como a que encontramos nos pensadores milenaristas desde Gioacchino da Fiore ou Thomas Munzer. Godwin? Cristão amante de apocalipses mais que anarquista brandidor de bandeira negra. No seu principal livro, a religião cristã é relativamente poupada. Para sermos exatos, um ínfimo punhado de frases sobre o assunto, algumas palavras sobre a questão, uma ou duas expressões que mostram menos uma oposição radical aos princípios da religião de Cristo do que uma crítica à hierarquia eclesiástica das Igrejas que falam em nome dele. Na lógica do "Nem Deus nem senhor", em vão procuraríamos declarações claramente ateias. No meio do caminho, em compensação, encontraríamos a celebração do mestre exigente, severo e rigoroso que ensina a abnegação em favor do interesse da comunidade.

Numa fórmula rápida – frequentemente sobrecarregada na leitura das seiscentas páginas do livro –, Godwin defende a "verdadeira" religião, em outras palavras, uma "religião nova" (VII) que proceda das leis da razão, do funcionamento do entendimento e das deduções da consciência, instâncias estas compatíveis com as teses do calvinismo mais fervoroso. Portanto, uma religião utilitarista, sem transcendência, na mais total das imanências, esse é o projeto de William Godwin, que inaugura o ingresso naquela sensibilidade filosófica tipicamente anglo-saxônica com uma pregação laica!

O Godwin deísta, que de passagem fala do "autor da natureza" (já na página sobre a "verdadeira religião"), não tem palavras suficientemente duras para condenar o recurso à força, o uso da violência, a lógica revolucionária destinada a acabar com o real

LIBERALISMOS UTÓPICOS

estado de injustiça num país. O pretenso anarquista proíbe o tiranicídio, alegando que sangue chama sangue, pois, segundo diz, o ato, se bem-sucedido, leva ao poder indivíduos que também são tiranos; se malogrado, provoca repressão, portanto um estado de brutalidade ainda maior. É o anarquista mais esquisito da paróquia esse apóstolo às avessas da ordem estabelecida!

O mesmo filósofo celebra o liberalismo econômico, defende a propriedade privada (enquanto não chega o hipotético dia em que ela desaparecerá!), fustiga os chatos que querem regulamentar a produção, baixar leis úteis para poupar as vítimas do capitalismo – na sua pluma, "sistema de acumulação". Esse sistema é injusto, está claro, é iníquo, sem dúvida, portanto deve ser modificado, é evidente, mas com certeza não por meios *políticos* do tipo reformismo ou revolução, e sim por um perpétuo movimento militante *metafísico*, que pressupõe debate, discussão, persuasão, retórica, convicção, intercâmbio, promoção da verdade. Em William Godwin, o teólogo sobrepuja o anarquista.

As crianças são exploradas? Os operários são esbulhados? Os trabalhadores são espoliados? As mulheres são maltratadas? Os assalariados são tratados como cães? Enquanto isso os ricos se refestelam? Os abastados nadam em dinheiro? O luxo corre solto entre os proprietários? Godwin sabe de tudo isso, e sabe muito bem, aliás, pois a *Enquiry* contém dois ou três belos quadros sobre a condição miserável da maioria na época, mas proíbe pegar em armas, sublevar-se, destituir o regime tirânico para instalar um novo governo de justiça social: é preciso falar, falar mais, continuar falando, não parar de falar, a verdade acabará vencendo. É permitido sonhar! Um dia os ricos darão aos pobres, esclarecidos pela razão das pessoas racionais, pelos argumentos dos argumentadores convincentes, pela fala dos falantes profissionais, pelo intercâmbio de interlocutores persuasivos, pois há um inevitável progresso para o qual se deve contribuir, mas em hipótese alguma se deve entrar no terreno político; bastará a ética. Tropismo calvinista do pastor – hoje, lógica de testemunha de Jeová... – que faz sermões e anuncia a quem usa barba até o joelho que amanhã o barbeiro será de graça... Persisto: o conjunto dessas propostas proféticas calvinistas acaba por dar um esquisitíssimo cidadão anarquista...

8

Inferno e paraíso no mesmo livro. Por que então foi possível ver Godwin como inventor do anarquismo? Como a tradição libertária pode ignorar o deísmo desse calvinista, o liberalismo desse utilitarista, o aristocratismo desse religioso e fazer dele o primeiro portador de uma bandeira negra? Fazendo citações interessadas, desmembrando a obra para extrair aforismos libertários, isolando frases que têm certo cheiro de pólvora, tirando-as do contexto, desprezando o movimento geral da obra em que fervilham os princípios da composição barroca.

Nesse livro que nunca acaba – três volumes na segunda edição de 1796, mais de um milhão e meio de caracteres –, Godwin expõe várias ideias pessoais, depois desenvolve longos incisos entre aspas, observações que podem ser feitas a si mesmo, às quais vai

LIBERALISMOS UTÓPICOS

respondendo enquanto isso. O filósofo examina alguma tese que não é sua, às vezes argumenta como o faria seu adversário, apresenta os prós e os contras e prossegue imaginando o ângulo de ataque de seus interlocutores, antes de fazer-lhes a crítica... Percebe-se que Godwin recicla na escrita as técnicas retóricas aprendidas durante a formação de pastor: trata-se de persuadir e convencer o paroquiano! Com o risco da vertigem intelectual...

Nessa mixórdia de sermões, é mais fácil encontrar caminho depois de evidenciarmos duas grandes linhas de força que atravessam e elaboram o conjunto do *corpus*: por um lado a linha do *ser do mundo*; por outro, a do *dever ser do mesmo mundo*. Por um lado, fatos, análise, desmontagem, compreensão dos mecanismos, crítica do mundo na transição do século XVIII para o XIX; por outro, tiradas prospectivas, voos líricos sobre o futuro pacificado da humanidade, destino inelutável da sociedade futura na qual qualquer negatividade terá desaparecido; entre os dois mundos, para passar de um ao outro, nada ou muito pouco: os braços curtos da sofística, os meios franzinos da retórica, as forças raquíticas da razão utilitarista.

Cada um pode então isolar as páginas úteis à demonstração de sua tese: uma vez Godwin fala bem da prisão, da guerra, da propriedade, da punição, da lei, da autoridade, da mentira, da legítima defesa, do liberalismo; outra, fala horrores da ordem, da coerção, da punição, da insinceridade, da escola, dos "capitalistas" – duas únicas ocorrência da palavra em seiscentas páginas... O que devemos entender no amontoado contraditório desses posicionamentos?

54

Que, no primeiro caso, ele está falando do ser do mundo com o qual condescende enquanto os homens não atingem o grau de perfeição que lhes possibilite alcançar a sociedade ideal para a qual a razão não pode deixar de nos conduzir, a saber, o quadro idílico, irênico e paradisíaco que constitui o segundo caso. Saltando perpetuamente de um registro ao outro, é difícil apreender a posição do filósofo sobre os assuntos abordados.

Exemplo: enquanto não ocorre o advento da "sociedade racional" (produzida apenas pela graça de uma razão militante – cabe lembrar...), a prisão deve existir, pois a sociedade tem o dever de proteger-se de qualquer indivíduo que a ponha em perigo. Mas, nessa perspectiva, apenas o princípio de utilidade deve guiar a administração penitenciária: deve-se aprisionar não para fazer alguém expiar um delito ou por vingança, mas para impedir que ele se reproduza. Portanto, é preciso ter certeza de que ele poderia reproduzir-se. Adquirida a certeza do caráter inevitável da reincidência (mas Godwin afirma a extrema raridade dos casos), é possível prescrever a prisão; a partir daí a privação do poder de prejudicar basta, e ao prisioneiro serão dadas condições dignas de encarceramento. Evidentemente, no sistema de igualdade, a prisão terá desaparecido totalmente, pois ninguém mais pautará o comportamento pelo egoísmo, estando todos persuadidos da verdade da utilidade, convencidos da excelência do bem público, conquistados pela causa do hedonismo social e convertidos ao interesse geral!

Desemaranhados os fios desse novelo em que *o inferno da realidade presente* se confunde com o *paraíso da realidade futura*, entende-se por que a crítica do

LIBERALISMOS UTÓPICOS

mundo burguês, acompanhada por uma utopia marcada pela morte da negatividade, pode fornecer material útil à anarquia. Mas essa captação de herança é feita com a total omissão do método pelo qual os dois mundos poderiam ser interligados: o da crítica e o da positividade. Ora, o acesso ao futuro risonho não exige tanto o companheiro de estrada política dos revolucionários ou até mesmo dos reformistas quanto um pastor que conduza suas ovelhas para um aprisco místico! Pois Godwin acredita no verbo capaz de realizar por magia a abolição do velho mundo e produzir o novo.

9

Profeta do utilitarismo. A historiografia, quando fala de Godwin, ressalta sua falta de ideias originais, sua deficiência de pensamento próprio. Mas que filósofo pode garantir que extraiu apenas de sua cartola o coelho filosófico? Evidentemente, os historiadores da filosofia podem brincar de fazer colagens e apontar os empréstimos retirados dos grandes textos do Iluminismo. Nesse jogo, que pensador ganha os galões de marechal? Nem mesmo os maiores, cuja genialidade consiste em terem desmanchado os andaimes para que fosse admirado o resultado de sua construção. Ora, o edifício de Godwin importa mais do que os materiais recolhidos nos canteiros de obras filosóficos da Europa do século XVIII. De nada adiantaria mostrar o que ele deve, em termos positivos ou negativos, a este ou àquele, atividade esta de médico-legista acadêmico...

Godwin prima mais pela síntese bem-feita (mesmo que ela se mostre de um modo que chamaremos

56

de religioso) de um utilitarismo que teria futuro promissor nos países de língua inglesa durante os séculos seguintes. Pois, ainda hoje, a sombra de Godwin paira sobre grande parte da filosofia inglesa, americana, australiana, canadense, e isso como antídoto aos pensamentos de língua alemã que triunfam na Europa e mais especialmente na França filosófica institucional.

Ainda que as obras *Essai de philosophie morale* [Ensaio de filosofia moral] (1751) de Maupertuis, *De l'esprit* [*Do espírito*] (1758) e *De l'homme* (1772) de Helvétius, *Dos delitos e das penas* (1764) de Beccaria, *Sistema da natureza* (1770) de D'Holbach tenham aberto o caminho utilitarista no continente europeu, Godwin acelera o movimento colocando o princípio de utilidade no cerne do dispositivo de sua *An Enquiry Concerning Political Justice, and its Influence on General Virtue and Happiness* (1793).

Otimista como diabo, mas também calvinista até a medula, quando não irenista desvairado, Godwin afirma que a razão corresponde ao "exercício natural de nosso espírito"; acredita na existência do progresso; escreve que esse movimento perpétuo conduz irremediavelmente para o melhor, devagar mas com segurança e tranquilidade, de modo imperceptível mas verdadeiro; deposita confiança absoluta no poder salvador da palavra, nas virtudes do intercâmbio; afirma a existência de uma verdade que bastaria tornar legível e visível para que o interlocutor se achasse intelectualmente convertido; adere à ideia de que, transformada pela contemplação da verdade, a personagem esclarecida pelas luzes da razão engrenará um movimento de reforma existencial de seu comportamento; deduz que, por capilaridade e com o tempo, a razão triunfará totalmente, e o mundo viverá sob os auspícios da verdade.

O que é a verdade godwiniana? Justiça. Como é obtida? Pela aplicação no pensamento e na ação do princípio de utilidade. *Enquiry* opõe-se frontalmente às morais da intenção – que Kant exemplifica maravilhosamente com sua *Metafísica dos costumes* (1785) e sua *Crítica da razão prática* (1788), que ele nunca cita e parece não ter lido. A moral cristã aposta na pureza das intenções; a de Kant, também. Godwin as condena, tachando-as de "sistemas de moral ascéticos e puritanos" (IV. Apêndice I).

Para ele, moral não é questão de pureza de intenções, mas de eficácia utilitária. Ora, qual é o objetivo da utilidade? O que é útil? Para quem? A coisa é claramente expressa na "Summary of Principles" [Exposição de princípios] que abre o livro: "justiça é um princípio que se propõe produzir a maior soma de prazeres e felicidade" (IV). Tudo o que seja útil à realização desse projeto constitui a palavra--chave da moral e da política, aí estão a verdade, a justiça e a razão.

A partir daí se dispõe de um critério de leitura mais preciso para abordar a obra-mestra de Godwin: a história da filosofia, para qualificar esse novo modo de ler o mundo, usou o termo *consequencialismo*. Uma coisa não é boa nem ruim em si, de maneira absoluta, de um modo que poderia ser chamado de idealista e platônico, mas sim em relação aos efeitos produzidos, à maior ou menor realização de justiça (portanto de verdade, razão etc.) que possibilite.

Assim, a prisão – para voltar ao assunto – não é boa nem ruim como tal, mas em relação aos fins que se propõe – impedir que o delinquente acrescente um gesto que represente uma diminuição na soma da maior felicidade da maioria. O mesmo ocorre com a guerra: nem um mal nem um bem em si, mas boa ou ruim em vista dos fins que busque – boa quando preventiva e defensiva, quando impede a infelicidade de um povo, sendo outra maneira de contribuir para sua felicidade; ruim quando decorrente da lógica imperialista de aumento de território. Idem para a mentira, nem condenável no absoluto – à maneira do Kant de *Sobre um pretenso direito de mentir por humanidade* (1797) –, nem defensável em todos os casos concretos, mas justa e boa quando contribui para aumentar a soma de felicidade da coletividade; injusta e ruim quando a diminui. Essa lógica também vale para a propriedade privada, legitimada para Godwin pelo uso justo, pautado pela produção do bem público e pela satisfação do interesse geral... De modo que, com esse método que examina as consequências de um ato para julgar seu valor ético, pode-se falar de "matemática moral" (II.6), que obriga cada um a tornar-se sujeito da moral e da ação por meio da ativação permanente de um "cálculo das consequências" (IV. Apêndice 1).

10

Casuísticas utilitaristas. Os exemplos que ilustram as extrapolações teóricas utilitaristas de Godwin contribuíram muito para sua (má) fama... Recapitulando: a utilidade deve governar a realidade, portanto o interesse geral, em outras palavras, a maior felicidade da maioria. Consideremos o caso da promessa. Será ela boa ou ruim? Em si, não é nada. Mas,

LIBERALISMOS UTÓPICOS

relativamente ao princípio regulador, torna-se justa ou injusta, defensável ou não, boa ou ruim.

Godwin considera que toda promessa entrava a liberdade de consciência, hipoteca as potencialidades do futuro, priva do uso do entendimento pelo vínculo ao qual obriga. Além do mais, pode opor-se à justiça – que deve ser preferida a qualquer coisa, mas cabe lembrar que justiça é igual a utilidade... –, e em consequência disso a promessa deve ser descumprida a partir do momento em que se perceba que, assim, se satisfaz mais o princípio utilitário do que com o seu cumprimento.

Os episódios em que, zangado com Shelley e amaldiçoando a filha, Godwin não se abstém de pedir dinheiro emprestado aos dois apaixonados, alvo de sua vingança, ao mesmo tempo que se dispensava de reembolsá-los, pautam-se pela seguinte lógica: para o filósofo, o dinheiro em sua bolsa parece que tem mais condições de contribuir para aumentar o bem público (pois ele trabalha numa obra que se propõe esse objetivo para a humanidade inteira!) do que na bolsa bem mais rasa, aliás, do poeta, que, por sua vez, poderia argumentar que, ao escrever "Prometheus Unbound" [Prometeu liberto] ou "The Mask of Anarchy" [A máscara da anarquia] (sob influência, aliás, do velho Godwin...), contribuía na mesma categoria utilitarista e benfazeja do sogro atrabiliário!

An Enquiry diz: se um pobre não tem comida nem o que é mais necessário, enquanto um rico dispõe de tudo isso e de muito mais, pois nada no luxo e acumula o supérfluo, é moralmente legítimo, filosoficamente justo e defensável do estrito ponto de vista utilitarista que o necessitado se apodere dos bens

WILLIAM GODWIN

daquele que os tem em excesso. Um kantiano denunciaria isso como roubo? Sem dúvida. Mas um utilitarista godwiniano falaria em "justiça"; Arsène Lupin, Alexandre Jacob ou os anarquistas do fim do século XIX falariam de "retomada individual"! Entende-se aí por que e como o profeta calvinista às vezes é visto como um companheiro de estrada dos portadores da bandeira negra!

11

O lacaio de Fénelon. Godwin vai mais longe. Os anarquistas o seguirão? Fiel a seu método, o filósofo faz a grande pergunta ontológica: um homem vale o mesmo que outro? Metafisicamente, um ser será absoluto semelhante de outro, seja ele quem for, sejam quais forem seu ambiente, sua formação, sua inteligência e sua cultura? O kantismo diz que sim, o cristianismo também, e cabe abençoá-los por essa opção ontológica fundamental. Godwin responde que não. Um ser não vale o mesmo que outro em termos absolutos, pois também aí, aí de novo, ele pesa relativamente sua utilidade. Escreve sem rodeios que, se for preciso escolher entre duas pessoas a que vai morrer, "deve-se preferir a vida daquela que contribui mais para o bem geral". O que constitui o valor de uma pessoa não é seu ser puro, mas sua utilidade social. É amedrontador pensar nas consequências que poderiam ser extraídas por um utilitarista preocupado em desentocar inutilidades sociais para tratá-las de maneira expeditiva...

Caso o leitor precise de algum exemplo, Godwin o dá: imaginemos uma situação na qual tivéssemos de salvar Fénelon ou seu lacaio, ambos prisioneiros

LIBERALISMOS UTÓPICOS

de um incêndio no castelo do primeiro, arcebispo de Cambrai. A regra do jogo casuística é estrita: um dos dois vai morrer, não podemos evitar a escolha. Consideremos os dois indivíduos: Fénelon é autor de uma obra-prima imortal, *Télémaque* [*Telêmaco*], que propiciou benefício considerável a inúmeros leitores europeus. Grande quantidade de pessoas tirou proveito de sua ajuda intelectual e moral.

Quanto ao lacaio, o que fez ele para aumentar a soma de felicidade da maioria? Ocupação? Substituível. Obra? Inexistente. Se, no seu canto, contribuiu um pouco para a utilidade social, foi em quantidade menor que Fénelon. A partir daí, depois do famoso "cálculo das consequências" e em virtude dos princípios da "matemática moral", Godwin conclui: "A vida de Fénelon na realidade era preferível à de seu lacaio." A isso o filósofo acrescenta que, se esse pobre homem, esse homem decente, fosse seu pai, seu irmão ou seu benfeitor, nem por isso as coisas seriam diferentes... A justiça a tanto obriga! Os anarquistas continuarão sendo seus adeptos quando, em nome da utilidade, o filósofo condena à morte o lacaio para salvar o arcebispo?

12

Tirania da utilidade. O radicalismo utilitarista – integralismo utilitarista, poderíamos dizer – encontra aí o limite além do qual se dispersam os portadores de bandeira negra! Pois essa tirania da utilidade, transformada em deus onipotente, autocrata, ciumento, exigente e furioso, marca a sentença de morte do indivíduo e assina a certidão de nascimento de uma sociedade onipotente baseada nas singularidades. A verdade do particular? O universal. De nada adianta Godwin criticar o contrato social de Rousseau: seu contrato utilitarista parece irmão da renúncia a si mesmo, constitutiva da comunidade de genebrinos. Evidentemente, os anarquistas gostam dos trechos dedicados ao fim dos governos, ao desaparecimento do Estado, à abolição da autoridade transcendente, mas esquecem, imprudentemente, de constatar que aquilo que foi retirado ao governo, ao Estado e à autoridade é repassado à sociedade... Mudança de nome do dirigente, mas não mudança de dirigente, nem mesmo desaparecimento do dirigente. É claro que a *Enquiry* prevê as coisas a longo prazo, mas a lógica permanece: na mansidão do intercâmbio persuasivo, e não na coerção violenta, o indivíduo será levado a encontrar sua verdade na utilidade social.

Prazer individual? Felicidade privada? Satisfação pessoal? Alegria na privacidade? Coisas ruins, se a soma do eudemonismo social não for com elas aumentada. Pior: práticas condenáveis caso seu preço seja uma diminuição, mesmo que ínfima, da soma da felicidade coletiva total. Gozar sem entraves? Nem pensar: na sociedade godwiniana nada mais sou do que aquilo que devo ser para a felicidade dos outros, mesmo que à custa de meu próprio desprazer...

Em vários trechos do livro, Godwin festeja o poder controlador do outro, seu semelhante, e seus atos. Meu vizinho me olha, não me reprova nada, é verdade, não me coage, está claro, não usa a força nem a violência para me levar de volta ao bom caminho, evidentemente, mas, constatando que faço minha utilidade pessoal primar sobre a utilidade social, ele conversa comigo, tenta me convencer, mostra-me que não estou agindo como deveria, age como um

LIBERALISMOS UTÓPICOS

diretor de consciência, um confessor, um mestre, uma figura de espiritualidade tutelar. Com jeitinho... No mundo de Godwin, repentinamente conciliado com o dos cristãos e dos kantianos, o suicídio e o duelo são formalmente proibidos. Não em razão de uma moral moralizadora, mas sempre em relação à moral utilitarista e consequencialista. Matar-me é privar a sociedade de meus talentos, daquilo que ainda poderia lhe dar de bom, justo e útil, portanto é subtrair à sociedade aquilo que lhe pertence, pois meu dever é contribuir para a felicidade coletiva. O mesmo ocorre com o duelo, que tira a vida de um indivíduo, porém, mais do que isso, subtrai algo das potencialidades hedonistas da coletividade. Godwin escreve claramente: "os indivíduos não têm direito algum" (II). E assim está decretado...

Portanto, o utilitarismo é um altruísmo. Um outro tem primazia sobre mim; mas eu sou o outro dos outros, e em vista disso a soma de júbilos em circulação é teórica e potencialmente considerável. Godwin aposta nessa dinâmica de toma lá dá cá ético porque, contrariando todas as evidências, afirma que os homens não são egoístas, pois, ao contrário, existe neles uma "intenção benevolente" ou uma "benevolência desinteressada".

As teses de La Rochefoucauld sobre o triunfo do amor-próprio e do interesse pessoal em todos os lugares, sempre e em todos os tempos? Godwin não acredita nelas... Ao contrário, vê atos generosos, abnegações sem benefício pessoal, doações pessoais sem outro motivo além do hábito contraído de fazer o bem – omitindo-se a dimensão jubilatória egoísta da abnegação numa cultura que formata para o altruísmo. A palavra-chave da sociedade ideal de Godwin? Homens saturados de felicidade diante da felicidade de seus semelhantes...

13

Eutanásia do governo. Anarquista, Godwin? Se ficarmos polarizados em sua teoria do desaparecimento da negatividade e se nos detivermos no mal que some quando a razão produz efeito, sim. Os *fins* de sua obra efetivamente possibilitam uma argumentação libertária; em compensação, os *meios*, não... Por um lado, o "sistema de igualdade" como *objetivo*; por outro, o "esclarecimento do entendimento" como *método*. Fins e meios, objetivos e método culminam na "eutanásia do governo". Mas, no projeto de Godwin, a destruição ocupa parte essencial, e a construção, um espaço quase ridículo, visto que a máquina de desmontar trabalhou a pleno vapor. Explosivos por todo lado, e um resultado tão pífio...

No absoluto de seu paraíso político, Godwin não deixou quase nada em pé. Quais são os cadáveres nessa guerra de extermínio metafísico, muito mais que político? A ficção rousseauniana do *Contrato social*; o governo, bem mais que o Estado, culpado por todos os males; a lei, o direito; a monarquia, independentemente de suas formas: eletiva, hereditária, constitucional, presidencial, esclarecida; a aristocracia; a democracia representativa; o nacionalismo, o patriotismo; o luxo, o dinheiro; as virtudes burguesas: promessa, palavra dada, casamento, coabitação, família; as técnicas de poder político: escola, universidade, impostos, trabalho, salariato, polícia, guerra, punições, tortura, prisões, escravidão, trabalhos forçados; a negatividade: morte, doença, angústia, ciúme, ressentimento, melancolia, sofrimento, miséria, exploração, crime, servidão. Claro, claro. Mas Godwin também é contrário a tudo o que possibilite a abolição de tudo isso de outro modo que não seja pela virtude da pedagogia utilitarista e da profecia militante...

O que fazer enquanto não chega o abençoado dia da sociedade pacificada? Já vimos: nada de revolução, de sublevação violenta, de tiranicídio, de nova distribuição das riquezas, de leis econômicas, de regulamentação do mercado, de confisco de bens, de atentado à livre propriedade; nada de Estado-providência, de reformismo, de assembleias deliberativas, de discussões em assembleias gerais, de clamores populares... Aliás, quando ocorrerá esse famoso dia? Num "grande lapso de tempo", diz o profeta, sem assumir muitos riscos...

Trabalhar num gabinete pela melhoria da humanidade, falar e trazer a boa-nova utilitarista, agir no sentido da mudança invisível, mas real, contribuir com sua pedra para o belo edifício futuro, modificar imperceptivelmente a opinião dos outros, devagar, mas sempre, tornar-se apóstolo da revolução filosófica, razão, método, educação: essa é a panaceia prometida pelo pastor com o fervor da criança trepada na cadeira que vendia a religião cristã a um pequeno auditório aterrorizado pelo poder de seu verbo. Para crianças, passa; mas e os outros?

14

O paraíso? Um inferno... Imaginemos o paraíso anarquista de Godwin, recolhendo rapidamente o magro butim espalhado por sua obra: todos, sem distinção, não trabalham mais que meia hora por dia e unicamente na perspectiva de produzir o necessário para uma vida frugal; o trabalho, aliás, tornou-se um "repouso agradável"; microssociedades agrupam homens, mulheres e crianças em regime de autogestão; "distritos", "congressos federais", "confederações" possibilitam o agrupamento dessas pequenas comunidades com o objetivo de resolver os raros problemas que surgiriam ainda; as relações amorosas obedecem apenas aos caprichos: união livre e contrato sexual em função das vontades, mas a bem-aventurança parece tão soporífera quanto o sexo, velho resquício do corrompido estado de civilização anterior, que deu lugar a novas relações dessexualizadas e construídas com base na amizade ou na afeição – fim do ciúme, da infidelidade, da hipocrisia, do engano; como a família nuclear desapareceu, a educação das crianças já não pressupõe a existência de um pai e de uma mãe, pois a comunidade se encarrega daquilo que deve ser feito – sem que Godwin, aí como em outras coisas, diga muito mais sobre os pormenores; a saúde e a longevidade aumentaram muito; o poder do espírito sobre o corpo, a poder de hábito, é tão grande, que a carne está espiritualizada, sendo em tudo conduzida pela razão pura; libertos das servidões, mas quase também de si mesmos, os membros da comunidade dispõem de todo o tempo para o lazer: quais são estes? Fruir beatificamente do espetáculo da felicidade alheia...

Ao propor a "eutanásia do governo", William Godwin aspira ao desaparecimento de toda negatividade e ao advento de um estado ataráxico para a coletividade e seus membros. Mas essa ataraxia leva sinistramente a pensar na dos cemitérios... Com a morte de tantos vícios, a virtude parece já não ter nenhum sentido. O imenso movimento de definhamento do mal, induzido pelo triunfo hipotético e longínquo da razão coroada, dá a impressão de ter levado consigo o prazer, a felicidade, a alegria, o júbilo, exatamente os objetivos que a *An Enquiry Concerning Political Justice, and its Influence on General Virtue and Happiness* se propunha atingir – justiça e felicidade de amanhã! Ou melhor, de depois de amanhã – de depois de depois de amanhã. Uma probabilidade: esse paraíso godwiniano que parece um inferno não está à vista! Resta este inferno, o nosso, que, por comparação e avistado de longe, acabaria por se assemelhar a um paraíso, uma vez que nele o prazer pode ser definido de um modo que nada tem a ver com a aspiração à ataraxia dos cadáveres...

II

JEREMY BENTHAM

e o "eudemonismo como arte"

1

O geniozinho da inutilidade. A lenda dourada não é apanágio apenas dos santos do panteão cristão, mas também produz os melhores efeitos com alguns filósofos dotados pela historiografia dominante com infâncias maravilhosas, adolescências atípicas e existências fora de série; a morte, no fim, possibilita variações sobre o tema lendário e maravilhoso. Jeremy Bentham não escapa a esse clichê, e, em cada um dos momentos de sua longa vida, pode-se medir o efeito lendário: criança prodígio, adolescente superdotado, adulto extravagante, velho espantoso, cadáver assustador...

Jeremy Bentham nasce em Westminster em 15 de janeiro de 1748, ano da publicação de *L'Esprit des lois* [*Espírito das leis*] de Montesquieu. Evidentemente, com três anos ele já sabe ler e não se satisfaz com a lastimável literatura infantil, pois na sua mesinha de

LIBERALISMOS UTÓPICOS

cabeceira encontra-se *L'Histoire et le commerce* [A história e o comércio] de Rapin. Como então não se tornar o que já é, ou seja, um talentoso economista, em outras palavras, um liberal incontestável? O pai, advogado que fez fortuna graças a felizes especulações imobiliárias, ensina-lhe grego e latim com quatro anos. Nada melhor para fabricar um filósofo que mais tarde escarneceria das especulações ociosas dos filósofos gregos, especialmente Sócrates, Platão, Aristóteles...

Jeremy tem seus lazeres, é claro. Mas não são brinquedos nem brincadeiras de criança: com cinco anos, para descontrair da economia e das humanidades antigas, ele toca violino e ocupa lugar numa formação camerística. Interpreta Haendel e Corelli... Na escola, seu currículo é excepcional, imagina-se, mas as relações com as outras crianças mostram-se difíceis. Mais tarde ele falará em "inferno" para designar essa época. Franzino, raquítico, enfermiço, com saúde delicada, seus coleguinhas o tomam por anão. O futuro pedagogo condena à execração geral tudo o que não seja útil a seu projeto hedonista generalizado, e entre as matérias inúteis de sua escola crestomática, além das línguas mortas – justamente porque mortas... –, estão as atividades de ginástica, tipo dança, equitação, esgrima e exercícios militares!

Doze anos: na universidade, as autoridades lhe apresentam um texto que deve ser assinado. O postulante precisa declarar fidelidade à religião anglicana. A totalidade de seus coleguinhas assina sem ler, ou lendo depressa, ou lendo mal, o contrato proposto. Ele se demora, lê com atenção, pondera cada palavra e conclui que sua consciência não lhe permite subscrever. Então, devolve a folha sem assi-

JEREMY BENTHAM

natura. Convocação à diretoria, discussão, sermão, intimidação, ele acaba por escrever o nome, mas aprende nessa ocasião que a hipocrisia é *sempre* lei, ao arrepio de qualquer verdade.

2

Eureca filosófico. Quando redige *The Influence of Natural Religion on the Temporal Happiness of Mankind* [Influência da religião natural sobre a felicidade temporal da humanidade], ele tolera a religião desde que esta não contradiga o princípio de utilidade; quando escreve *Chrestomathia* [Crestomatia], projeto de escola utilitarista, pauta a aquisição dos conhecimentos por aquilo que é necessário à realização de um projeto comunitário eudemonista; em *Deontology* [Deontologia], submete a ética, toda a ética, à utilidade de uma intersubjetividade harmoniosa e pacificada. Entende-se por que Bentham, esmagado sob o peso da inutilidade desde os anos mais tenros, concebe o projeto de um utilitarismo hedonista estrito...

Bacharel aos quinze anos, recebe um diploma de advogado aos dezoito: ao sair da instituição, cruza com alguns de seus contemporâneos. Mas, enquanto ele está saindo, os outros estão entrando para fazer a matrícula... Enquanto, na sua idade, os coleguinhas se iniciam no direito, ele está advogando. Não gostou do curso de direito nem da disciplina hipócrita da universidade. Os mistérios da legislação, a infinidade de artigos, com tanta frequência inúteis, o reino da retórica e da trapaça, a arte de arrastar os processos no tempo para aumentar os honorários, a pouca preocupação com a verdade, a grande causa feita de mentiras, a ausência total de

71

perspectiva ética na profissão, tudo isso fez dele um advogado rebarbativo e rebelde. Bentham consagra todo seu talento a dissuadir os clientes de ir até o fim no processo e de enfrentar os tribunais. Com real sucesso, tenta obter deles negociações amigáveis. Convenhamos que isso não põe comida no prato do advogado! Donde sua rápida desistência da advocacia... Começa então o período das vacas magras. Perto da miséria, Bentham lê muito, em especial Maupertuis – de cujo pessimismo não gosta, embora aprecie sua aritmética dos prazeres e das dores; gosta de Helvétius, cujo "princípio de utilidade" terá sobre ele um efeito da maçã de Newton; entusiasma-se com a leitura de Beccaria, cujo *Dos delitos e das penas* fez furor na Europa do Iluminismo; devora também obras sobre uma infinidade de outros assuntos: história, economia política, literatura – Swift –, direito... Mas, nessa soma de leituras, encontrará em *Do espírito* e *De l'homme* seu eureca filosófico: a partir daí passa a vida a teorizar sobre as consequências dessa descoberta da utilidade como pedra angular da filosofia.

Enquanto isso, Bentham entra no mundo das letras arrombando suas portas com estardalhaço, embora anonimamente... Não gostou das aulas de direito de seu professor de Oxford, Blackstone, um dos maiores juristas da época, autor de *Commentaries on the Laws of England* [Comentários sobre as leis da Inglaterra]. Bentham pulveriza essa obra em 1776 num livro publicado anonimamente com o título de *A Fragment on Government* [Fragmento sobre o governo]. O volume polêmico vende como água. Ninguém sabe quem é o autor, e, nos salões, o jogo das atribuiçóes permite trazer à baila tudo o que mais conta em Londres.

As esperanças do pai de Bentham (que se casara de novo com uma viúva) de garantir a reputação do nome da família estão depositadas nos filhos, especialmente no meio-irmão do filósofo... Mas, com o sucesso daquele livro sem nome de autor, o pai mal consegue conter a impaciência de se tornar famoso por um golpe de sorte: revela o segredo, dando o nome do filho. Quando se fica sabendo que aquela obra de sucesso foi escrita por um advogado demissionário tão pouco afeito ao espírito de corpo, as vendas param de repente. O pai fica na mão...

3

A dupla Bentham-Dumont. Bentham trabalha ininterruptamente, escreve muito, atua em diversos projetos ao mesmo tempo. Não tendo medo de nada, principalmente das construções teóricas faraônicas, não hesita em escrever volumosos códigos civis destinados a substituir o edifício legislativo velhusco, que é nefasto na Inglaterra, mas também nos Estados Unidos ou na América do Sul. O conjunto dessas atividades redunda num volume considerável de manuscritos desorganizados.

Bentham redige notas, enche páginas com demonstrações, escreve um livro e, quase chegando ao fim do trabalho, dá início a outra obra para esclarecer um conceito utilizado nas últimas linhas do livro, que ele deixa inacabado. Às vezes também o livro iniciado não vai além de um punhado de capítulos. Sob sua pena, uma carta pode ultrapassar sessenta páginas, mas um projeto pode caber em algumas fo-

LIBERALISMOS UTÓPICOS

lhas que vinte anos de trabalho não bastam para esgotar: o trabalho filosófico de Bentham assume o aspecto de um maço de páginas soltas e desorganizadas, que enchem uma centena de caixas ainda por descobrir atualmente...

É nessa configuração específica de trabalho que em 1788 Jeremy Bentham conhece Pierre Etienne Louis Dumont (1759-1829). Esse pastor genebrino foi secretário de Mirabeau, a quem auxiliou na redação dos seus posicionamentos durante a Revolução Francesa. Dumont também convive com John Stuart Mill e com o pequeno grupo de utilitaristas que se reúne em torno do mestre. De início, Bentham produz material bruto até acumular o volume filosófico ao qual Dumont dá forma, produzindo obras; no fim, este redige os livros nos quais o pensador não se detém.

Portanto, Dumont edita Bentham, no melhor sentido do termo *editar*. Aqui, compõe, extrai fragmentos; ali, corta, apara; acolá, dá nova forma, elimina, simplifica, deixa de lado o que lhe parece técnico demais e expõe ao risco de comprometer a argumentação (sobre a tecnicidade de algumas leis inglesas, por exemplo); acrescenta uma ou duas linhas de sua lavra para construir um nexo, às vezes anota, claramente. Assim, de vez em quando, o leitor de um livro assinado por Bentham pode descobrir ao correr de uma página: "Bentham acredita que"...

Às vezes uma obra reaparece em outro livro, ligeiramente modificada, corrigida ou aumentada: assim, o *Manuel d'économie politique* [Manual de economia política] no segundo volume de *Théorie des peines et des récompenses* [Teoria das penas e recompensas]; excertos de *An Introduction to the Principles of Morals*

JEREMY BENTHAM

and Legislation [*Uma introdução aos princípios da moral e da legislação*] nos *Traités de législation civile et pénale* [Tratados de legislação civil e penal]; o *Examen critique de diverses déclarations des droits de l'homme et du citoyen* [Exame crítico de diversas declarações dos direitos do homem e do cidadão] na rubrica "Sophismes anarchiques" ["Sofismas anárquicos"] da *Tactique des assemblées législatives* [Tática das assembleias legislativas]...

Nos prefácios, Dumont esclarece seu método e não esconde o que fez. Assim, no início da obra *Théories des peines et des récompenses*, afirma: "Usei livremente os direitos de editor." Depois esclarece: "Segundo a natureza do texto e a ocasião, traduzo ou comento, abrevio ou complemento." Mas, segundo diz, esses detalhes formais não modificam em nada o fundo do discurso de Bentham: "Não é a minha obra que apresento; é a obra de Bentham, com a maior fidelidade permitida pela natureza da coisa."

Alguns historiadores das ideias exploram essa estranha situação e afirmam que o caráter exagerado do utilitarismo de Bentham não provém do texto do filósofo, mas dos arranjos do compilador, fácil bode expiatório... Bentham, embora faça ressalvas à atuação de seu comparsa, confirma que, no fundo, ele não muda nada e que um trabalho pessoal sobre seus próprios manuscritos o teria levado a reformar alguns modos de exposição, mas nada de essencial. Forma de Dumont, fundo de Bentham, portanto.

Dumont, sincero, também fornece as armas contra si mesmo, pois, sem demonstrar constrangimento, escreve que Bentham estava descontente com seus próprios textos, porém não mais satisfeito com as composições dele, Dumont, dizendo que não queria

LIBERALISMOS UTÓPICOS

dar-lhes permissão de publicação. Ora, Bentham deixou que Dumont trabalhasse e continuou durante anos a fornecer-lhe material para tantos projetos, que não devia tê-lo em tão baixa consideração! Bentham provavelmente teria recorrido aos fatos para julgar, e os fatos falam por si: os livros foram publicados em vida de Bentham, que nunca se opôs.

4

O empreendedor filósofo. Em 1786, Bentham faz uma viagem à Rússia, passando pela Itália e por Constantinopla, para encontrar o irmão Samuel, que queria instalar a engenharia industrial inglesa em terras czaristas. Chegando lá, descobre que fabricantes de queijo, jardineiros e outros atores da aventura comercial familiar são, na verdade, bêbados inveterados, mentirosos rematados e notórios incompetentes. Naquele falso falanstério, também se faz muito sexo, e a indústria não prospera...

Será naquela configuração em especial que o irmão de Jeremy pensa em construir uma prisão com base no modelo de algumas casas de camponeses? Não se sabe. Mas o desejo carcerário de Samuel logo se torna projeto de Jeremy: o Pan-óptico, que tanto contribuiu para a reputação do filósofo utilitarista, vai ocupá-lo intelectual e materialmente durante décadas.

A documentação contém grande quantidade de cartas, projetos, obras editadas, mas nunca divulgadas nem distribuídas; também se encontram desenhos arquitetônicos, balanços contábeis, tratados, manuscritos. Em 1789, Bentham apresenta ao deputado da Assembleia Nacional, Jean-Philippe Garrau, um texto intitulado *Panopticon, or, The Inspection House* [*O panóptico ou a casa de inspeção*]. Do que se trata? A crer-se no filósofo, de "uma simples ideia de arquitetura"... Trata-se na realidade de uma construção concebida, pensada e realizada como uma máquina de ver ininterruptamente os prisioneiros para – conforme diz ele – trabalhar na prevenção e/ou na reinserção social dos detentos. De acordo com o princípio utilitarista da maior felicidade para a maioria e também em virtude do menor custo econômico, o conjunto tem em vista a realização de uma sociedade pacificada e harmoniosa. Seguro de sua obra, Bentham propõe até ocupar *gratuitamente* o posto de inspetor, fundamental no dispositivo disciplinar. O projeto não será considerado...

A morte do pai em 1792 põe Bentham diante de uma herança cuja maior parte será engolida pelo projeto: compra de terreno, pagamento dos estudos de viabilidade de diferentes agências, honorários de arquiteto. Bentham trabalha no projeto teórico. Em 1794, o Parlamento inglês o aceita, mas Bentham esbarra na rotina administrativa, na lentidão burocrática. Sua fortuna rui, ele vende a casa e vai morar com o irmão...

Na infância, Bentham havia rabiscado uma ode em latim para comemorar a ascensão do rei Jorge III. O mesmo monarca escreve e publica anonimamente num jornal uma filípica destinada a justificar uma provável guerra próxima com a Dinamarca. Bentham, ignorando a natureza régia da autoria, responde nas mesmas colunas e desanca os argumentos régios também sem assinar seu texto. Sabendo que o texto é de Bentham, Jorge III faz o que é preciso para impedir a realização do pan-óptico: um comitê parlamentar rejeita definitivamente o projeto, e o filósofo é indenizado em 1811 com os valores consumidos por aquele negócio durante um quarto de século...

5

O empreendedor, continuação! Bentham tenta realizar na vida e na obra o grande projeto formulado mais tarde por Bergson: pensar como homem de ação, agir como homem de pensamento. A reflexão de gabinete não o interessa; os acadêmicos não lhe convêm, eles que, com tanta frequência, pensam como homens livrescos e nunca agem; a filosofia desconectada de seus efeitos na realidade o irrita; nesse sentido, ele não economiza alfinetadas aos "dogmáticos" e sofistas. O filósofo quer produzir efeitos no mundo. Donde a redação de alentados códigos civis, volumosos tratados de legislação escritos para os Estados Unidos, a Rússia, a Polônia, a Espanha ou a Líbia.

Acatando proposta de Brissot, a Assembleia Nacional da França concede a Bentham o título de cidadão francês, em consideração a seu empenho em contribuir para a felicidade dos povos no planeta. O novo francês responde aos revolucionários que o honram fazendo o elogio aos emigrados, depois exortando a Assembleia à descolonização, menos de acordo com uma lógica de moral moralizadora do que na óptica de uma razão utilitarista e econômica bem clara. A exortação intitula-se: *Emancipes vos colonies!* [Emancipai vossas colônias!]

O mesmo cidadão francês recém-promovido desmonta vigorosamente e com relativa má-fé, usando

JEREMY BENTHAM

a pluma do professor que corrige com tinta vermelha, a *Declaração dos direitos do homem e do cidadão*, na
qual, como bom liberal, ele vê os germes de um radicalismo revolucionário chamado de "anarquista"
por conta própria... Em *Théorie des peines et des récompenses* será dito com todas as letras: o mercado liberal que constitui a lei, toda a lei, é tão melhor! Bentham, que gostava tanto de neologismos, poderia ter
criado o neologismo *droits-de-l'hommisme**...

Bentham parte então para outro projeto: uma escola crestomática que deveria ser construída em
Westminster. Tal qual com o pan-óptico, Bentham vê
seu projeto dentro de uma perspectiva utilitarista: a
prisão tinha em vista produzir o máximo de efeitos
repressivos e preventivos com o mínimo custo econômico e humano; a escola (que – conforme explica
Bentham no fim de seu texto sobre o pan-óptico –,
tal como o hospital, a fábrica e a caserna, pode funcionar com base no princípio do pan-optismo), a
escola, portanto, deve possibilitar aprender aquilo
que é útil à felicidade da maioria com a mesma economia de meios e um custo intelectual mínimo.

Cabe esclarecer que "crestomático" significa (segundo etimologia que se tornaria incompreensível
na perspectiva da escola benthamiana, que risca
com uma penada o aprendizado do grego e do latim) o que é útil aprender e o que convém saber.
Em outras palavras: que matérias, que conteúdos
ensinar a uma elite destinada a constituir a mão de

---

* Termo pejorativo de difícil tradução, criado com a expressão *droits de l'homme* [direitos do homem]: designa o conjunto
de ideias e teorias compartilhado pelos adeptos desses direitos.
(N. da T.)

LIBERALISMOS UTÓPICOS

obra decisória do liberalismo da revolução industrial nascente.

Mais uma vez, Bentham empata somas enormes nessa nova empreitada filosófica. O externato crestomático deve acolher seiscentos meninos e quatrocentas meninas – a paridade ainda não estava na moda... – num prédio projetado pelo arquiteto James Beavans. Bentham pensa em construí-la nos jardins de sua própria casa. Uma placa afixada nas paredes indica que aquele imóvel foi residência do poeta Milton, autor do *Paraíso perdido*? Dois soberbos algodoeiros embelezam o jardim? Grandes muros o separam da cidade? Sim, mas a utilidade em primeiro lugar: a placa é retirada, as árvores são serradas, os muros são derrubados, limpa-se a área para construir a escola...

Em 1814, a verba foi reunida graças a doações e ações somadas à fortuna pessoal do filósofo. É constituído um conselho administrativo, em especial com John Stuart Mill, futuro discípulo heterodoxo. Bentham manda publicar uma obra intitulada *Chrestomathia*, que explica tudo o que se refere à empreitada. A escola não será concretizada, assim como o Pan-óptico, aquela outra máquina filosófica de Bentham... Dissolução da assembleia dos administradores em 23 de junho de 1821. O filósofo tem setenta e três anos.

Alguns meses antes, entre *prisão pan-óptica* e *escola crestomática*, Bentham aparece como acionista de um tipo de *falanstério industrial* no qual Robert Owen assenta as bases de um socialismo, quando não de um comunismo ou até mesmo de um anarquismo industrial, num espaço experimental onde a produção se pauta pelos reais princípios de justiça. Em

1813, o velho liberal investe na experiência esquerdista! Com coisas como redução do tempo de trabalho, moralização do cotidiano operário (luta contra o alcoolismo e a prostituição), humanização da empresa e distribuição dos lucros, Owen demonstra em New Lanark, na Escócia, que a esquerda consegue alcançar a justiça, enquanto o liberalismo gera, mantém e aumenta a pauperização...

6

O horticultor e a geladeira. O velho Bentham cultiva flores no jardim de sua residência de verão em Somersetshire, velha casa senhorial. Seus amigos levam-lhe grãos e sementes dos países estrangeiros que visitam, ele experimenta fazer aclimatações de espécies, exercita-se em semeaduras, repicagens e mergulhias. Entre dois projetos, o filósofo trabalha num instrumento que, por meio do frio, possibilitaria a conservação de frutos e legumes, em outras palavras, no ancestral do refrigerador!

Durante vinte anos, ele fez uma espécie de corte a uma mulher a quem acaba fazendo um pedido de casamento, depois dos cinquenta anos. A eleita de seu coração responde-lhe que o celibato provavelmente represente o melhor estado para que um homem de gênio possa dedicar-se inteiramente à sua missão filosófica, a seu destino de pensador! Durante toda a existência dele, não se detecta em sua biografia nenhuma história de amor, nenhuma aventura feminina, nada que se pareça a veleidades sensuais: o teórico do hedonismo vive como monge!

Sua vida durante mais de meio século foi a tentativa de concretização de sua visão de mundo, o pro-

LIBERALISMOS UTÓPICOS

jeto de fazer coincidir obras e realidade, texto e mundo, intuição do princípio de utilidade em perspectiva e concretude de um terreno de ação estendido aos limites do planeta. Na velhice, Bentham tornou-se chefe de escola; passa-se então a falar de "utilitarismo", "radicalismo filosófico". Stuart Mill evolui nessa paisagem, desenvolve, especifica, refina a teoria; começa-se a pôr em prática algumas de suas ideias sobre o direito e a legislação. Assim, o Código Napoleônico não está imune ao pensamento de Bentham.

Em 6 de janeiro de 1832, sentindo que a morte se aproxima, Bentham pede a amigos, parentes, crianças e domésticos que o deixem sozinho com um de seus discípulos: trata-se de, pela última vez, maximizar o prazer, evitando o desprazer do espetáculo de uma morte ao vivo ou de uma agonia. A religião não o ocupa muito. O filósofo utilitarista nunca fez mistério daquilo que, para não dizer ateísmo, pode ser chamado de irreligião. Deus? Nem a favor nem contra em si. Religião? A mesma coisa.

Numa perspectiva consequencialista, Deus pode ser defendido, a religião, também; tudo depende das consequências: se as duas forças trabalharem no mesmo sentido do utilitarismo, sim. Um Deus utilitarista? Claro. Uma religião utilitária? Pode ser. Um Deus vingador, mau, punidor? De jeito nenhum... Com o que se assemelharia um Deus que dotasse os homens da capacidade de prazer, proibindo esse mesmo prazer, senão com uma contradição, a maior das contradições jamais produzidas? Bentham não espera socorro de uma vida pós-morte. Acerca-se da morte com serenidade e morre... como filósofo.

JEREMY BENTHAM

7

A múmia filosófica. Para que não falte nenhuma extravagância, Bentham pensa não só numa morte utilitarista, mas também num destino pós-morte utilitarista. A abertura de seu testamento deixa as testemunhas na expectativa. Sem mulher nem filhos – imagina-se Bentham virgem ou quase... –, sua fortuna vai para a Universidade, mas com uma única condição: que ela seja a primeira a tirar a religião de seu currículo de ensino! Outro desejo do morto: transformação de seu cadáver em múmia – um *autoícone*, conceito importante e inédito na história da filosofia! –, capaz de lembrar, em caso de necessidade, a ideia central do princípio de utilidade. Como? Eis a receita: reduzir a cabeça do filósofo segundo o método dos jivaros; eviscerar e encher urnas com as partes moles do corpo; descarnar o esqueleto; vesti-lo com luvas, chapéu e roupas; instalar a coisa num armário cujas portas possam ser abertas e fechadas; instalar esse dispositivo utilitarista na sala de reuniões da Universidade de Londres, onde, ainda hoje, quando os membros do conselho universitário se reúnem, o autoícone é exibido para presentificar o ideal utilitarista de fazer o espírito santo do bem geral baixar sobre a assembleia. Não há garantia de resultado...

8

Eudemonismo como arte. Bentham passa para a história da filosofia como o pai do utilitarismo. Lavrado e sacramentado. Discípulos? John Stuart Mill – *Bentham* (1838) e *Utilitarianism* [*Utilitarismo*] (1861) –,

LIBERALISMOS UTÓPICOS

depois Henry Sidgwick – *The Methods of Ethics* [Métodos de ética] (1874) –, por fim, George Edward Moore com *Principia ethica* (1903), e a longa tradição da chamada filosofia anglo-saxônica, até Peter Singer hoje – *Practical Ethics* [*Ética prática*] (1993). Significa uma linhagem alternativa na história da filosofia, uma tradição nova que dá as costas àquilo que Bentham chama de "dogmatismo", mas também ao "ascetismo" (Nietzsche, que condena o utilitarismo, nem por isso deixa de se apropriar do vocabulário benthamiamo ao reciclar o famoso "ideal ascético"...), que se encontra na filosofia oficial de Platão a Kant, via cristianismo.

O utilitarismo inicialmente é chamado de "utilitarianismo", que traduz "*utilitarianism*", palavra que Stuart Mill utiliza como título de seu célebre livro. Benjamin Laroche, a quem se deve a tradução e edição [francesa] de *Deontology*, também o utiliza. Paradoxalmente, Bentham, que terá sucesso na história das ideias com esse termo, acha-o impreciso e vago demais, preferindo o termo "deontologia", que define "a ciência daquilo que é bom ou conveniente".

A reputação de Bentham é constituída com esse termo, que, segundo ele mesmo admite, não expressa suficientemente a dimensão hedonista de seu projeto: é verdade que ele quer definir e promover o que é *útil*, mas útil "para a maior *felicidade* da maioria", segundo a já famosa e feliz fórmula associada à escola utilitarista. A utilidade, portanto, parece um meio, um método, uma dinâmica para chegar a um fim identificado com os prazeres cuja soma constitui a felicidade, objetivo último da empreitada filosófica. A utilidade, portanto, propõe-se pôr em prática o que é necessário para fabricar a felicidade máxima. A escola se tornará utilitarista; poderia ter sido hedonista. Seu destino e sua reputação poderiam ter sido mudados com a substituição do primeiro adjetivo pelo segundo? Provavelmente...

Pois as críticas feitas à escola de Bentham baseiam-se no habitual mal-entendido associado ao termo "utilidade", tomado em seu sentido vulgar. A violência com que Marx assassina Bentham e os seus em *Ideologia alemã, Sagrada família*, mas também em *O capital*, apresentando-os como merceeiros, vendeiros com seus cálculos éticos, será fatal para ele. Até porque o espiritualismo acadêmico francês, dono da historiografia pós-revolucionária, opta pelo idealismo alemão, bem mais prático e nitidamente mais eficaz para instalar a religião judaico-cristã em suas prerrogativas desfalcadas durante algum tempo pelo furor de 1793. Caluniar, falsear, mentir e trair, naquela época como hoje, poupam do trabalho de ler, estudar e refutar as obras e seus conteúdos.

Ora, a filosofia utilitarista baseia-se em princípios simples e deduções produzidas pelo modelo matemático. Como discípulo de Maupertuis, Bentham recorre ao modelo científico para construir uma ética, a sua ética: em matéria de discurso do método, ele reivindica a experimentação, a observação, a dedução de regras e leis, a construção de uma demonstração e a obtenção de um resultado digno de se apresentar como verdade estabelecida, e não como verdade revelada. Em outras palavras, fundamentos científicos para a moral, e não fundamentos teológicos.

Bentham afirma que cada um procura seu prazer e tenta ao mesmo tempo fugir ao desprazer. Verdade primordial, certeza genealógica. Portanto, cabe basear-nos nessa evidência para tentar fazer aquilo

LIBERALISMOS UTÓPICOS

que possibilite maximizar o prazer e minimizar as dores. Donde aquelas indagações constitutivas do fundo da filosofia utilitarista: como criar o prazer? De que maneira aumentá-lo, mantê-lo? O que é preciso fazer para evitar o desprazer, afastar a dor e o sofrimento? Que dispositivos pôr em prática para produzir o hedonismo e refutar o ascetismo? Tudo em Bentham gira em torno dessas questões: do pan--óptico à escola crestomática, passando pela economia liberal, para ele trata-se de fabricar máquinas de produzir alegria para a maioria...

Bentham dedicou grande número de páginas ao trabalho com "ficções", "sofismas", em outras palavras, com os efeitos perversos da linguagem, as distorções produzidas pela retórica especiosa e pela argumentação errônea. Sua teoria linguística nominalista pressupõe que, por trás da palavra, se encontra a coisa, e que nenhuma palavra deve ser utilizada separadamente da coisa qualificada. Aniquilou constantemente jogos de ilusões verbais, raciocínios falaciosos, lógicas especiosas em economia, política, teologia e filosofia também, claro – nessa parte de sua obra, aliás, ele não poupou flechadas a Platão e Aristóteles, mestres falsários nesse assunto.

A obra completa de Bentham não contém ontologia no sentido clássico do termo – em outras palavras, absconsa, nebulosa –, retomando a seu modo a mania teológica pelas ficções, também nefastas. Mas, em *Chrestomathia*, ele identifica – heresia para a tradição institucional e para a historiografia dominante! – ontologia a eudemonismo. Define este último termo como "arte cujo objetivo é esforçar-se por contribuir de uma maneira ou de outra para a conquista do *bem-estar*, e é a *ciência* em virtude da qual

86

JEREMY BENTHAM

quem a possui sabe como é preciso comportar-se para exercer essa arte com eficácia".

Deve-se observar que nessa definição Bentham faz da ciência deontológica a condição de possibilidade de uma arte de viver, e da prática de uma arte de viver, a consequência de uma ciência deontológica. Em outras palavras: o filósofo pensa a teoria utilitarista como promessa de prática hedonista ao mesmo tempo que concebe a prática hedonista como oportunidade de validar a teoria utilitarista... Outra maneira de desestabilizar o jogo filosófico habitual, conferindo dimensão científica à ética e à estética existencial. Prolegômenos para qualquer metafísica futura que a partir daí pode ter pretensão a ciência!

9

Rachadura no belo edifício. Embora também se proponha pensar, agir e funcionar *more geometrico*, Bentham comete um grave erro metodológico ao pedir na *Deontology* que o leitor admita a justeza de uma coisa, no caso um axioma. Ora, como todos sabem, no raciocínio matemático, e por ser postulado sem nenhuma demonstração, o axioma representa o ponto mais sensível do dispositivo. Por que não se demonstra o axioma? Porque essa proposição indemonstrável procede do puro e simples *a priori*. Ora – inconveniente do *método* – um *a priori* vale tanto quanto qualquer outro. Inclusive seu contrário!

Todo adversário do utilitarismo, por ler exatamente o que escreve o filósofo ingênuo, sabe que essa pedra angular necessária à existência e à solidez da totalidade do edifício pode não ter a anuência do

LIBERALISMOS UTÓPICOS

leitor... A partir daí, qualquer um que recuse a visão benthamiana do mundo só terá de contestar esse "axioma" sem outras formalidades. Quando a pedra angular se mostra frágil, o castelo ameaça ruir com facilidade! Qual é esse famoso axioma do qual o filósofo espera tudo? "O bem-estar é preferível ao mal-estar" (livro I, capítulo 20). Bentham terá razão de afirmar isso se limitar-se a raciocinar a partir de um indivíduo que tenha constituição normal, em outras palavras, que seja tão pouco atormentado pela pulsão de morte que não ceda a pulsões sádicas, masoquistas, sadomasoquistas (para usar o vocabulário da psiquiatria contemporânea) e não identifique o seu bem-estar àquilo que define o mal-estar da maioria... O que fazer, no dispositivo axiomático benthamiano, da concepção de bem-estar do marquês de Sade ou de Sacher Masoch?

Pois os protagonistas feudais e "libertinos" do castelo de Silling dos sinistros *Cent vingt journées de Sodome* [*120 dias de Sodoma*] também propõem realizar o bem-estar dos predadores que organizam o campo da morte. Mas o que dizer do bem-estar associado à tortura, ao sofrimento, ao mal, ao desprazer, à dor, à morte, ao suplício, à violação? Quando o bem-estar de alguém – Sade, por exemplo – coincide com o mal-estar de outra pessoa, como construir os alicerces de um castelo utilitarista e hedonista?

A demonstração matemática, racional e científica de Bentham parece que começa mal, pois ele postula um indivíduo inexistente em outro lugar que não seja sob a pluma dos filósofos dogmáticos que, por outro lado, ele ridiculariza com tanta frequência! O autor da *A Vênus das peles* pode escrever exatamente o inverso do pensador de *Deontology* e apresentar seu próprio axioma, que poderia ser: "O mal-estar é preferível ao bem-estar." Ou, em outras palavras: "Meu mal-estar é meu bem-estar." (Um sádico, por sua vez, afirmaria: "O teu mal-estar é meu bem-estar.") O que fazer na doutrina utilitarista e hedonista com esse tipo de delinquente relacional, tão comum na vida? Bentham não ignora a existência desses indivíduos impróprios para a deontologia: acaso não pensa neles quando redige *Panóptico*? Quando escreve *Théorie des peines et des récompenses*? Quando deseja evitar a produção desse tipo de indivíduo, criando como antídoto sua Escola crestomática? O que fazer, segundo suas próprias expressões, com "paixões dissociais" ou "malevolência", assinaladas de modo fugaz (infelizmente, nunca desenvolvidas) na obra completa do filósofo?

Defeito de fabricação – dirão... A "malevolência" de um ser provém da má educação, reparada por um corretivo simples. A ignorância do princípio de utilidade explica por que semelhantes indivíduos vêm ao mundo. Pois essas vítimas de um mecanismo defeituoso são redimidas assim que conhecem mecanismos da deontologia. A pedagogia, a instrução e a educação instalam as Luzes que dissipam a escuridão existencial. Conhecer a lógica utilitarista basta para eliminar a tirania da negatividade psicológica num ser.

Prefigurando Freud, para quem a conscientização do recalque basta para trazê-lo à tona, e depois para superá-lo, Bentham acredita que a pedagogia do princípio utilitário livrará os homens desse tropismo da "malevolência" ou das "paixões dissociais", efeitos da deficiência cultural, mais do que produ-

LIBERALISMOS UTÓPICOS

tos de uma natureza ruim. Nesse ponto, Bentham dá prosseguimento ao otimismo metafísico da filosofia iluminista!

10

Abolir a palavra dever. Na base da ética benthamiana encontra-se uma consideração psicológica ou antropológica herdada dos moralistas franceses do século XVII, sobretudo La Rochefoucauld: os seres humanos são movidos por seu interesse, resultado da observação, e não um novo axioma! Toda ação sempre visa à satisfação de um interesse. Realmente, crime ou santidade, maldade ou bondade, avareza ou generosidade, todos esses comportamentos têm em vista propiciar real prazer a seus autores. Não existe ato gratuito; cada um sempre procura uma satisfação equivalente a um prazer. O motor da realidade? A busca hedonista.

Portanto, existe homogeneidade entre dever e interesse. Ao afirmar semelhante coisa, herética para os guardiães do templo idealista, Bentham vai na contramão daqueles que ele chama de "dogmáticos", entre os quais inclui Sócrates, Platão, Aristóteles e a maioria dos filósofos antigos preocupados com soberanos bens contraditórios; a essa lista ele soma Kant e os cristãos. Agir em conformidade com o dever porque é dever ou porque existiria uma transcendência da lei divina ou moral? Definir a moralidade como obediência à regra pelo fato de ela ser regra? Nada é mais estranho ao espírito do utilitarista do que tais ideias! Bentham é o anti-Kant absoluto.

Em matéria de moral, o ideal ascético é indefensável. Como se pode justificar que Deus tenha dado aos homens a possibilidade de sentir prazer, que Deus paute a mecânica humana na busca da satisfação e ao mesmo tempo impeça de lhe dar consentimento? Segundo quais contorções metafísicas Deus poderia gostar que sacrificássemos felicidade, gozo, prazer e alegria, acreditando que esse holocausto possa lhe ser agradável com o nome de "dever"? Num texto intitulado *Not Paul, But Jesus* [Não Paulo, mas Jesus], Bentham ataca a criação por parte do décimo terceiro apóstolo de um dever de ascese incompatível com os ensinamentos de Cristo.

A *Deontology* afirma sem rodeios: a palavra dever "deve ser banida do vocabulário da moral". O bem e o mal não existem fora das conveniências de linguagem, que qualificam este ou aquele ato; sobre estes seria melhor dizer se são convenientes ou não dentro da perspectiva utilitarista. Na esteira de Espinosa, Bentham abole os ídolos maiúsculos do Bem e do Mal para instaurar um registro novo, o do bom e do mau, do "conveniente" ou do "inconveniente". Fim dos valores absolutos, advento dos valores relativos na mais pura tradição perspectivista.

Como determinar o conveniente? Fazendo-se a pergunta sobre as consequências. "Se eu fizer isto e não aquilo, aumentarei minhas probabilidades de prazer pessoal, portanto de hedonismo coletivo?" (Pois, de um modo que poderíamos dizer ser uma hidráulica de vasos éticos comunicantes, a felicidade coletiva é constituída pela simples soma das felicidades individuais.)

Assim também, o sofrimento da maioria é calculado segundo a soma dos sofrimentos individuais. "Se eu renunciar imediatamente a um prazer na perspectiva de obtenção de um prazer maior amanhã, aumentarei meu prazer?" Se sim, devo agir no sentido da maximização dos gozos. Eis então o que determina o conveniente, portanto o bom. Se não, devo abster-me. Regra simples como dizer bom-dia...

Trabalhar para minha felicidade é contribuir para a alheia, portanto de toda a humanidade; criar minha infelicidade é criar a infelicidade alheia. Bentham postula essa equivalência como um novo axioma, sem se preocupar com a qualidade, a natureza, os pormenores e o caráter nominalista do prazer: também aí, assim como peca por dogmatismo ao postular um indivíduo naturalmente animado por um tropismo hedonista, Bentham engana-se ao afirmar que todo prazer individual contribui de fato para a felicidade da humanidade.

Essa mecânica errônea procede da falsa axiomática de que ele partiu: se o indivíduo quer o bem-estar, todo bem-estar particular aumenta o bem-estar geral segundo o mecanismo das causalidades. Mas quem pode dizer – seguramente não Bentham – que a soma dos prazeres de Sade contribui para o aumento da soma da felicidade geral da humanidade? Que o gozo solitário e monomaníaco do herói de Masoch lambedor de sapatos contribui para aumentar a soma geral da felicidade de todos?

Jeremy Bentham não atenta para a eletricidade, disciplina nova em seu tempo, ignora que o negativo e o neutro acompanham o positivo, e que existem operações éticas mais complexas do que o mecanismo antigo de relojoaria filantrópica que anima seu pensamento analógico cujo resultado se restringe ao calculável pelos instrumentos de aritmética – soma, subtração, multiplicação, divisão. Pois falta mostrar por meio de que operação do espírito santo utilitarista um prazer vivenciado aqui *singularmente* por um corpo pode encontrar-se *universalmente* contabilizado num tipo de grande livro-caixa a ponto de se poder falar de aumento da felicidade de todos. Estranha transubstanciação utilitarista!

11

Puro prazer e prazer puro. Bentham, tão meticuloso com a questão do vocabulário (a ponto de desejar um dicionário dos termos utilizados em moral e a criação de neologismos úteis para progredir na cientificidade das análises efetuadas nessa disciplina), constrói todo seu sistema filosófico com base na felicidade definida pela soma dos prazeres, sem jamais realmente dar uma definição clara, precisa, rigorosa e refinada de prazer.

No meio de uma página da *Deontology*, depois de bem começada a análise, já passado o capítulo inaugural sobre os princípios gerais, Bentham define o prazer da seguinte maneira: "aquilo que o juízo de um homem, ajudado por sua memória, o leva a considerar como tal". Um tanto curto! Pois aí também nada impede de recorrer a Sade, que, ajudado por sua memória e amparado por seu juízo, nos dirá que o prazer está no crime – afirmação com a qual o utilitarista discípulo de Bentham dificilmente provará que Sade contribui para a felicidade geral...

Dogmático também nesse assunto, Bentham faz uma série de asserções: todo prazer é um bem; todo prazer deve ser buscado; todo prazer equivale a qualquer outro, independentemente de seu objeto, de seu suporte. Em *Théorie des peines et des récompenses*, o filósofo recorre a uma imagem que contribuirá

LIBERALISMOS UTÓPICOS

muito para sua má reputação: "sem preconceito, prazer por prazer, o jogo de alfinetes equivale à poesia" (volume II, livro III, capítulo 1), o que, reformulado na linguagem de hoje, corresponde a "sem preconceito, prazer, por prazer uma partida de futebol equivale à leitura de René Char"...

Segue-se, no texto benthamiano, uma crítica dos juízos de valor baixados pelos árbitros das elegâncias que decidem o que é bom e o que é mau gosto, o que se deve amar e detestar, venerar, incensar ou destruir. Bentham não gosta dos "perturbadores do prazer" que distinguem prazer bom e ruim: todo prazer é puro e bom em si como tal, acredita ele. Pouco importa se é obtido com um jogo de salão simplista ou com versos de Milton, ex-proprietário da casa do filósofo!

A poesia, arte da mentira e do disfarce, arte da inexatidão e do fingimento, arte elitista, arte que excita paixões, inflama e divide os homens, arte perigosamente mágica, a poesia, portanto, acumula mais desvantagens que vantagens em relação ao jogo de alfinetes, que, por sua vez, é simples, acessível à maioria, nunca capaz de incentivar paixões antissociais e dissensões entre os indivíduos! Portanto, cabe fazer a escolha com conhecimento de causa!

Em *Utilitarismo*, contra esse impasse benthamiano, John Stuart Mill desenvolve uma dialética famosa, segundo a qual "é melhor ser Sócrates insatisfeito do que um imbecil satisfeito". Tradução: "é melhor ser um leitor insatisfeito de Char do que um amante satisfeito de futebol". Essa interessante explicação dada por Mill invalida a postulação de Bentham, que cai na armadilha dogmática de um hedonismo puramente mecanicista limitado pelo recurso à metáfora do cálculo e da aritmética...

94

12

"Termômetro moral". Em *Deontology*, Bentham fala de um "termômetro moral" para medir as variações do prazer. Em termos de forças, energias, tensão e tração, a metáfora do dinamômetro parece mais apropriada que o termômetro – principalmente porque a invenção do instrumento é contemporânea de Bentham (1798), mas, bem... O valor dos prazeres e das dores pode ser examinado à luz de vários critérios – cinco, diz o texto, mas dá seis! É de convir que esse propagandista da aritmética dos prazeres tem talento limitado para o cálculo...

Primeiro critério: *intensidade*. Cada um é para si a única pessoa habilitada a julgar o grau de poder ou a quantidade de força com que sente o gozo. Ninguém pode dizer a importância quantitativa daquilo que eu sinto. A intensidade dá uma altura numa escala, constitui um tipo de abscissa num esquema hedonista. *Superioridade do prazer intenso sobre um prazer de menor intensidade*: primeira: lição, preferir uma noite de amor bem-sucedida a um sorriso trocado na rua com a mesma pessoa.

Segundo critério: *duração*. Tal como a quantidade, trata-se também aí de uma experiência subjetiva da quantidade de tempo medida por alguém em particular. A duração representa dessa vez a ordenada do dispositivo em questão. Seria possível medir a extensão de toda sensação no tempo. *Superioridade do prazer longo e duradouro sobre o prazer passageiro*: segunda lição, preferir uma longa história de amor a uma noite sem futuro.

Terceiro critério: *certeza*. Pressupõe a capacidade de levar em consideração a ilusão, a aproximação, a

LIBERALISMOS UTÓPICOS

incerteza, a probabilidade de gozo de uma experiência hedonista. *Superioridade do prazer provável sobre o prazer improvável*: terceira lição, preferir passar com certeza uma noite em agradável companhia com uma colega de trabalho a ir hipoteticamente a um jantar com uma atriz de cinema.

Quarto critério: *extensão*. Esta é medida a partir da quantidade de pessoas implicadas pelos efeitos do prazer: uma ou duas pessoas, as pessoas mais próximas, um maior número de pessoas, até a humanidade inteira. A escala vai, no ponto mais baixo, da satisfação dada a um único ser que circule em nossa esfera habitual até, no ponto mais alto, os prazeres dados ao conjunto dos homens do planeta. *Superioridade do prazer em grupo sobre o prazer solitário*: quarta lição, preferir dois – ou mais... – numa cama a estar sozinho, se considerarmos uma relação sexual.

Quinto critério: *fecundidade*. Ou como estabelecer a probabilidade de efeitos em cadeia induzidos por um prazer desencadeado. Com esse critério, saímos à cata do rendimento do júbilo criado. *Superioridade do prazer indutor sobre o prazer limitado em efeitos no tempo*: quinta lição, preferir a primeira noite de amor, por suas promessas potenciais, a todas as outras que se seguirem, por suas realidades terra a terra!

Por fim, sexto critério: *pureza*. O prazer será mais puro, no sentido químico do termo, se nenhum desprazer a ele se misturar ou se não for contrabalançado no todo ou até mesmo em pequeníssimo grau pelo desprazer. *Superioridade das satisfações sem custo sobre os prazeres de alto custo*: sexta lição, preferir uma noite de abstinência sexual, que dispense contrariedades depois, a uma noite de amor intenso, duradouro etc., mas cheia de consequências deploráveis...

96

JEREMY BENTHAM

13

Vícios e virtudes. Embora não dê crédito às noções de bem e de mal, a lógica deontológica não veda, como vemos, falar em bom e mau, conveniente e inconveniente. Por isso, as palavras *vício* e *virtude* podem ser utilizadas, desde que com definições novas. Recapitulando: o bem é o bom, em outras palavras, o conveniente, e define tudo o que é útil para possibilitar a maximização dos prazeres e a minimização dos desprazeres; o mal é o mau, a saber, o inconveniente, qualifica tudo o que maximiza as dores e os sofrimentos e minimiza as alegrias, os prazeres e a felicidade. Tudo o que é bom é virtude; todo mal é vício.

Nenhum desses termos existe para qualificar atos, palavras, gestos, ações, intenções, ideias em si, pois são considerados com base no princípio consequencialista, em relação aos efeitos hedonistas produzidos. Contra os dogmáticos partidários de sempre se dizer a verdade, de honrar a palavra dada, de falar bem sobre a amizade ou sobre a honra em si, e outras celebrações do bem em si, Bentham examina os casos concretos e as consequências das situações particulares antes de concluir pelo bom ou pelo mau. Quem mente? Para quem? Por quais razões? Que efeitos são esperados? Etc.

Tomemos um exemplo: se o sentido da honra (um bem para os dogmáticos do absoluto) tiver de conduzir a atritos entre indivíduos ou nações que acabam brigando por ninharias, se esse sentimento tiver de gerar o duelo ou a guerra, paixões nocivas para o bem-estar porque custosas em prazer e geradoras de misérias numerosas, então o sentido da honra será considerado mau e vicioso. Esse mesmo

LIBERALISMOS UTÓPICOS

sentimento, se conduzir os indivíduos a aumentar a soma dos prazeres constitutivos da felicidade da comunidade, será declarado conveniente, bom, virtuoso. Uma revolução anticristã – portanto, antikantiana – na moral...

14

Técnicas éticas. Como fabricar virtude? Observando certo número de regras – pouquíssimas – claras e precisas. Quais? Quatro: *prudência pessoal,* que regra a questão do interesse particular, de si para si; *prudência extrapessoal,* que determina a relação com outrem; *benevolência efetiva negativa,* que consiste em abster-se de infligir sofrimentos; *benevolência efetiva positiva,* que pressupõe dar prazer a outrem. Com esses quatro pontos cardeais de uma bússola moral, Bentham promete uma intersubjetividade pacificada, utilitarista, hedonista.

Primeiramente: *prudência pessoal.* O que é prudência? A arte de calcular corretamente seus próprios prazeres, de ter segurança sobre os meios de chegar a eles, de não deixar de obtê-los, de evitar o custo em desprazer, de pagar com o mínimo desprazer, se necessário; em outras palavras, a arte de maximizar o prazer e de minimizar o desprazer com um mínimo de esforços despendidos e um máximo de efeitos. Portanto, é uma sabedoria prática baseada na matemática utilitarista, a famosa aritmética dos prazeres, já tão bem teorizada por Maupertuis.

A coisa parece simples: cada um é senhor único de seus desejos e de seus prazeres. Se estes não custarem nada em desprazer para o próprio indivíduo, em virtude do princípio de pureza, e para outrem, se não lançarem águas no rio ruim das paixões tristes, que por sua vez alimenta o oceano negativo, então os júbilos serão defensáveis. Exemplo: beber dentro dos limites que evitem determinados desprazeres no futuro ou o desenvolvimento de uma patologia alcoólica. (O consumo de drogas, jamais abordado por Bentham, pode ser tratado segundo esses mesmos critérios, o que é feito com frequência pelos defensores de uma política liberal, partidários da descriminalização ou da liberação da venda da maconha.) Jogo de alfinetes ou poesia? Pouco importa, desde que se extraia um prazer que não deve ser julgado pela moral moralizadora, como fazem os dogmáticos, mas com critérios de intensidade, duração, certeza, extensão, fecundidade e pureza. Segundo esses critérios, o prazer obtido com um jogo de bisca ou com a leitura de uma página de Paul Celan já vale pelo estado de bem-aventurança fisiológica gerado. Pois, ao ter prazer, contribuo para a formação do prazer da maioria. Nesse caso, minha felicidade evolui no registro do bom, do conveniente, da virtude. Portanto, nada de deveres para consigo mesmo, como na *Doutrina da virtude* de Immanuel Kant!

Em segundo lugar: *prudência extrapessoal*. A intersubjetividade começa com essa modalidade da prudência. E sabe-se que, segundo a axiomática benthamiana, pressupõe-se que cada um queira o bem-estar e rejeite o mal-estar. A outra pessoa é constitutiva da ética utilitarista. Às vezes Bentham é alusivo e afirma que a busca do próprio prazer, por meio de um tipo de harmonia ética e metafísica preestabelecida, contribui para o prazer alheio; outras vezes, inclui a existência de outrem no cálculo, mas sempre limitado pelas consequências de seu axioma: supondo

LIBERALISMOS UTÓPICOS

que o prazer alheio seja claro, legível, visível, identificável, estável, regular, coerente e sadio, que cada um conheça a natureza dele para si, é claro, mas também para o outro. Querer o próprio prazer afirmando que ele constitui o prazer alheio é uma coisa; outra é pensar que se pode apostar num prazer de contornos francamente desenhados em outrem. No papel, a ética utilitarista é uma arte da dança; na materialidade concreta, ela se mostra um duro esporte marcial...

Em terceiro lugar: *benevolência efetiva negativa*. Ou como não infligir dor, como não fazer o mal. Ou então, se tivermos de fazer o mal, pois às vezes não podemos evitá-lo, que seja para evitar um mal maior, males maiores ou a proliferação (em relação ao princípio de extensão) de negatividades em cascata. Bentham escreve dois polpudos volumes (cerca de oitocentas páginas) sobre esse assunto, *Théorie des peines et des récompenses*, para afirmar que se deve permitir fazer aquilo que não prejudique; que se deve incentivar (especialmente por meio de recompensas) aquilo que contribua para o aumento dos prazeres; que é preciso dificultar, impedir, prevenir e punir aquilo que impeça o prazer de alguém, portanto da comunidade – donde as punições e, entre elas, a lógica do dispositivo disciplinar do pan-óptico.

Segundo esse modo utilitarista de ver as coisas, Bentham encontra-se em posições intelectuais atípicas e, para seu tempo, revolucionárias. Assim, segundo as páginas da *Deontology* dedicadas à benevolência extrapessoal, o filósofo defende três posições notáveis. Propõe: *emancipação dos escravos nas colônias (Emancipez vos colonies!*, 1793); *descriminalização da homossexualidade*, em outras palavras, a possibilidade

100

de vivê-la sem correr o risco de ir para a prisão ou para a fogueira (*Essay on Paederasty* [Ensaio sobre a pederastia], 1785); e, ainda atual, *luta pelo direito dos animais* (algumas linhas em *Deontology*, 1834, obra póstuma).

15

"Emancipai vossas colônias!" O utilitarismo evita os juízos de moral moralizadora, comuns nos dogmáticos. Em Bentham, seria inútil procurar compaixão, virtude de que ele não gosta, que ele não celebra e que parece até mesmo ignorar. Se interpela a Convenção Nacional em 1793 com um discurso claro "Emancipai vossas colônias!", não é por achar que, segundo argúcias metafísicas, razões moralizadoras de caridade social ou de justiça humanitária, seria preciso dar liberdade aos escravos das terras francesas na geografia das colônias mais longínquas, mas sim porque era levado a isso pela lógica de uma saudável dedução feita de acordo com a ordem das razões utilitaristas. Pouco importa se a moral dos dogmáticos se sente satisfeita também!

Com o uso de algumas teatralizações e de retórica, Bentham inicia sua conclamação pondo para vibrar a corda fraterna dos revolucionários, dirigindo-se àqueles que tinham derrubado a Bastilha, aos criadores dos Direitos do homem (que ele, aliás, abomina...), aos inventores da liberdade moderna, aos democratas generosos – tudo isso tem cheiro de tribuna e arte oratória... Pois em Bentham o procedimento retórico serve para chamar a atenção dos convencionais com o objetivo de levá-los habilmente para o terreno de sua demonstração utilitarista: a

LIBERALISMOS UTÓPICOS

necessidade econômica exige livrar-se de uma situação onerosa para a liberdade de mercado!

Passadas as exterioridades retóricas, o tribuno pontifica contra os monopólios, a favor da liberdade do comércio, a favor da concorrência sem entraves; fala de estabilidade dos preços, do alto custo das mercadorias, dos direitos alfandegários, das margens e das taxas de lucro; disserta sobre o ciclo importação/exportação/contrabando; analisa os méritos e os benefícios do consumo e condena a colonização, por ter alto custo em dinheiro, mas não por razões humanitárias.

O Bentham que esbravejava: "Democratas da Europa, sois aristocratas na América", com o mesmo punhado de trinta folhas de discurso na tribuna parlamentar, consegue vender a ideia de que o comércio da nação francesa, a reputação da República no mundo, os deveres daqueles que falam em nome dos direitos do homem, a vocação universal da França, os princípios de uma boa política, a prática da liberdade francesa no resto do planeta, mas também, de passagem, a liberdade dada às populações de escravos, tudo isso faz parte de uma mesma lógica utilitarista bem pensada.

16

Contra o preconceito homofóbico. Segundo exercício prático de benevolência efetiva negativa: não causar sofrimento aos homossexuais. Também nisso Bentham não atua no registro da compaixão ou da moral moralizadora; ele deduz, argumenta, compara e conclui pela necessidade de descriminalizar a homossexualidade – que ele chama de pederastia, con-

102

trariando o uso correto do termo que, como demonstra a etimologia, caracteriza a sexualidade com menores.

Já na introdução de seu *Essay on Paederasty* (1785), ele põe a homossexualidade no mesmo saco dos "crimes de impureza", no qual se encontram, de roldão, necrofilia, sodomização, pederastia, zoofilia e... masturbação. Uma mistura dessas espanta, mesmo porque, evidentemente, faz parte de lógicas heterogêneas a cópula com um cadáver, com uma vaca ou consigo mesmo! Bentham pensa como legislador, utilitarista, frio observador de um problema no qual aponta erros de raciocínio e paralogismos. Seu objetivo? Evitar punições infundadas, como a morte tantas vezes promulgada por fatos semelhantes; punições inúteis, como as longas e penosas detenções; decisões judiciais iníquas associadas à desonra do nome. Nem falar em defender os homossexuais – e os escravos – como tais.

Portanto, não cabe procurar compaixão no filósofo. Bentham usa palavras duras para caracterizar as práticas homossexuais: "vício hediondo", "abominações", "crimes", "gosto depravado", "inclinação viciosa", "inclinação ridícula", "inclinação excêntrica e antinatural" etc. Algumas pessoas veem nisso um modo de driblar o leitor, que ele não gostaria de chocar, ou astúcias para evitar problemas com a justiça; não creio nisso: o indivíduo Bentham, provavelmente virgem – ou dado a relações sexuais consigo mesmo... –, formado por seu século, é em parte hostil à homossexualidade.

Mas, ao mesmo tempo, alforriado por sua reflexão utilitarista, Bentham desenvolve uma leitura simpática a esse fato sexual. Assim, também encon-

LIBERALISMOS UTÓPICOS

tramos em sua pena – sinal de libertação filosófica – expressões notáveis a respeito do fato homossexual: ele fala da "perseguição" dos homossexuais, dos "réprobos da sexualidade", dos "infelizes perseguidos por esse crime", de "preconceitos", de um "infeliz pederasta dos tempos modernos" etc. Maneiras de expressar sua desaprovação de uma prática e, ao mesmo tempo, assinalar sua aprovação tácita...

Bentham defende a causa dos homossexuais: eles por acaso atentam contra o sossego público? Não. Contra a segurança individual? De jeito nenhum. Sua prática ocasiona alguma debilitação do corpo e da alma? Em absoluto. Será ela fonte de uma debilitação mental? Também não. Será uma questão entre adultos de pleno acordo? Sim. Os dois parceiros sentem prazer? Evidentemente.

Então, por quais motivos persegui-los, chegando-se às vezes a condená-los à morte? O que podemos reprovar neles? O celibato? Então deveríamos punir todos os solteiros! A incapacidade de ter filhos, de constituir família? Então deveríamos também fulminar os padres com os raios da moral e da justiça... Têm culpa daquilo que são? Não mais que um heterossexual que, tendo constituição diferente, foi conduzido a outra preferência sexual.

Não, decididamente, não há nada para reprovar nos homossexuais. Até porque, do ponto de vista utilitarista, eles contribuem para o aumento da felicidade da comunidade, por meio da criação permanente de seu próprio prazer. Em nome de que e por quais razões deveriam ser perseguidos, punidos, expulsos, condenados? Bentham apresenta as razões da homofobia, segundo seu ponto de vista: ódio ao prazer em geral e nesse caso em particular.

O que a sociedade reprova no amor entre pessoas do mesmo sexo (amor que Bentham não acredita definitivo e não imagina excludente; acredita que toda prática homossexual é sempre acompanhada por uma prática heterossexual...) é o hedonismo, o puro prazer separado da procriação. Os homofóbicos? "O que os irrita é o prazer"... Que os homossexuais fiquem em paz, que sua prática seja descriminalizada, que se deixe de considerá-la criminosa e que ela seja vivida com discrição. Posição radicalmente revolucionária em 1785...

17

Zoofilia utilitarista. Terceiro exemplo daquilo que pode ser a benevolência efetiva negativa: evitar fazer mal aos animais. Bentham inova também nisso com uma simples página de *Deontology,* que produziu uma imensa corrente de pensamento nos países anglo-saxões no século seguinte em matéria de direitos dos animais – sobretudo sob o impulso de um utilitarista radical assumido: Peter Singer. Seu livro intitulado *Animal Liberation* [*Libertação animal*], obra antiespecista importante, situa-se claramente sob a égide de Bentham.

Bentham estende a comunidade hedonista aos animais: tudo o que é vivo, que pode sofrer e sentir prazer, pertence ao dispositivo utilitarista e hedonista. Ele escreve explicitamente que estende a preocupação de bem-estar geral à "criação senciente inteira"... Frase com consequências profundas, pois o filósofo quer dizer com isso que os animais não devem sofrer *inutilmente.* Isso não impede os sofrimentos úteis (coisa que se deve ressaltar em relação aos

LIBERALISMOS UTÓPICOS

radicais antiespecistas contemporâneos...) nem a morte deles para a satisfação das necessidades do homem, pois "a soma de seus sofrimentos não é igual à de nossos prazeres", em outras palavras, as satisfações que deles extraímos com alimentação, vestuário ou até mesmo farmacologia. Como pode sentir prazer e sofrimento, o animal merece tratamento deontológico. Bentham escreve: "Sem comparação um cão (é) um ser mais racional e um companheiro mais social que uma criança de um dia, de uma semana ou mesmo de um mês." Consequências filosóficas importantes, pois, se podemos matar por necessidade utilitária um animal colocado numa situação superior à de uma criança na escala hedonista, como justificar não infligir a um lactente ou a um bebê mal-formado aquilo que se faz a um animal? Peter Singer e os antiespecistas de todo o planeta com ele dão esse passo sem complexos e defendem a eutanásia das crianças mal-formadas em nome dessa famosa página de *Deontology*...

18

Excelência da pequena moral. Recapitulando: Bentham expõe os quatro meios de fabricar felicidade. Em primeiro lugar, de si para si, "prudência pessoal". Em segundo, com outrem, "prudência extrapessoal". Em terceiro, "benevolência efetiva negativa": não fazer mal, especialmente aos escravos, aos homossexuais e a todas as espécies vivas, o que contribui para aumentar a soma dos prazeres, portanto para diminuir a soma dos sofrimentos no planeta. Em quarto: "benevolência efetiva positiva".

JEREMY BENTHAM

Portanto: *benevolência efetiva positiva*. Bentham formula seu imperativo categórico invertendo o convite cristão que ensina "Não faças a outrem o que não queres que ele te faça". O que dá: "Faze a outrem o que gostarias que ele te fizesse." Eis aí a fórmula mágica que resume e reúne a totalidade de sua ética utilitarista e hedonista. Vontade de gozo para o outro, querer a felicidade do outro, desejar seu prazer, ter prazer com o prazer dele, que se terá desejado, querido, construído! Esse é o programa...

Longe de qualquer voo lírico, em total oposição a uma filosofia dogmática que fique floreando *ad nauseam* sobre a altericidade (*sic*) de outrem, o rosto do outro ou a transcendência do terceiro, Bentham propõe uma modesta estratégia da polidez, uma breve filosofia da cortesia, um rápido convite à sabedoria de vida, uma pequena pragmática das regras de benevolência e decência, sobre aquilo que convém fazer ou não fazer, dizer ou não dizer, como se comportar em sociedade, de que maneira conversar, sem estar excessivamente presente nem excessivamente distante, sem ser peremptório nem mutável.

Nesses longos desenvolvimentos, encontram-se páginas engraçadas sobre a arte de reter e conter peidos em sociedade, de escarrar ou administrar o catarro na garganta ou na boca, páginas sobre conversas de mesa e o que permite, segundo sua bela expressão, uma "pequena moral". Ora, essa "pequena moral" é a maior, pois mostra que não se dissertou e teorizou em vão, mas se pensou e refletiu para produzir efeitos na realidade mais trivial onde realmente a ética está em ação. O conjunto tem em vista aquilo que chamei de "eumetria" em *La Sculpture de soi* [*A escultura de si*], ou seja, a boa distância capaz de gerar

107

LIBERALISMOS UTÓPICOS

o máximo de júbilos possíveis e o mínimo de desagrados pensáveis...

Bentham convida a uma prática deontológica regular, pois o hábito cria uma segunda natureza. De fato, a mecânica intelectual acaba por fazer funcionar depressa e bem os princípios utilitaristas, os cálculos de maximização dos prazeres e de minimização dos sofrimentos. A intersubjetividade hedonista, portanto, é facilitada pelo hábito utilitarista assumido anteriormente. As ações benevolentes realizadas em direção ao outro voltam como pagamento dos investimentos éticos – acredita Bentham. Será? Não haveria nunca falências, bancarrotas, perdas totais, quebras éticas no sistema deontológico? Em teoria, jamais. Mas na realidade as coisas são bem diferentes. A política de Bentham é bem menos irênica do que sua ética – a primeira mereceria, porém, ser imbuída pelo utilitarismo hedonista da segunda, e a segunda, ser alimentada pela preocupação com a realidade hiperpragmática da primeira!

19

Liberalismo utópico. A cartilha marxista nos habituou a ouvir falar de um *socialismo utópico* que qualificaria todo e qualquer modo pré-científico de organização social, libertária ou comunista pré-marxista... Seu caráter pretensamente inviável, impraticável por carecer de algo essencial (o caráter científico...), o relegaria ao buraco negro da história, depois de um fugaz sorriso irônico para os grandes ancestrais que ficaram no estágio embrionário do socialismo.

JEREMY BENTHAM

Após um século de experimentações marxistas, seguido pelo desmoronamento do muro de Berlim, a História parece demonstrar o caráter utópico de todo e qualquer socialismo. Sem dúvida Marx estava errado, mas seus adversários também. E o retorno triunfal de um Tocqueville, como profeta de nossa modernidade, e de seus seguidores como discípulos de um mestre da verdade liberal, é testemunho de outra modalidade da perigosa ficção que eu chamaria de *liberalismo utópico*. Jeremy Bentham atuou como fundador dessa religião que nasceu na era das máquinas. Ponho no mesmo patamar o socialismo utópico e o liberalismo utópico – o primeiro acabou logo; o segundo ainda dura...

Quando escreve sobre a moral utilitarista, Bentham parece um filantropo que deseja a felicidade da maioria: desde os animais, no primeiro grau da humanidade senciente, até o último dos homens, passando pelos réprobos – pobres, homossexuais, escravos, prisioneiros –, aos quais ele dedica reflexões específicas (cabe lembrar *Situação dos indigentes* [1797], *Essay on Paederasty* [1785], *Emancipez vos colonies!* [1797], *Panóptico* [1791]), o filósofo aspira à "felicidade universal".

Em compensação, quando aborda a questão política pelo ângulo da economia, Bentham, o filantropo libertário, entra na pele de um pensador disciplinar: o primeiro teoriza os fins hedonistas da sociedade; o segundo reflete sobre os meios de realizar esse objetivo eudemonista social e dá ao livre mercado plenos poderes para criar a sociedade feliz, harmoniosa, pacificada. A partir daí, a utilidade deontológica torna-se arma de uma política liberal que é definida pelo célebre adágio: forte com os fracos, fraco com

LIBERALISMOS UTÓPICOS

os fortes. A moral falsamente libertária serve então a uma política realmente liberal.

Na virada do século XVIII para o XIX, a Inglaterra (deve-se ler ou reler a obra completa de Dickens, mas também, lembremos, a Flora Tristan de *Promenades dans Londres*) é pobreza, miséria, desemprego, trabalho de mulheres e crianças, prostituição, alcoolismo, falta de higiene, altíssima mortalidade de crianças em tenra idade e de mulheres em trabalho de parto, poluição pelo carvão em grande escala, crescimento demográfico galopante nos lares mais carentes.

A era industrial é época do capitalismo em sua fórmula liberal, com seu cortejo de negatividade: pauperização, em outras palavras, um número cada vez maior de pobres e menor de ricos, simultaneamente ao aumento da pobreza dos pobres acompanhada pelo crescimento da riqueza dos ricos, *uma coisa explica a outra*. Nesses casos concretos, o liberalismo não é solução, mas problema.

Ora, para Jeremy Bentham, liberalismo é solução... Seu *Manuel d'économie politique* constitui o breviário do liberalismo, a ideologia mais brutal para os necessitados. Como imaginar que dessa modalidade de organização social capitalista pode sair a maior felicidade da maioria? De que maneira o filósofo utilitarista hedonista pode acreditar que, ativando a máquina liberal, abrindo ainda mais as comportas do livre mercado e da concorrência, iria resolver o problema e realizar algum dia a "felicidade da humanidade"?

É uma época de utopias. Tem-se o costume de incluir nesse rol as extravagâncias do falanstério de Fourier, os delírios comunistas da Icária de Cabet, a

JEREMY BENTHAM

tecnocracia do cristianismo novo de Saint-Simon e seus seguidores, Enfantin, Bazard; também são incluídos os Estados Unidos de uma Europa anarquista de Bakunin ou New Lanark de Owen, esquecendo-se que esta última "utopia" foi um real laboratório socialista bem-sucedido.

Segundo a cartilha, a biblioteca utopista reúne, portanto, os seguintes grandes textos: *Le Nouveau Monde industriel et sociétaire* [*O novo mundo industrial e societário*] (1820), *Catéchisme des industriels* [*Catecismo dos industriais*] (1823), *Book of the New Moral World* [*O livro do novo mundo moral*] (1836-1840), *Voyage en Icarie* [Viagem a Icária] (1845). Alguns acrescentariam o *Manifesto do partido comunista* (1848). Mas ninguém incluiria nessa lista *Uma investigação sobre a natureza e as causas da riqueza das nações* (1776) de Adam Smith, *Princípios de economia política* de Ricardo (1817) ou *Manuel d'économie politique* (1793 ou 1795) de Bentham. No entanto...

Considero realmente que com Bentham (mas também com Godwin), o *liberalismo utópico* dispõe de seus pensadores emblemáticos genealógicos. Como? Propondo como finalidade uma sociedade ideal, pacificada, harmoniosa, feliz, uma comunidade hedonista, um eudemonismo social realizado, uma coletividade desembaraçada de todas as negatividades que constituem o presente, esses pensadores ativam mitologias perigosas em torno das quais se organiza a realidade. Marx e Bentham (se) propõem atingir uma mesma ficção: o primeiro eliminando o liberalismo; o segundo, acelerando-o. O primeiro produziu mortos em quantidade no passado; o segundo continua a produzi-los...

111

20

A ficção do destruidor de ficções. Bentham parecia, porém, bem situado: ele que é autor do *Manuel de Sophismes Politiques* [Manual de sofismas políticos] (1824), mas também da *Tactique des assemblée legislatives* (1822), obra que desmonta impiedosamente os diferentes sofismas usados pelos políticos para atingirem seus fins; ele que, justamente, faz uma análise temível do "sofisma da marcha gradual" em virtude da qual existiria um plano final, sem dúvida, mas ao qual se chegaria depois de uma longa série de operações necessárias; ele, portanto, parecia encarnar especialmente o filósofo que não sucumbiria ao sofisma dos fins. Pois ele não utilizou as conclusões de seu próprio trabalho!

Porque os liberais ativam o seguinte sofisma: postulam a existência de um mecanismo natural que, ao se permitir a ação do mercado, produz, lógica e naturalmente, a harmonia em questão. Confiar na liberdade econômica, crer nas virtudes de competição e progresso da concorrência, cultuar o dogma liberal da ordem natural, celebrar a não intervenção do Estado e dos governos, recusar taxações e tributos sobre lucros, segundo a cartilha liberal é o que permitirá gerar riquezas das quais a maioria se beneficiará! Isso constitui um paralogismo total, um erro singular da parte de um filósofo tão preocupado com deduções lógicas.

Como vimos, a ética de Bentham baseia-se num axioma errôneo: a preferência natural pelo bem-estar ao mal-estar; sua política baseia-se num segundo axioma também falacioso: a riqueza das nações produz a riqueza de todos aqueles que a constituem.

JEREMY BENTHAM

Ora, a realidade prova o contrário: assim como no campo deontológico a felicidade individual não tem relação com a felicidade da humanidade, no terreno político a riqueza da coletividade não gera como contrapartida a dos membros que a constituem. A lei (verificável) da pauperização é testemunho do inverso!

Qual a origem desse paralogismo? Provavelmente um resquício de pensamento teológico que, com base no princípio da teodiceia, pressupõe que tudo o que ocorre faz parte do projeto global de um Deus que, no final, quer a perfeição de sua criação. De modo que o mal (ler ou reler Leibniz) encontra razão de ser na economia de um mundo ao qual nada falta, nem mesmo a negatividade ou sua negação. A famosa teoria da "mão invisível" (fórmula de Smith em *Riqueza das nações*, livro IV, capítulo 2) dá crédito à ideia de uma teodiceia no campo da economia. (Bentham é discípulo de Smith, e toda vez que se distingue um pouco dele é para lamentar que ele não tenha ido mais longe no *"laisser-faire"* transformado em panaceia econômica na obra *Théorie des peines et des récompenses...*) O liberalismo utópico baseia sua religião na crença nessa ideia errônea.

21

Droga de pobres! Em *Modest Proposal* [*Modesta proposta*]*, Jonathan Swift propõe uma solução para resolver dois problemas de seu tempo: a fome dos

---

* O título completo é: *Modesta proposta para evitar que as crianças dos pobres da Irlanda se tornem um fardo para seus pais ou para seu país, e para torná-las benéficas ao público.* (N. da T.)

pobres e seu crescimento demográfico absurdo. Famintos à testa de uma família numerosa? O problema já contém sua solução: que os miseráveis comam os filhos para resolver essas duas calamidades. Os meios oferecidos por Bentham para eliminar a pobreza não vão muito mais longe – tirando o humor...

Em *Théorie des peines et des récompenses* (cabe lembrar que o segundo livro recicla o *Manuel d'économie politique*, e não deixa de ter significado essa fusão dos dois textos!), Dumont redige uma nota interessante, porque remedeia a falta de desenvolvimento de Bentham sobre o assunto. Sabe-se que o pastor genebrino não propõe sua teoria e suas ideias, mas que, em função daquilo que viu, leu e ouviu nas conversas com o mestre, registra informações para esclarecer o debate e contribuir para a legibilidade do pai do utilitarismo. O que diz essa importante nota?

Que a pobreza nada tem a ver com a economia liberal, que o capitalismo não a gera, mas, ao contrário, o liberalismo reduz a miséria, faz retroceder a pobreza que não é um efeito político, mas um resquício da natureza! Vejamos o que diz explicitamente o texto: "A pobreza não é consequência da ordem social, mas um resquício do estado de natureza." Em outras palavras: "A riqueza é criação do homem; a pobreza é condição da natureza." Eis aí o segundo axioma do filósofo. Constitui um segundo paralogismo que instala sua política no terreno utópico...

Se os pobres carecem de tudo, se não têm o que comer, vestir, onde morar; se veem as mulheres e os filhos morrer como moscas; se precisam trabalhar como condenados; se sofrem com a falta de emprego; se seus salários ridículos mal atendem às necessidades elementares e os obrigam no mês seguinte a

JEREMY BENTHAM

vender cada vez mais barato a sua força de trabalho; se são obrigados a roubar; se bebem para suportar as condições de vida; se suas mulheres se prostituem para dar comida à família, que ninguém se engane: isso nada tem a ver com o processo de pauperização consubstancial ao modo de produção capitalista nem com a distribuição liberal das riquezas, mas com aquilo que subsiste do velho mundo... A coisa não é dita, mas provavelmente se trata do mundo pós-pecado original que explica, legitima e justifica o trabalho, a miséria e o sofrimento como pagamento expiatório da primeira falta.

Bentham dá sua solução: produzir riquezas, comerciar, gabar os méritos do luxo, o que contribui para o enriquecimento da nação, proibir a fixação de um mínimo para os salários a fim de permitir uma economia saudável. É preciso mais trabalho, mais produtividade, mais trocas, mais competição pela concorrência, mais lucros e, mecanicamente, logicamente, naturalmente, a pobreza desaparecerá – ao mesmo tempo que aparecerá como que por encanto a maior felicidade da maioria. Bentham formula um liberalismo dialético da mesma maneira que Marx, seu materialismo dialético!

A economia política de Bentham resume-se ao célebre imperativo escrito com todas as letras em *Théorie des peines et des récompenses*: "*laisser-faire*", é a palavra-chave, a mensagem que deve ser claramente dada a todo governo. Donde a crítica à taxação das trocas; eliminação das taxas de juros para favorecer investimentos; impostos limitados ao estritamente necessário; salários sem mínimo, indexados com base na produção e no mérito; privatização da administração das prisões; manufaturas regradas pelo

LIBERALISMOS UTÓPICOS

princípio disciplinar do pan-óptico; comércio internacional desregulamentado; redução dos dias de férias, que constituem uma praga para a produtividade; refinamento da divisão do trabalho; inclusão no trabalho de crianças e mulheres, homens válidos e inválidos, cada um segundo sua capacidade... Com esse regime, se chegará a uma nação rica, portanto a nacionais enriquecidos! É difícil ver como dessa proposta política poderia sair o aumento da felicidade da maioria! Ou de que maneira a riqueza de um punhado significa a riqueza da maioria...

Bentham amplia sua ficção para todo o planeta: por que ter medo do comércio com os outros países? Os custos são menores em outros lugares? E daí? A economia nacional vai afundar? Melhor, vai prosperar em outro lugar, nos países emergentes (*dixit* o vocabulário contemporâneo). O retorno benéfico ocorrerá nos países devastados por algum tempo, é verdade, mas que terão sido obrigados a repensar seu modo de organização do trabalho. Daí nascerá o desemprego? Talvez, mas a situação só durará algum tempo. O trabalhador adapta-se, encontra trabalho em outro lugar, principalmente nos novos setores criados para adaptar a economia à situação internacional. Tudo acabará produzindo um dia a felicidade da humanidade... Com o liberalismo econômico, a natureza recua, a cultura progride, *portanto* a pobreza se extingue... Seria um sonho – se não fosse um pesadelo.

22

Crimes da indigência. Em sua crítica à Declaração dos Direitos do Homem (integrada em *Tactique des* *assemblées legislatives* sob a rubrica "sofismas anárquicos"!), Bentham não se limita a atacar, com razão, a ficção do contrato social ou a inépcia intelectual da expressão "direito natural" (não existe realmente direito, a não ser o positivo), ou ainda os vícios formais da redação daquela declaração; também revela seu fundo antirrevolucionário e suas opções políticas, que, em termos contemporâneos, poderíamos dizer de direita.

A rejeição à igualdade de direitos, a recusa à imprescritibilidade de alguns direitos (entre os quais a liberdade), o desprezo às leis e ao direito centrados no homem e não na utilidade, a proscrição do próprio princípio de direitos do homem ("rapsódia incoerente, desprezível e perigosa"), a antipatia pelo direito de resistência à opressão e de insurreição, tudo isso põe Bentham ao lado dos defensores da utilidade liberal, para os quais o direito e a lei representam mais ocasiões de subversão, desordem e anarquia do que garantias republicanas. O cidadão republicano tem muito menos simpatia do filósofo do que o produtor ou o consumidor das riquezas da nação...

Bentham não morre de preocupação com a felicidade dos pobres, pois parece excluí-los de sua deontologia. O que fazer da infelicidade de um operário que, a seguir-se sua lógica, deveria também contribuir metafisicamente para a infelicidade de toda a sociedade? Pois, estranhamente, a miséria de centenas de milhares de pobres não basta para encher o grande vaso do desprazer de todos? O que vale para o prazer não vale para o desprazer? E em virtude de que passe de mágica metafísico?

Em 1797 Bentham redige *Situação dos indigentes*, obra que em 1802 torna-se *Situation and Relief of the*

LIBERALISMOS UTÓPICOS

Poor [*Esboço de uma obra a favor dos pobres*]. "A favor" é eufemismo... Pois o que se encontra nela? Um projeto de livro contábil no qual se deve relacionar nome, idade, qualificação, situação dos pobres. Em seguida, eles seriam classificados em função de suas capacidades – jovens, velhos, fortes, fracos, mulheres, crianças, idosos, válidos. Também seria anotada a força de trabalho potencial. Finalmente, a cada um seria atribuído um trabalho para maximizar a produção.

Todos devem trabalhar. Se na rua encontrarmos um mendigo, um vagabundo, poderemos ou até mesmo deveremos levá-lo ao posto de polícia que os dirigirá para os mantenedores do registro, que por sua vez lhes darão trabalho. Por semelhante gesto útil à sociedade, o "delator" (a palavra é de Bentham, que lhe dá conotação positiva!) receberá uma recompensa por sua contribuição para maximizar a utilidade comunitária. Portanto, Bentham faz da delação uma virtude utilitarista: ela é a salvação dos pobres! Só aqueles que têm algo para repreender em si mesmos podem temê-la ou receá-la, afirma o filósofo. A teorização dessa doutrina é feita em *Théorie des peines et des récompenses*. Comparemos essa obra com *Situation and Relief of the Poor*. O que vemos? Bentham estabelece um sinal de equivalência entre delinquente e pobre, criminoso e miserável, malfeitor e desempregado, prisioneiro e operário, *leitmotiv* liberal.

Nessa ordem de ideias, Bentham escreve cinicamente que a maioria da população carcerária provém das classes trabalhadoras. Aqui, em *Théorie des peines et des récompenses*, ele afirma: "Os ricos são minoria e raramente cometem crimes: os pobres são multidão, e os delitos mais frequentes são os da indi-

118

gência"; acolá, em *Panóptico*, ele constata que os prisioneiros cumprem penas "por ofensas que praticamente são cometidas apenas por indivíduos da classe mais pobre". Por algum motivo será!

Em nenhum lugar se encontra a conclusão de bom senso, segundo a qual, agindo-se sobre as causas econômicas produtoras da pobreza, portanto da delinquência (pois o próprio Bentham ressalta a correlação e a consequência), seriam produzidos efeitos de maximização da felicidade e de minimização dos sofrimentos, tal como conjecturado em *Deontology*! A não ser que se conclua que o pobre não tem direito de cidadania ética no sistema de Bentham, de que serve esse belo edifício moral que propõe a felicidade para cada um e, por meio desta, a construção da felicidade da humanidade inteira?

23

Regime disciplinar liberal. Donde a solução pan--óptica que é a quintessência do regime disciplinar liberal. A economia liberal rechaça a miséria, pois o paraíso é anunciado, porém para mais tarde, ensinam os defensores do mercado livre e da religião do comércio! Mas, enquanto isso, o que fazer pelos indivíduos expulsos do paraíso, pelos excluídos do sistema e cuja situação marginalizada é censurada pelo regime liberal, autor desse estado de coisas? Domá--los, domesticá-los, submetê-los, impor-lhes disciplina. Estamos distantes da "benevolência efetiva" positiva ou negativa!

O pan-óptico possibilita tornar-se uma espécie de senhor e dono dos homens (perspectiva interessante para os líderes, explica o autor) com economia de

LIBERALISMOS UTÓPICOS

meios, graças à "simples ideia arquitetônica": uma construção circular que tem no centro uma torre separada das celas que enchem a construção com um vazio, portanto um edifício controlador encaixado num edifício controlado; na torre, em cada andar, um inspetor e sua família vivem vinte e quatro horas por dia; a partir daí, o diretor da prisão pode ver permanentemente e ouvir tudo o que se faz ou se diz, por meio de um sistema de tubos e gelosias: ele ouve e vê sem ser ouvido nem visto; assim, a qualquer instante pode surpreender uma palavra, uma conversa ou um gesto. O objetivo de tudo isso? Mesmo quando ele está ausente, deve-se acreditar que está presente.

Qual o objetivo do pan-óptico? A reinserção dos delinquentes, a fabricação de um homem novo, regenerado, em condições de entender onde está sua felicidade, o que deve ser o seu prazer – definido para ele como arte de assumir um lugar designado no regime de produção capitalista e liberal. "A submissão forçada leva pouco a pouco à obediência mecânica." O pan-óptico é uma máquina de produzir ordem liberal pelo perpétuo envergamento do corpo e da alma diante dos princípios da sociedade utilitarista.

O pan-óptico será gerido por um diretor privado, pois o funcionário público não é o mais zeloso nem o mais rentável para levar a bom termo essa tarefa de "disciplina penitenciária". A prisão não deve custar nada para a sociedade. Daí uma organização rentável que pressuponha a manutenção do prisioneiro dentro de uma higiene correta (cabeça raspada), alimentado (frugalmente), vestido (com roupa clara de mangas de tamanhos diferentes, pois é bom humilhar um pouco), alojado como se deve (água corrente e sanitários), mas com severidade, com base no princípio da dieta rigorosa, pois nem pensar que um pobre comece a desejar a prisão como lugar preferível a seu cotidiano...

A força de trabalho desse prisioneiro, mantida pela administração penitenciária, será aproveitada numa atividade de oficina que ocupará todo o seu tempo, fora o tempo dedicado às refeições breves, ao sono, que tem a função de reparar as forças, nada mais, e as folgas dominicais. Como lazer, no pan--óptico serão colocadas rodas dentro das quais o prisioneiro poderá se instalar para pôr o mecanismo em movimento, tal como um animal na gaiola... Moralização espiritual aos domingos.

24

Princípio pan-óptico. Tal como no dispositivo intelectual de William Godwin (liberal na realidade indubitável; libertário na escatologia improvável), o controle desempenha papel importante na construção do regime disciplinar liberal. Cada um olha cada um que é olhado por outros. No pan-óptico, o inspetor vigia os prisioneiros, mas também os guardas; os guardas olham os detentos; os detentos se olham a si mesmos, pois são divididos em grupos para que se auto-observem, se autoedifiquem, se autoeduquem. O inspetor, por sua vez, é olhado pelo povo, que pode a qualquer momento ir ver os detentos, em família, com amigos, mas também verificar as condições do trabalho dos guardas. São examinadas com lupa as contas apresentadas regularmente pelo inspetor a um "grande comitê público", capaz de destituí-lo em caso de maus resultados. Assim, cada um é senhor, mas desde que seja escravo de todos... Esse paraíso benthamiano é a cara do inferno.

Dominado pelo entusiasmo, Bentham extrapola e gaba os méritos do "princípio pan-óptico" fora da prisão: escola, hospitais, casernas, evidentemente, mas também fábricas! O que é feito do utilitarismo e de seus fins eudemonistas detalhados em *Deontology*? Acabou-se a "felicidade universal"? O que é feito do objetivo hedonista de uma "felicidade da maioria"? Onde se fala ainda do "prazer de todos"? E da "felicidade pública"? Quando não da "felicidade da humanidade"? O paraíso liberal utilitarista tem a cara do *Inferno* de Dante. Nele ainda chafurdamos, e, parece, por muito tempo...

SEGUNDO TEMPO

Socialismos atópicos

I

JOHN STUART MILL

e "a plenitude de vida"

1

Uma educação benthamiana. Poderíamos imaginar que a educação fantasiosa de Jeremy Bentham não tivesse duplicata; nada disso... E foi preciso um benthamiano para produzir outro semelhante, com o objetivo de gerar um novo filósofo utilitarista dentro do mesmo espírito de seu ídolo. Refiro-me ao escocês James Mill, talhado intelectualmente pelo facão teológico (embora nunca tenha exercido o pastorado depois de ter constatado que lhe faltava fé), próximo do inventor do pan-óptico – para tristeza de seu filho John Stuart – e admirador de seu caráter, de seu temperamento e de sua obra.

James Mill teve nove filhos com uma mulher sobre a qual nem ele nem o filho dizem uma palavra sequer em suas obras e em suas correspondências... Trabalhando nas agências da Companhia das Índias, onde supervisiona o correio entre o Estado coloni-

SOCIALISMOS ATÓPICOS

zador e o país colonizado, Mill pai escreverá algumas obras, entre as quais uma *History of British India* [História das Índias britânicas] e um livro de economia política liberal que marcou época.

Mas sua grande obra foi o filho, criado como animal de circo, segundo os princípios de Bentham: privado de infância, juventude, brincadeiras, divertimentos, esporte, amiguinhos, afeição, ternura e qualquer outro sentimento. Durante os vinte primeiros anos de vida, John Stuart Mill foi para o pai exclusivamente um cérebro que devia ser formatado. Com isso, segundo ele, seria alcançada a maior felicidade possível de sua progênie...

John Stuart Mill nasce em Londres no dia 20 de maio de 1806. O pai o põe a aprender grego já com três anos de idade; latim, com oito. Ao mesmo tempo – princípio utilitarista básico –, James Mill maximiza seu investimento pedagógico obrigando o filho a ensinar a língua de Cícero à irmãzinha, o que obriga a criança a preparativos laboriosos. Com sete anos, lê os diálogos de Platão desde *Eutífron* até *Teeteto*. Toda a literatura greco-romana passa por ele, além de fabulistas, trágicos, historiadores, poetas, filósofos e autores de anais.

Na idade em que as crianças constroem cabanas, pescam em riachos, fazem asneiras, ele põe na cabeça que escreverá uma história do governo romano. Ainda não tem dez anos. Ao mesmo tempo, compõe versos e tragédias. Para "divertir-se", relaxar, distrair-se, lê obras de ciência experimental e "devora" tratados de química. Com doze anos, engoliu os textos da lógica de Aristóteles, tratados latinos de lógica escolástica e a produção epistemológica de Hobbes... Segue-se uma passagem pelo cálculo diferencial. Em sua *Autobiography* [*Autobiografia*], John Stuart Mill confessa que naquela época leu vinte ou trinta vezes a *Ilíada*.

O pai decretou que o filho nunca iria à escola nem à universidade. Donde uma evolução apenas à sombra do pai e dos amigos que lhe fazem visita – o inefável Bentham está entre eles, evidentemente, assim como o economista Ricardo: a criança conversa com este último de igual para igual. Sua relação com as outras crianças, quando lhe ocorre cruzar com elas, ou seja, raramente, mostra-se execrável: autossuficiente, arrogante e pretensioso, John Stuart não está programado pelo pai para viver no mundo real. Todos os dias, pai e filho saem para passear e, durante esse tempo, a criança relata ao adulto suas leituras da véspera e as comenta. Os dias se sucedem parecidos.

Samuel, irmão de Bentham, recebe o rapaz durante algum tempo em seu castelo do sul da França. Afastado do pai, aprende francês depressa e bem. Com quatorze anos, faz cursos na universidade de Montpellier. Pela primeira vez, pratica algumas atividades físicas, entre as quais equitação e natação, mas admite não perceber nenhum progresso. Durante toda a vida, aquele cérebro magnífico mostra uma falta de habilidade impressionante nas ações mais elementares da vida cotidiana. Aprecia o modo de vida francês, compara-o ao dos ingleses e confessa que um ano de liberdade lhe faz um bem danado.

Em Paris, mora algum tempo na casa do economista Jean-Baptiste Say, cruza com Saint-Simon (do qual fala frequentemente bem), tem uma permanência em Caen, em casa de um amigo do pai, antes de atravessar a Mancha, para ir reencontrar a palmatória paterna. Com aquela idade, quinze anos, leu

SOCIALISMOS ATÓPICOS

Locke e Condillac, Helvétius e Bentham. Escreve um texto no qual se opõe ao preconceito corrente na Inglaterra capitalista e vitoriana, segundo o qual os ricos dispõem de maior capacidade moral que os pobres!

2

Ainda sob a égide do pai. Dezesseis anos. John Stuart Mill, que durante toda a vida terá dificuldade para pensar sozinho, que pelo menos durante a vida preferirá pensar acompanhado (depois do pai, os amigos; depois dos amigos, a mulher; depois da mulher, a nora), cria uma pequena sociedade de amigos batizada de "Sociedade utilitária". Nela se discute o princípio de utilidade, prezado pelos discípulos de Bentham, sob todos os ângulos possíveis, porém mais particularmente sob os ângulos da ética e da política. Três pessoas constituem o seu cerne, e ela nunca terá mais que uma dezena. Os membros encontram-se a cada quinze dias durante três anos e meio.

Mill esclarece na ocasião que é a primeira vez que se utiliza a palavra *utilitário* nessa acepção filosófica (sem esquecer de acrescentar que o termo já se encontrava num romance de Galt, *Annals of the Parish* [Anais da paróquia], no qual um pregador convida os paroquianos a observar os ensinamentos da Igreja para não se tornarem "utilitários"). O zelo de Mill em usar com muita frequência a palavra "utilitarista", a presença, entre os três membros, do secretário de Bentham, o fato de que as reuniões ocorrem em casa do velho filósofo, tudo isso dá consistência ao conceito. John Stuart aproveita-se disso para dirigir

128

os debates, animar o grupo, conduzir o jogo – brincar de pai...

Ele deve fazer questão de desempenhar esse papel de vez em quando, pois depende do pai para tudo: formação pedagógica, evidentemente, mas também o ano passado longe dele na França, as pessoas que conheceu em casa do pai, seus centros de interesse utilitaristas, seu círculo de reflexão, as férias passadas no mesmo ritmo, mas numa casa de campo, e depois aquele trabalho na Companhia das Índias, realizado sob as ordens diretas de seu genitor – o filósofo trabalhará lá trinta e cinco anos: de dezessete a cinquenta e dois anos...

Ao mesmo tempo que supervisiona as trocas de correspondências entre a Grã-Bretanha e as Índias, John Stuart Mill persiste na empreitada benthamiana, acrescentando seu nome à linhagem de John Browning, George Grote, Etienne Dumont, aos quais cabe a pesada tarefa de fabricar os livros de Bentham. Ninguém ignora seus manuscritos abundantes, confusos, inacabados, suas repetições, suas frases intermináveis, suas inumeráveis intercalações, fragmentos, a necessidade de recortar, retirar, colar, montar para propor ao leitor um livro digno desse nome.

Stuart Mill empenha-se e edita cinco volumes a partir de três manuscritos. Desemaranha as frases longas ou confusas demais, reescreve, reformula, lê os tratados das leis inglesas para tornar mais precisas ou afinadas as análises que insere no corpo da obra, emenda, corrige, aumenta o texto aqui, reduz o texto ali. A obra intitulada *Rationale of Judicial Evidence* [*As recompensas em matéria penal*] será editada por Mill em 1827. Quando escreve seu *Bentham,* tão violento para o filósofo, só poupa seus trabalhos sobre lei!

SOCIALISMOS ATÓPICOS

A leitura da *Vie de Turgot* [Vida de Turgot] de Condorcet produz efeito considerável sobre ele. O autor do *Essai sur progrès de l'esprit humain* [*Esboço de um quadro histórico dos progressos do espírito humano*] adverte contra o espírito sectário. Por outro lado, ressalta que Turgot desconfiava dos Enciclopedistas que funcionavam com base nesse princípio. A partir daí, Mill desiste de se definir como *utilitarista*, bem consciente do fato de que os sequazes de Bentham também constituíam uma seita perigosa. Estamos em 1824, Mill tem dezoito anos. Essa desistência de se dizer utilitarista tem grande importância na economia do pensamento, da obra e do devir do filósofo – no entanto, a historiografia dá a essa confissão valor nulo e não a considera, reduzindo com muita frequência o pensamento de Mill a uma duplicação do utilitarismo de Bentham.

Mill aprende alemão e, ainda sob influência do tropismo do pensamento comunitário, constitui um novo grupo de estudos. Duas reuniões semanais entre oito e meia e dez horas. No programa: economia política, lógica silogística, psicologia analítica. Sobre o primeiro tema, os amigos optaram por estudar, ler e comentar o livro de certo... James Mill, *Elements of Political Economy* [Elementos de economia política].

A época é da revolução industrial, do capitalismo selvagem, da religião do liberalismo, do culto da mão invisível, da vertigem do "*laisser-faire, laisser-passer*"; consequentemente, é a época da pobreza, da miséria, da delinquência, da prostituição, do alcoolismo, mas também do nascimento do antídoto socialista. Robert Owen teoriza esse nascimento pela primeira vez em *A New View of Society* [Uma nova visão da sociedade] (1813), e depois o põe em prática

130

em New Lanark, fábrica administrada com base no princípio socialista – aliás, essa palavra data de 1822 e nasce na Inglaterra. O liberal Jeremy Bentham investe dinheiro na aventura de Owen. Mill-pai a conhece, Mill-filho também. Os owenistas dispõem de uma sociedade de discípulos que militam e levam a mensagem socialista de reunião em reunião. Essa "Sociedade Cooperativa" organiza debates/encontros. John Stuart Mill e os amigos decidem escarnecer o orador em público (embora, segundo palavras do próprio Mill em sua *Autobiografia*, compartilhe seus objetivos!). De qualquer modo, cabe esclarecer que o militante que está na tribuna chama-se William Thompson e assinou um livro no qual critica certo... James Mill! Com dezenove anos, Mill escreve na revista *Westminster* ao mesmo tempo que trabalha nela. Entre os autores... o pai ! O filho admite que é difícil censurá-lo, ou pelo menos fazer simples retificações ou correções necessárias ao bom estilo! Mill, o jovem, publica na revista um texto elogioso aos primeiros atores de 1789. Na época, tem em vista escrever uma história da Revolução Francesa.

Coligindo-se as informações sobre o pai na *Autobiografia*, encontram-se, claro, os elogios de praxe – reconhecimento de sua tarefa de educador e autor, suas qualidades e outras virtudes admitidas por um bom filho –, mas também e sobretudo, em pequenos toques espaçados, o retrato de um homem rígido, austero, severo, colérico, irritável, incapaz de manifestar o menor sentimento de afeição ou empatia, inteiramente dedicado ao trabalho, à reflexão, ao intelecto, aos livros. O filho esboça o retrato de um pai castrador, temido, idealizado, que encarnava

SOCIALISMOS ATÓPICOS

a lei e tinha todas as qualidades habitualmente associadas a Deus: onipresente, onipotente, onisciente... Isso não pode deixar de criar uma situação psiquicamente catastrófica para um filho sem infância, um adolescente sem juventude, um jovem sem afeições, um adulto sem carne, de cérebro hipertrofiado.

3

Hápax existencial. Em *L'Art de jouir* [*A arte de ter prazer*], chamei de *hápax existencial* o momento de uma vida em que tudo se subverte e em torno do qual se organiza o restante da existência. Uma experiência psíquica e física, espiritual e corporal, o desatamento de um nó, a resolução de uma contradição, de uma tensão, um tipo de crise acompanhado de somatizações espetaculares. *Hápax,* pois essa cena não tem réplica, não se repete, é única; *existencial,* pois o hápax resolve problemas que tornariam difícil a existência.

Acredito que a maioria dos filósofos importantes no campo existencial passou algum dia por esse tipo de trauma: Agostinho em seu jardim em Milão; Montaigne ao cair do cavalo; Descartes e os sonhos em seu quarto aquecido; Pascal e sua noite de fogo; La Mettrie derrubado por uma síncope no meio de um campo de batalha; Rousseau a caminho de Vincennes; Nietzsche e sua visão de Surlej; Lequier no jardim familiar; Valéry em Gênova etc.

O hápax existencial de John Stuart Mill data do outono de 1826. Depois de vinte anos de existência passados sob a égide de uma injunção nervosa sem trégua, o jovem se indaga: "Imagina que todos os objetivos na vida estejam realizados; que todas as mudanças às quais aspires nas instituições e nas opiniões possam ser inteiramente concretizadas neste exato momento: seria uma grande alegria, uma grande felicidade para ti?" Resposta: não. Diante da rudeza dessa evidência surgida de suas profundezas, Mill desmorona de repente. O que constituía o objetivo de sua existência, portanto, não passaria de ilusão? Acumulam-se nuvens acima de sua cabeça, ele perdeu a razão de viver, nada mais lhe dá um lampejo de esperança, a leitura já não funciona como um tônico, ninguém pode ajudá-lo naquela provação que dura, nenhum indivíduo pode agir como amigo, cúmplice, confidente para atravessar aquele mau momento: nem o pai, cuja educação ele teria condenado abertamente ao confessar sua depressão; nem a mãe, ausente então como sempre; nem os irmãos e irmãs; nem os cúmplices de debates intelectuais; nem os amigos, que são amigos do pai... Mill mede o vazio de seu ser e a imensa solidão à qual a educação do pai o levou, como a um beco sem saída. Conclui: "O hábito de analisar tende a empobrecer o sentimento."

Mill mede o paradoxo: toda a sua educação tendeu para o hedonismo; seu pai abriu o caminho utilitarista e quis fazer do filho um ser dotado para a felicidade, capaz de criar as condições do prazer e a fuga ao desprazer. Teoricamente tudo aquilo parecia perfeito; mas, na prática, Mill era incapaz daquilo. Confessa-se malogrado já no início de sua viagem num soberbo navio, dotado de leme de última geração, mas sem velas... Esse estado de prostração dura um ano, até o inverno de 1827.

SOCIALISMOS ATÓPICOS

4

Alegria por matar o pai! Mill conta a resolução dessa tensão sem perceber as informações que dá, ele, autor de um *System of Logic* [*Sistema de lógica*] que abre grande espaço para a psicologia... Essa saída de crise ocorre com um livro ao qual Mill dá o título: "*Memórias* de Marmontel"; ora, o nome exato dessa obra é *Mémoires d'un père* [Memórias de um pai]... Nesse livro, o que liberta Mill de sua profunda melancolia é a narração por parte de Marmontel da... morte de seu pai! Vejamos: "A partir desse instante, meu fardo se torna mais leve. Desaparece em mim o pensamento opressivo de que todo sentimento estava morto."

Sem dúvida, Mill passa ao largo da informação, da mesma maneira como em Poe todos roçam a carta roubada sem nunca avistá-la. Evidentemente, ele alega que o que o faz recuperar-se não é o relato da morte do pai, mas o sentimento do narrador no momento em que Marmontel afirma perante a família chorosa que vai passar a ser o seu sustentáculo. Emoção cheia de prantos, confia Mill – como sempre no hápax existencial, abundantemente regado por um fluxo lacrimoso!

Versão oficial, pelo menos dada pelo autor que saía da depressão nervosa: capacidade de sentir empatia durante a narração de uma provação vivenciada por outro, possibilidade de sentir simpatia pelo gênero humano, faculdade de sentir em si a emoção altruísta de compartilhar o sofrimento, são essas as verdadeiras razões de sua redenção existencial. Os fatos de a oportunidade dessa prova pelo amor ao próximo ocorrer durante o relato da morte de um pai, de a menção do livro feita por Mill na *Autobiografia* passar em branco a parte em que, justamente, expressa o nome do pai, de o espetáculo sublimado do falecimento paterno acabar com a angústia do filho são coisas que não vêm com clareza à mente de Mill, a quem, no entanto, não faltava sagacidade.

5

Lições de uma depressão nervosa. Esse episódio depressivo gera um novo conhecimento. Mill escreve então uma belíssima página da *Autobiografia*, mas também de sua obra completa. O jovem filósofo, portanto, tem vinte e um anos quando descortina sua "nova maneira de pensar". Evidentemente, o acerto de contas começa com o pai, portanto com Bentham. Num primeiro momento, Mill conserva o hedonismo e o utilitarismo, pois afirma que "a felicidade é o critério de todas as regras de conduta e o objetivo da vida".

Mas a singularidade de John Stuart Mill manifesta-se em seu hedonismo indireto e altruísta: não se deve ter em vista a felicidade para si, de modo *direto*, e buscá-la de maneira egoísta como pensa Bentham, mas de maneira *indireta*: em primeiro lugar devemos buscar dar prazer aos outros, aumentar a felicidade da coletividade, trabalhar na promoção do prazer e na eliminação de todos os desprazeres nos outros, realizar a felicidade da humanidade, não procurar ter prazer de maneira egoísta, autista, solipsista, não buscar um prazer solitário, mas solidário. Então o prazer para si chegará como benefício pessoal de nosso investimento na alegria do outro. Bentham acredita no prazer do indivíduo separado do mun-

SOCIALISMOS ATÓPICOS

do, Mill-pai também; Mill-filho quer o prazer no mundo, pelo mundo, para o mundo. Donde seus engajamentos políticos de esquerda.

6

Uma vida romântica. A vida de John Stuart Mill muda. Durante tempo demais ele foi um cérebro, matéria cinzenta, pura inteligência; durante tempo demais foi reduzido à faculdade de pensar, memorizar, analisar, expor, reter; durante tempo demais nele foram negligenciados e esquecidos o sentimento, o corpo, a carne, a vida sensual e afetiva. Os vinte primeiros anos de uma existência são genealógicos para o ser; não voltam a passar, não podem ser recuperados. A depressão nervosa divide sua vida em dois. Antes? Cérebro sem corpo, teoria sem sentimentos, Bentham e o pai sem vida, livros sem ação, discursos sem prática, pensamento sem efeitos que não sejam livrescos. Depois? Não o inverso, corpo sem cérebro, sentimentos sem teoria, o que seria outro e mesmo modo de viver como hemiplégico, mas as duas instâncias reconciliadas: reflexão e ação, escrita e vida, filosofia e mundo, coerência recuperada que define uma vida filosófica, a saber, a melhor segurança contra uma vida mutilada.

A historiografia sempre reduz um pensador e um pensamento a alguns clichês e lugares-comuns dos quais dificilmente se retorna. Consultando o verbete *John Stuart Mill* de um dicionário ou de uma enciclopédia, sempre se descobre a mesma ficha: filósofo utilitarista, discípulo de Bentham, liberal em política, na tradição clássica da economia política

JOHN STUART MILL

do mesmo Bentham. Aquilo que pode sustentar-se enquanto não o lemos e nos limitamos a replicar as notas errôneas, mas não resiste ao exame dos textos. Pois o próprio Mill escreve: libertou-se do utilitarismo benthamiano e professa em política um "socialismo moderado" professado nos livros e praticado na vida, inclusive durante algum tempo nos assentos da assembleia.

Depois do famoso hápax existencial, John Stuart Mill passa a levar vida romântica. O que é vida romântica? Vida na qual os sentimentos ocupam o maior espaço, e a paixão amorosa não é dos menores. O que é uma vida *filosófica* romântica? Uma existência na qual – dentro da lógica baudelairiana do dândi descrito em *Le Peintre de la vie moderne* [*O pintor da vida moderna*] (1863, Mill tem cinquenta e sete anos) – o indivíduo quer ser resistência encarnada à tibieza de sua época, à massificação dos tempos, à unidimensionalidade vencedora, ao reino das massas.

Quando volta a viver, Mill encontra redenção na poesia romântica de Wordsworth, que glorifica a "cultura do sentimento". Gosta de sua paixão pela contemplação do espetáculo da natureza, seu gosto pelo sublime das montanhas e das paisagens, seu modo de tocar as naturezas não poéticas. Bentham não gostava de poesia, que ele achava inútil – cúmulo da depreciação para um utilitarista... James Mill o acompanhava nessa ideia estapafúrdia. Mill-filho, salvo pela morte de um pai (o de Marmontel!), encontra portanto saída da escuridão depressiva graças à poesia.

Não se deve esquecer que Stuart Mill é contemporâneo de Schubert e Brahms, Wagner e Berlioz, De-

137

SOCIALISMOS ATÓPICOS

lacroix e Whistler; que *On Liberty* [*A liberdade*] (1859) é publicado no ano do *Tristão e Isolda* de Wagner; que *Utilitarismo* (1861) vem a público ao mesmo tempo que é criado o *Quarteto opus 25* de Brahms; que *The Subjection of Women* [*A sujeição das mulheres*] (1869) data do ano da morte de Berlioz – que também escrevia suas *Mémoires* [Memórias], publicadas em 1864, ao passo que Mill começa sua *Autobiografia* em 1854. O hápax existencial de Mill possibilita-lhe entrar diretamente na época romântica. Prova disso são seu socialismo, seu feminismo, seu individualismo, sua vida.

7

Entre a vida antiga e a nova. A ruptura existencial é nítida; os efeitos produzidos na vida cotidiana não se manifestam obrigatoriamente de maneira tão distinta. É publicado um livro crítico sobre *Essays on Government* [*Ensaios sobre governo*] de seu pai, que se defende, porém mal, com argumentos *ad hominem*, deixando de lado o fundo da questão, no qual seu filho gostaria de vê-lo empenhar-se. O ataque ao pai provoca sua reflexão; o ídolo racha-se um pouco mais. Mill acredita que teria sido necessário responder no terreno da lógica.

Depois daquela depressão nervosa, Mill prossegue seu caminho, claramente consciente de libertar-se cada vez mais das ideias, dos métodos, das opiniões e dos sentimentos de seu pai. Com vinte e três anos, em 1829, fica conhecendo os dois famosos saint-simonianos Enfantin e Bazard. Entusiasma-se com suas críticas ao liberalismo. Encontra mais socialismo em Saint-Simon do que em Owen. Em todos esses pensadores, incluindo Fourier, desconfiamos que ele gosta do questionamento da família tradicional.

A notícia dos acontecimentos de 1830 determina-o a atravessar de novo a Mancha para seguir de perto o desenrolar dos fatos na França. Fica conhecendo La Fayette em Paris. Torna-se autor de artigos para um jornal no qual faz quase tudo, o *Examiner*. Depois escreve *Essays on Some Unsettled Questions of Political Economy* [Ensaios sobre algumas questões pendentes de economia política – é de apreciar "pendentes" (*unsettled*) numa matéria explicitamente tratada por seu pai em *Principles of Political Economy* [*Princípios de economia política*], publicado em 1822, assunto também tratado pelo filho em 1848 com o título... *Princípios de economia política*. O filho diz que em 1830 já está bem longe do pai. Ver para crer...

8

O antipai no nome da mãe. A ruptura real e radical ocorre com uma mulher que completa a vida romântica de Mill. A *Autobiografia* relata isso com grande número de detalhes. Como sempre, o gênero autobiográfico vale por aquilo que não diz, que mascara e oculta, que traz à tona para melhor deixar de lado, valendo por aquilo que *quase* diz, pelas direções indicadas, e não pelos caminhos trilhados; importa pelos lapsos ou pelos atos falhos.

Por exemplo, a ausência total da mãe nas duzentas e cinquenta páginas dessa autobiografia: nenhuma menção, nem mesmo seu nome, nada sobre seu papel na infância, sua relação com o pai, aquilo que ela pensará e dirá da história amorosa do filho, da

SOCIALISMOS ATÓPICOS

educação do filho, nada sobre sua morte. John Stuart Mill fala uma vez da irmãzinha a quem o pai o obriga a dar lições de latim, mas nada sobre os outros sete irmãos...

A declaração preliminar dessa obra, publicada no ano seguinte à sua morte (1874), esclarece que a obra não decorre do narcisismo ou do egotismo previsíveis em semelhante exercício de escrita, mas do autorretrato de uma consciência. De fato, Mill descreve uma formação intelectual, faz a narrativa de uma autoconstrução, dá pormenores da produção de uma individualidade excepcional, extravagante, para a qual seu livro intitulado *A liberdade* é um convite teórico. A época gosta desse gênero em que o Eu serve menos ao culto do ego do que à edificação filosófica.

Mas Mill ultrapassa a intenção declarada na abertura: quando relata em detalhes sua vida de parlamentar, já passou dos sessenta anos, e os fatos em questão dificilmente fazem parte da história de uma formação intelectual! Está evidente que o projeto se ampliou para tornar-se uma autobiografia clássica, em outras palavras, um ensaio para dar ordem e sentido a uma existência, conferir-lhe consistência, um modo também de dar subsídios à biografia que não deixará de vir...

Entre as zonas sombrias mais significativas, a mãe, portanto. Mill expande fortes sentimentos em relação a Harriet Taylor: reconhecimento e amor, paixão e admiração, elogios e lirismo. A falta de referências à mãe impede-nos de saber o seu nome, que é... Harriet. O exame do manuscrito da *Autobiografia* mostra que em alguns pontos se falou da mãe, mas essas menções não figuram na edição impressa...

O conhecimento de Harriet Taylor ocorre em 1830 em casa de um pastor que organiza um jantar no qual os dois se encontram. Com vinte e três anos, ela é casada, mãe de dois filhos; John Stuart tem vinte e cinco. Ambos já se conheciam, por terem brincado na infância nos jardins contíguos das respectivas famílias. O sr. Taylor, onze anos mais velho que a esposa, tem fortuna considerável e é comerciante; unira-se em matrimônio a uma jovem Harriet de dezoito anos. Mill o descreve como um homem bom, mas intelectualmente inferior à mulher, pouquíssimo inclinado às coisas do espírito e sem manifestar nenhum interesse por arte. Em outras palavras, Harriet está malcasada! No ano seguinte a esse encontro, Harriet dá à luz um terceiro filho...

A paixão fulminante daquela primeira noite produz efeitos, pois três meses depois Harriet informa o marido de sua história de amor com Mill – que, a crer-se na *Autobiografia*, era puramente platônica... O marido toma conhecimento dos fatos, faz uma autocrítica, confessa que provavelmente nem sempre foi tão carinhoso e atencioso quanto seria necessário. A esposa sai de Londres e vai para Paris, onde se encontra com John Stuart.

9

Adultério utilitarista. Apesar do distanciamento em relação ao utilitarismo ortodoxo de Bentham, Mill e e a senhora Taylor nadam em águas filosóficas utilitaristas. A situação dos dois oferece excelente oportunidade de trabalhos práticos. A filosofia anglo-saxônica gosta da casuística, preza os casos concretos; eis um: sabendo que John Stuart está apaixonado

SOCIALISMOS ATÓPICOS

por Harriet, que ela é mulher do sr. Taylor, que os dois últimos são pais de três filhos, que um dos apaixonados é solteiro e não tem filhos, e o outro, casado, mas ambos estão perdidamente apaixonados, o que fazer para gerar a maior felicidade possível da maioria? Em outras palavras, em termos negativos: como produzir a menor dor, o menor sofrimento possível para a maioria? Que situação possibilitará que um marido enganado, uma mulher infiel e um solteiro louco de amor sintam o menor desprazer possível?

Resposta à questão, provavelmente resolvida pelos três, já que cada um deles precisou ceder um pouco: Harriet continua vivendo (platonicamente dessa vez...) sob o mesmo teto do marido, para salvar as aparências; assim, pode também cuidar da educação dos três filhos, garantindo-lhes condições equilibradas de vida no dia a dia; enquanto isso, a Mill é atribuído o direito de encontrar sua dulcineia quando e onde quiser, inclusive no domicílio da família, em sua casa de campo e até viajar com ela.

Harriet e Mill não podem dar plena expansão à sua história de amor, é verdade, mas, apesar disso, dispõem de espaços bem amplos para viver sua aventura; o sr. Taylor vê uma parte da mulher escapar-lhe, é verdade, mas salva as aparências, o que é considerável na Inglaterra em via de tornar-se vitoriana, e essa solução é bem útil para manter seu status social; o mesmo se pode dizer de Harriet, que não tem seu John Stuart à mão, em casa, é verdade, mas continua sendo uma mulher correta segundo as aparências, e, mais importante, alguém que pode educar seus próprios filhos com a serenidade preservada... Eis aí um contrato utilitarista segundo as devidas

JOHN STUART MILL

formalidades: sofrimentos evitados por decisões relativas que condenam compromissos absolutos, modo inteligente e não violento de resolver os problemas amorosos nos quais o coração ocupa o lugar que lhe é dado pela razão. Solução filosófica de um problema antigo como o mundo...

10

Harriet, sua razão maiêutica. O contrato utilitarista dura quase vinte anos, até a morte do sr. Taylor, levado por uma doença que permitiu a Harriet dispensar-lhe cuidados e atenções com um pesar não fingido. Ninguém considerou o desaparecimento do esposo em julho de 1849 como sorte caída do céu. Dois anos de decência mais tarde, em abril de 1851, John Stuart e Harriet se casam, mas para viverem apenas sete anos e meio de felicidade. Pois Harriet sucumbe à tuberculose, flagelo que, além de levar a mulher de Mill, causou a morte de seus dois irmãos mais novos e de seu pai em 1836. A mesma doença por pouco não o leva também...

Mas, a partir de 1830, data de seu encontro com Harriet, até sua própria morte, Mill viveu sob a égide de Harriet, pela qual nunca poupou demonstrações de amor, sobretudo ao confessar numerosas dívidas intelectuais: com ela pensava melhor, de modo mais sutil, em regiões nas quais nunca tinha entrado; descobria continentes, entre os quais o comprometimento socialista; formulava com mais precisão ideias já ativas nele, como por exemplo o feminismo. Ele, que amava Sócrates acima de tudo, poderia ter feito de Harriet sua razão maiêutica.

SOCIALISMOS ATÓPICOS

11

Radicalismo filosófico. Mill trabalha em seu escritório da Companhia das Índias e vai vivendo o seu grande romance com Harriet. Nessa época, lê os filósofos franceses, especialmente *De la démocratie en Amérique* [*A democracia na América*] (1835-1840), livro que o entusiasma. Em seguida, mantém com Tocqueville uma correspondência sobre a tirania das massas, a ditadura da opinião, a religião igualitarista prejudicial aos indivíduos e a era das multidões.

Além disso, entusiasma-se com o *Cours de philosophie positive* [*Curso de filosofia positiva*] (1830-1842), troca uma série de cartas com Auguste Comte. Mas afasta-se do filósofo francês em vista da identificação da política com um tipo de religião social que propõe a diluição dos indivíduos na comunidade. Também se distancia em razão da indigência dos argumentos de Comte acerca da questão feminista: este se baseia no menor peso do cérebro do belo sexo em comparação com o do chamado sexo forte para justificar a eterna inferioridade! De qualquer modo, escreverá um *Auguste Comte and Positivism* [Auguste Comte e o Positivismo] em 1865.

Na mesma época, John Stuart Mill se celebriza ao promover aquilo que na Inglaterra é chamado de "radicalismo filosófico". Dirige *London and Westminster*, revista que funciona como ponta de lança daquela corrente política estreitamente ligada ao utilitarismo liberal que defende a democracia por via da promoção do sufrágio universal e de uma ética *liberal* muito progressista. Na primavera de 1840, depois de algumas divergências intelectuais com a equipe, demite-se do cargo.

144

JOHN STUART MILL

Em 1843 é publicado o *Sistema de lógica dedutiva e indutiva*. Mill afirma que todos os nossos raciocínios provêm de nossa experiência, da observação dos fatos. Situa o conhecimento não no terreno da metafísica e do espiritualismo, como os filósofos alemães, mas no do empirismo. A obra termina com considerações éticas: Mill gostaria que em moral fosse possível construir com a seriedade e o rigor epistemológico das ciências exatas uma ética que, no entanto, não fosse uma ciência, mas uma arte de tornar os homens felizes.

É com a mesma preocupação de contribuir para a felicidade dos homens, em especial buscando os meios de realizar a justiça social, que são publicados os *Princípios de economia política* em 1848. Mill defende a economia liberal clássica, mas a sucessão das edições desse livro de sucesso mostra que ele se afasta da ortodoxia benthamiana ao justificar a intervenção do Estado para impedir que o exercício da liberdade funcione como entrave à segurança de todos. Com o passar do tempo, trabalhando e discutindo com Harriet Taylor, Mill estabelece as bases de um socialismo liberal que nada tem a ver com o liberalismo social – na *Autobiografia* ele falará de "socialismo moderado"...

Mill não ataca de frente o idealismo alemão, mas escreve claramente contra ele, várias vezes, ao afirmar que suas falsas doutrinas conduzem a más instituições. O *Sistema de lógica* de Mill poderia muito bem ser uma anti-*Crítica da razão pura*, e *A liberdade*, o anti-*Princípios da filosofia do direito* de Hegel: empirismo contra transcendentalismo, individualismo contra estatismo, socialismo contra nacionalismo, universalismo contra prussianismo...

12

Uma obra escrita a três. Mill viveu mais de vinte anos o contrato utilitarista firmado com o sr. Taylor e depois, quando este morre, sete anos e meio com a mulher de sua vida. De 1830, ano em que a conhece, a 1858, data de sua morte, passando por 1851, data do casamento, são quase vinte e oito anos de comunhão espiritual, intelectual e filosófica. Mill confessa que poderia assinar seus livros com Harriet, tamanha a importância dela na elaboração, no estabelecimento do texto, na experimentação das ideias, na discussão, na evolução também para um ponto de vista que não era originariamente de Mill. Ela foi a mulher de sua vida, a cúmplice em tudo. A morte dela divide a existência dele em duas partes, tal como a depressão nervosa. Helen, filha do casal Taylor, portanto sua enteada, passa a ser para ele "minha filha", segundo escreve...

Na época do luto, Mill viaja pela Europa: Itália, Sicília, Grécia; obtém promoção no trabalho e beneficia-se desse progresso durante dois anos, momento em que aquele escritório foi desmantelado por razões políticas; aposenta-se no inverno de 1859. Sua enteada desempenha o papel intelectual e filosófico ocupado outrora pela mãe. A partir daí, Mill fala de uma obra escrita a três... Mill, mãe, filha.

Com cinquenta e nove anos, portanto aposentado, torna-se deputado sem ter feito campanha. Na tribuna, defende causas progressistas, esclarecidas, em suma, de esquerda: direito de voto para as mulheres, sufrágio universal, governo representativo; defesa dos pobres, operários, camponeses irlandeses, luta contra a escravidão ao lado de jamaicanos, defesa da contracepção – Mill é preso por ter distribuído panfletos que hoje seriam vistos como textos de planejamento familiar... Os eleitores não renovam a confiança nele, ele desiste de candidatar-se nas votações seguintes, apesar da pressão de seus numerosos apoios populares. Então, volta para Avignon, estuda, lê, escreve, redige sua correspondência e deseja tirar proveito da liberdade recuperada para preparar alguns textos, entre os quais *Sujeição das mulheres*, que é publicado em 1869. Durante uma atividade de herborização em terras provençais, Mill contrai uma erisipela infecciosa e morre em 7 de maio de 1873 com sessenta e sete anos. É enterrado com Harriet no cemitério perto do qual comprara uma casa, de cuja janela enxergava o túmulo da mulher de sua vida.

13

Um utilitarista sutil. Pouco antes de morrer, Mill e Harriet tinham proposto um plano de trabalho em três tempos: moral, donde *Utilitarismo* (1863); liberdade com o livro epônimo em 1859; e família com *Sujeição das mulheres* (1869). Na realidade, o conjunto do pensamento de Mill, fora a lógica, está resumido nesses três títulos. Três temas possibilitam variações, cruzamentos, intersecções: felicidade, justiça e liberdade, em outras palavras, o seguinte jogo de pares: utilitarismo e hedonismo, feminismo e socialismo, individualismo e liberalismo, seis instâncias que funcionam evidentemente em sinergias singulares: feminismo hedonista, utilitarismo liberal, socialismo individualista e outras combinações.

SOCIALISMOS ATÓPICOS

Na maioria das vezes, a historiografia dominante dá ênfase ao utilitarismo de Mill. Com muita frequência, faz dele o filósofo que com a obra *Utilitarismo* fez uma exposição clara, densa e sistemática da escola de Bentham, que, por sua vez, como ninguém ignora, produzia desordenadamente páginas e páginas, como uma fábrica de borrar papel... Ora, o utilitarismo sutil e *qualitativo* de Mill não tem muito a ver com o de Bentham, mecânico e *quantitativo*: de um lado, uma estética do prazer; do outro, uma hidráulica do prazer. Mill como artista, Bentham como físico.

Essa leitura errônea é acompanhada por um segundo mal-entendido que associa o utilitarismo ao liberalismo e classifica esse pensamento complexo no rol dos defensores da direita política, pelo menos do capitalismo dos burgueses. Donde, em filosofia, a má reputação duradoura do utilitarismo desde o assassinato de Bentham e dos seus, perpetrado por Marx. Se acrescentarmos o predomínio do idealismo alemão na universidade francesa há dois séculos, poderemos dimensionar como o historiador das ideias precisa remar contra a corrente para dar do filósofo uma representação correspondente àquilo que ele realmente escreveu, publicou, disse e fez...

Os mal-entendidos acumulados sobre essa escola de pensamento são tais, que ela nunca pôde reerguer-se dos ataques desferidos contra ela desde a primeira formulação. Utilitarismo: filosofia do liberalismo; pensamento do cálculo dos pequeno-burgueses; moral egoísta do interesse; concepção do mundo que impede o heroísmo, o autossacrifício, o amor à pátria; doutrina de frios raciocinadores incapazes de humanidade concreta; visão amoral e imo-

148

JOHN STUART MILL

ral do mundo, que celebra o prazer animal, variação sobre o tema antigo dos porcos epicuristas; moral sem Deus; pretexto para casuísticas infinitas com as quais a verdade se torna relativa. Ou também: bela construção do espírito, é verdade, mas totalmente inviável por causa da inacessibilidade de seus ideais; anti-hedonismo, porque a utilidade passa antes do prazer; convite à aritmética impossível de se ativar numa realidade que anda mais depressa que o cálculo. É para responder a essas objeções, pôr os pingos nos is, aniquilar os adversários e, principalmente, mostrar que é diferente, que John Stuart Mill empreende a escrita de *Utilitarismo*, livro publicado em 1861. Morto Bentham, desaparecido o seu próprio pai, seu pensamento pode finalmente libertar--se das tutelas responsáveis por sua crise nervosa...

14

É preciso matar o pai. Pois Mill nem sempre teve serenidade com Bentham, portanto com seu pai. A leitura de *Bentham* nos convence disso... O texto data de 1838, Bentham morreu há seis anos, o pai de Mill, há dois, portanto o caminho está livre para que ele, com trinta e dois anos, escreva realmente o que tem no coração sobre essa questão, sem temer a ira paterna. A leitura dessa pequena obra não permite que façamos de Mill um discípulo de Bentham, tantas são as diferenças que separam os dois pensamentos: Mill pensa como realista do utilitarismo; Bentham, como idealista; o primeiro reflete como filósofo preocupado com os homens tal como eles são; o segundo teoriza como líder de seita desconectado do mundo.

SOCIALISMOS ATÓPICOS

Em *Bentham*, Mill alterna cumprimentos e assassinatos: por exemplo, Jeremy Bentham é um grande homem de seu país e de seu século, pois revolucionou a filosofia com seu método. Sem dúvida, porém mais adiante lemos que esse método já estava em Platão e depois em muitos outros pensadores, a tal ponto que, em outros livros, Mill apresenta uma lista que inclui Sócrates, Epicuro, Jesus e até Deus – no qual ele não acredita... – na coorte dos utilitaristas! Bentham fica em péssimos lençóis nesse breve ensaio. Lista de críticas que caem em cascata: ele despreza os trabalhos dos pensadores que o precedem na História, o que – segundo escreve Mill – o desqualifica como filósofo; acha que ninguém é capaz de lhe oferecer nada de válido ou útil para a sua própria visão de mundo; é refratário a qualquer argumentação contrária às suas opiniões; escreve mal, não redige seus livros, vale-se de um estilo alambicado e ilegível; fala de Sócrates e Platão em termos aflitivos: ora, esses dois brilham no panteão de Mill! Isso quanto ao pensador...

Mill também ataca a pessoa, o temperamento e o caráter do filósofo: Bentham é ingênuo em relação aos homens, imagina-os mais do que os conhece, donde um sistema inteiramente inadaptado e falso; é afetivamente incompleto, inacabado no terreno emocional e sentimental, incapaz de sentir paixões, de conhecer experiências interiores; não tem senso de História; é totalmente desprovido de senso poético. Isso quanto ao homem...

Conclusões: Bentham exerceu influência nociva sobre sua época... Num primeiro momento, para Mill essa é uma maneira de mandar por água abaixo a infância vivida sob a égide pedagógica de Ben-

150

tham, o trabalho da juventude nas revistas que, sob sua responsabilidade, promoviam o "radicalismo filosófico", ou a edição de obras de filosofia do direito por ele realizadas aos dezoito anos de idade (é verdade que Mill poupa Bentham como pensador das questões jurídicas!), e a totalidade dos compromissos com o pai...

15

A *vida pós-Édipo*. Cometido o assassinato do pai, quando a fúria edipiana se acalma, o que será da construção, do pensamento positivo, da filosofia própria de John Stuart Mill? Com o que se parece o seu utilitarismo? Mill propõe um *utilitarismo qualitativo*, enquanto Bentham defende um *utilitarismo quantitativo*, e toda a diferença está nessa oposição radical.

Cabe lembrar o exemplo usado por Bentham: prazer por prazer – escreve ele –, o jogo de alfinetes equivale à leitura de uma página de poesia. Em outras palavras, se os prazeres estiverem na convivência social, o mais defensável será o mais intenso, mais denso, mais extenso quantitativamente. Pouco importa se é produzido numa ocasião nobre ou trivial. Bentham aproveitava para denegrir os árbitros das elegâncias que decidiam o bom e mau gosto, afirmando que não havia nada além de prazeres, ausências de prazeres, quantidades de prazeres maiores ou menores, e que deveríamos buscar a grandeza máxima que era a utilidade. O prazer age como força bruta espiritualmente neutra. Bentham prima no campo da mecânica, da física, da matemática, da álgebra...

SOCIALISMOS ATÓPICOS

Sem dúvida, Mill compartilha com Bentham as expectativas utilitaristas fundamentais: é preciso ter em vista a maior felicidade da maioria; a moral consiste em buscar o prazer e evitar o desprazer; bem e mal não existem no absoluto, mas pode-se falar de bom e mau relativamente ao objetivo hedonista: é bom o que aumenta o prazer, mau o que o reduz; a felicidade se define pela ausência de dor, e a infelicidade, pela ausência de prazer; prazer identifica-se com utilidade, e vice-versa. Bentham e Mill estão de acordo nesses pontos, porém o segundo prefere o prazer oferecido pela poesia de Wordsworth ao prazer obtido numa partida de *whist*. Por quais razões? Porque a quantidade de prazer importa pouco, mas a qualidade, muito.

16

Sócrates insatisfeito **versus** *porco satisfeito*. A frase faz parte das referências clássicas da história da filosofia; Mill afirma em *Utilitarismo*: "É melhor um homem insatisfeito que um porco satisfeito; é melhor ser Sócrates insatisfeito do que um imbecil satisfeito." De fato, se Bentham tiver razão ao achar que só conta a quantidade de prazer, então pouco importarão o ser que o sentir, o homem e a consciência que o acompanhar, a atitude ou aquilo que cercar a busca hedonista: todo gozo é bom pelo simples fato de ser gozo, o prazer é um fim em si, e tudo a ele se subordina – moral, virtudes, valor –, pouco importando aquilo que nos conduz a ele. A partir daí, o prazer animal funciona tão bem quanto qualquer outro. Em compensação, se Bentham estiver errado, a teoria utilitarista deverá ser repensada de cabo a rabo.

152

JOHN STUART MILL

Ora, Bentham está errado. Para demonstrá-lo, Mill
faz uma pergunta simples: que homem trocaria seu
estado de homem pelo de animal, caso lhe prometes-
sem maior intensidade, maior quantidade de prazer?
Nenhum. Isso prova que, no prazer, não se busca a
quantidade, mas outra coisa que só o homem é capaz
de acrescentar, buscar e encontrar, a saber, um refinamento dos prazeres, donde a necessidade de ter
em vista a qualidade em detrimento da quantidade.
Eis por que, mesmo quando a quantidade de prazer é igual, Mill prefere os prazeres elaborados, sutis, humanos, às suas versões rústicas, pesadas, gros-
seiras, animais. O hedonismo epicurista já tivera de
lutar contra a crítica de fazer do animal (o porco, no
caso...) um modelo em matéria de prazer, ao passo
que Epicuro manifestara claramente sua preferência pelos prazeres do espírito aos do corpo.

O utilitarismo benthamiano chocou muito na época pelas mesmas razões. Mill critica em Bentham o
fato de não ter escrito sobre a moral e de ter permitido a publicação, por intermédio de Dumont, de
uma *Deontology* à qual ele não dá nenhum crédito. A
funesta imagem do jogo de alfinetes e do poema,
encontrada em *Théory des peines et des récompenses*, contribuiu muito para a (má) reputação do filósofo. A
moral utilitarista é vista como uma ética animalesca?
Mill acredita que efetivamente ela pode ser vista dessa maneira caso se opte pelo *hedonismo da quantidade...* Em contrapartida, propor um *hedonismo da qualidade* veda esse tipo de crítica.

Mas como julgar a qualidade do prazer? Assim
como não se dispõe de um dinamômetro benthamiano que possibilite medir exatamente a quantidade
de prazer, também não se tem à mão um instrumen-

153

to milliano que meça a qualidade. Para resolver o problema, Mill recorre ao empirismo: "a sensibilidade e o julgamento daqueles que o vivenciaram", esse é o modo de medir a qualidade de um prazer. Sensibilidade, julgamento, vivência, Mill remete às faculdades humanas subjetivas.

Cabe ler paralelamente o ensaio que Mill dedica à *Natureza* (redigido entre 1854 e 1858 e publicado postumamente em 1874 em *Three Essays on Religion* [Três ensaios sobre a religião]). Nesse texto curto, o filósofo se opõe a toda uma tradição de filosofia antiga, dos cínicos aos estoicos, passando evidentemente pelos epicuristas ou sofistas, convidando a tomar como modelo a natureza para construir sua filosofia existencial. À sua maneira, Bentham acrescenta seu nome à lista. Para Mill, a civilização é uma antinatureza; ele a defende, defende a cultura, que se desenvolve sempre contrariando, contradizendo, emendando, corrigindo a natureza. O hedonismo benthamiano é natural; o de Mill, cultural. Toda virtude é uma vitória sobre o instinto, e não sua justificação.

Prazeres naturais? Beber, comer, copular... Admitamos que são curtos, repetitivos, custando frequentemente desprazeres físicos, quando não psíquicos. Prazeres culturais? Todos os outros, vastos, infinitos, variados, diferentes: conversação, leitura, música, poesia, amizade, amor, viagens, escrita, pintura, todas as artes, mas também o que possibilita sublimar os prazeres naturais, conferindo-lhes dimensão cultural. Mill não entra em pormenores, mas sua teoria permite extrapolarmos: sexualidade na condição de erotismo, alimentação e bebidas na qualidade de prazeres gastronômicos ou enológicos. Prazeres de qualidade – prazeres de seres humanos contra prazeres de animais.

Por fim, Mill teoriza o prazer de ser humano. Diz ele que os homens – no sentido genérico evidentemente, o que também vale para as mulheres... – dispõem de um "senso de dignidade", de um gosto pela liberdade, de uma paixão pela autonomia que os distinguem radicalmente dos animais. Somente os indivíduos condicionados por uma educação errônea, perturbados por um mau determinismo dos anos de infância ou formados por uma sociedade imoral preferem os prazeres vulgares aos prazeres sutis.

Alguns não foram habituados, educados; ora, o hedonismo não é natural, mas cultural; outros nunca tiveram a oportunidade de exercer suas faculdades superiores na existência: inteligência, análise, razão, discernimento, memória, dedução, julgamento... Como então censurá-los por não saberem nem poderem apreciar a sutileza dos prazeres qualitativos? Somos incapazes disso quando não educados no prazer. Mesmo aqueles que conheceram os dois tipos de prazer – animais e cerebrais – admitem a superioridade dos últimos. Quem tiver sido iniciado pela cultura sempre preferirá uma página de poesia a uma hora de jogo de alfinetes...

17

O prazer por acréscimo. Questionou-se muito o utilitarismo de Mill para saber se era realmente um hedonismo, pois, ao dizer que o prazer não é a palavra-chave da coisa, que, para julgar sua qualidade, é preciso pôr em jogo considerações exteriores, no caso valores anteriores ao juízo, Mill não faz do pra-

SOCIALISMOS ATÓPICOS

zer um valor absoluto, um fetiche de tipo platônico ornado de todas as virtudes. Seria vão buscar em seu trabalho algo que se assemelhe a uma religião (idealizada) do prazer, pois nele encontraremos uma filosofia (pragmática) do prazer. Bentham fala mal de Platão, é verdade, e Mill fala bem, porém o mais platônico dos dois não é quem se acredita!

Mill distingue-se também de Bentham na questão da obtenção do prazer. Depois de sua depressão nervosa, Mill afirma que não se deve buscar o prazer como finalidade, mas que ele aparece de passagem, de acréscimo, e isso quando se pratica de maneira altruísta o prazer para os outros, para a humanidade sofredora, para o mundo. O *hedonismo altruísta* de Mill opõe-se, portanto, ao *hedonismo egoísta* de Bentham: este último acredita que é preciso buscar seu próprio prazer e que, automaticamente, se aumenta assim a soma geral da felicidade, portanto, a dos outros, por meio de uma operação não explicada. Mill, por sua vez, convida a dar prazer a outrem, o que, como compensação, produz prazer a quem o deu.

Hedonismo da qualidade *versus* hedonismo da quantidade, hedonismo altruísta *versus* hedonismo egoísta, Mill e Bentham opõem-se também acerca da existência de um senso moral anterior a qualquer iniciativa educacional. Bentham é partidário da ideia da cera virgem: somos o que determinamos ser; Mill afirma a existência no homem de um sentimento social natural, de um desejo de coexistir em paz, em harmonia, de um desejo de equidade e justiça social. A faculdade moral é natural, mas desenvolve-se; inata e adquirida ao mesmo tempo, donde a necessidade de um trabalho de educação, de uma peda-

JOHN STUART MILL

gogia da utilidade hedonista – portanto, de uma política *ad hoc.*

18

Os hedonistas como irmãos inimigos. Bentham acredita no liberalismo – e no utilitarismo – como numa religião. Nada em sua obra, a não ser o puro postulado da razão prática, possibilita entender como se passa do prazer individual ao prazer da comunidade: como o gozo de um ser pode aumentar o gozo geral da comunidade, a não ser por um passe de mágica? A mesma observação pode ser feita no campo político: como passar do enriquecimento de uma nação ao da totalidade dos membros que a constituem? Essas são provavelmente aporias decorrentes do desconhecimento da natureza humana que Mill atribui ao fundador do utilitarismo. O poder da mão invisível em economia? A misteriosa homeostasia moral?

Mill não venera essas aproximações filosóficas. Ao liberalismo utópico de Bentham ele opõe um socialismo individualista que parte dos mesmos princípios utilitaristas, mas para produzir efeitos radicalmente diferentes. Um abomina as intervenções do Estado e acredita na santidade do mercado; o outro quer a regulamentação do Estado, pois não acredita que os homens sejam naturalmente bons nem que as coisas sejam naturalmente harmoniosas. Consequência dos efeitos da contranatureza teorizada por Mill.

Hedonismo da quantidade versus *hedonismo da qualidade*, depois *hedonismo egoísta* versus *hedonismo altruísta*, com essa nova oposição entre *hedonismo liberal* e *hedonismo socialista*, a distância entre Jeremy Ben-

157

SOCIALISMOS ATÓPICOS

tham e John Stuart Mill aumenta ainda mais. Um termina por pan-optizar tudo o que resiste à sua política contradizendo-a; o outro passa a vida a celebrar o indivíduo que se rebela contra qualquer iniciativa pan-óptica.

Depois da questão da felicidade, cabe examinar as da justiça e da liberdade: a lógica liberal não basta para produzir justiça e liberdade, é preciso desejá-las, criar as condições para sua existência. Bentham acredita que a doutrina do *"laisser-faire – laisser-passer"* resolverá um dia a totalidade dos problemas, e que surgirá o reinado da justiça social, da harmonia entre os homens, da prosperidade econômica, da redenção da comunidade e da felicidade para todos. Pensamento religioso, crença mágica, fé política, efeitos do liberalismo utópico...

Mill acredita que a felicidade individual é, em primeiro lugar, questão de vontade: para ter prazer, é necessária uma vontade de prazer, um gosto pela vida, um amor à vida, uma vontade de vida, uma paixão pela vida. Sem esse motor, nada é concebível para um indivíduo. A lógica também vale para a comunidade, e é possível estender os princípios: não há felicidade social sem que haja vontade dessa felicidade. Não se pode esperar, como que por milagre, uma pacificação da realidade pela simples ação de uma economia da livre-troca: em primeiro lugar e antes de tudo é preciso trabalhar por uma sociedade hedonista. Último pomo de discórdia: *hedonismo do laisser-faire* benthamiano *versus hedonismo voluntarista* milliano.

JOHN STUART MILL

19

Socialismo antitotalitário. O "socialismo moderado" reivindicado por Mill na *Autobiografia* caiu de moda depois de ser destruído pelo rolo compressor autoritário marxista. Sonhamos com um embate real no papel (e também de tribuna...), travado por Mill contra Marx, embate imaginável porque os dois homens são contemporâneos e porque as obras são publicadas ao mesmo tempo; além disso, Marx não se abstém de atacar os textos econômicos do pai e do filho, especialmente na *Contribuição à crítica da economia política* (1859).

Pois *A liberdade* (1859) funciona como antídoto e manifesto antiautoritário (para não dizer libertário...) ou antitotalitário antes da hora, a tal ponto dá os meios de prevenir os efeitos perversos da esquerda marxista teorizada no *Manifesto do partido comunista* (1848). Nessa obra, Mill celebra a resistência das subjetividades rebeldes por meio de suas extravagâncias e dá assim uma resposta romântica às extrapolações puramente economicistas de Marx...

Formulando em jargão marxista, diríamos que John Stuart Mill não acredita que a infraestrutura econômica capitalista e, mais especialmente, liberal condicione a superestrutura ideológica e, nela, a filosofia. Não apostando, apesar disso, numa natureza humana imutável, Mill sabe que a psicologia, a etologia (o conceito está na sexta parte de seu *Sistema de lógica*, onde é definida como "ciência da formação do caráter") e a deontologia (no sentido de Bentham) vivem de maneira relativamente autônoma em relação aos modos de produção econômica.

159

SOCIALISMOS ATÓPICOS

Mill corrige os efeitos perversos da economia liberal com uma política *socialista*; Marx não quer reformar, mas revolucionar: propõe a abolição do capitalismo por uma sociedade *comunista*. No atrelamento Mill-Marx, dispomos de um dos primeiros pares reformador-revolucionário, sabendo que se pode reformar radicalmente, o que parece mais desejável do que revolucionar apenas a economia – que nunca é só economia! A História provou que uma revolução frequentemente produz mais injustiça do que elimina. Na opinião do comunista marxista, Mill é visto como inventor da social-democracia, epíteto infamante...

Ora, o socialismo individualista criado por Mill vai muito mais longe do que poderia levar a crer uma simples crítica descortês. *A liberdade* afirma que a época sofre de males perigosos: tirania da maioria, ditadura da opinião, unidimensionalidade fabricada pela economia, poder considerável da imprensa, poder da opinião pública, desenvolvimento dos meios de transporte... Sintomas claros para um diagnóstico justo – só para lembrar, essas constatações visionárias datam de 1859!

Para resistir a esse movimento de massa, Mill convida a multiplicar as belas individualidades, as singularidades rebeldes, as naturezas excepcionais; celebra a força da extravagância, a exemplaridade da existência atípica. O que diz Baudelaire, senão isso, quando, ao pintar seu retrato do dândi em *Pintor da vida moderna* (1863), revela seus quatro pontos cardeais: cultivar a ideia do belo na própria pessoa, satisfazer as paixões, sentir e pensar... Tudo num período em que o nivelamento é lei, no limiar da era das multidões, quando o espírito aristocrático (que nada tem a ver com a nobreza de sangue...) ainda lança seus últimos fogos antes do reinado absoluto do pensamento único.

20

Celebração do indivíduo. Pode-se entender que nos tempos genealógicos a sociedade, penando para se constituir, condene e alije os indivíduos rebeldes – principalmente porque o importante papel das individualidades fortes na constituição do grupo primitivo é então poderoso e determinante. Mas, constituída a comunidade, que razões a sociedade podia ter para perseguir ainda os espíritos fortes, os temperamentos notáveis? Nenhuma...
Por natureza, a sociedade quer a uniformidade, visa à fusão num grupo homogêneo que engula os particulares, alimente-se deles, digira-os e regurgite uma totalidade provida de virtudes novas – da tribo da aldeia primitiva às massas das nações industriais, passando pela aristocracia feudal medieval. Tribo, aristocracia, massas? Pouquíssimo para Mill, que não se submete à lei da era das multidões...
Mill quer um indivíduo totalmente livre, no limite em que sua liberdade não constitua prejuízo para outrem. Com o tempo, essa aspiração simples, clara e nítida parece ter-se tornado banal. O filósofo trabalha no ponto de junção entre direito do indivíduo a ser e a fazer e o dever em relação à sociedade; do mesmo modo, ele interroga as situações nas quais os direitos da sociedade sobre o indivíduo devem e podem ter prioridade. Marx não terá essa flexibilidade intelectual que caracteriza sem dificuldade o democrata real.

SOCIALISMOS ATÓPICOS

Mill defende liberdade total de consciência e expressão – e Marx? –, pois acredita que uma afirmação ou é verdadeira ou é falsa: se verdadeira, por que temer a publicidade? Se falsa, a discussão, a confrontação e o intercâmbio intelectual acabarão por estabelecer sua falsidade. Então, o que temer da liberdade de expressão? A proibição e a censura nunca são boas soluções. A manifestação pública da verdade, ao mesmo tempo que a do erro, acelera o progresso social, portanto a felicidade da maioria.

No mesmo estado de espírito, Mill defende a total liberdade de ação, mas também aí no limite em que não prejudique outrem. A intervenção só se legitima se for para impedir o desprazer alheio ou da sociedade. Mas, nesse caso específico, é preciso estar realmente certo de que de fato ocorreria desprazer caso não se agisse... Só o que gera desprazer individual e comunitário, dor, sofrimento, infelicidade e miséria autoriza a limitação do exercício da liberdade. Essa imensa amplitude em matéria de liberdade de pensamento, reflexão, publicação e ação fundamenta um comportamento que nos países anglo-saxônicos é chamado de "*liberal*" – mas a homofonia e o duplo sentido possibilitam e alimentam a confusão com o "liberal" da política partidária e prejudicam esse conceito definitivamente inutilizável em nosso continente...

21

Novas possibilidades de existência. Postos esses limites, *A liberdade* defende a invenção de novas possibilidades de existência: cada um dispõe de um direito absoluto a inventar sua vida, segundo modalidades

JOHN STUART MILL

de sua escolha. Mill afirma a utilidade das diferentes experiências no modo de viver. A uniformização dos comportamentos causa-lhe imenso desagrado, e o exemplo do contrato hedonista praticado no campo afetivo e amoroso com o casal Taylor durante vinte anos prova que o filósofo unia a prática à teoria. A invenção existencial produz felicidade pessoal, e, como tal, a coisa é defensável. Mas também é capaz de gerar felicidade para outros que não teriam pensado nessas possibilidades inéditas de existência. Vejamos um exemplo que prova de maneira clara como se articula a felicidade individual à felicidade coletiva e de que maneira o prazer de uns pode produzir o prazer de outros – elo que falta no pensamento benthamiano.

A importância dessas propostas existenciais está menos nos fatos e gestos induzidos do que no tipo de ser humano produzido. Mill reivindica "o ideal grego do desenvolvimento pessoal" que possibilita sensibilidades fortes, caracteres enérgicos, individualidades excêntricas, temperamentos originais, espíritos superiores, pessoas geniais. O que Mill quer para cada um? "A plenitude de vida em sua própria existência."

22

Limites à liberdade. Ao contrário de Bentham, que propõe sua visão de mundo com os homens tais quais deveriam ser e pan-optiza o homem tal qual ele é, Mill pensa para a humanidade real. Não ignora que alguns seres constituem aquilo que, na bela tradução antiga feita por Georges Tanesse de *Utilitarismo,* ele chama de "flagelos". O que é um flagelo?

163

SOCIALISMOS ATÓPICOS

Uma pessoa mais ou menos inapta a fazer parte da comunidade dos seres humanos. O que fazer com essa escória? Haverá algum meio de impedi-la de prejudicar? De que modo responder à sua nocividade? Como prevenir e curar?

A resposta a essa pergunta passa por uma reflexão sobre a justiça. Mill quer uma sociedade justa, punição justa, limitação justa à liberdade em caso de estrita necessidade de limitar seu uso, aspira ao reino da justiça e acredita ser necessário instalar estruturas capazes de trabalhar para o aumento da justiça. Ora, como definir essa bela noção? Justiça é utilidade social confundida com o maior prazer da maioria.

Dando as costas à liberdade dos liberais (que define a licença e a possibilidade de o forte estrangular o fraco, de o rico explorar o pobre, de a maioria sufocar a minoria), Mill cria máquinas de gerar justiça: escola, educação e pedagogia no terreno ético, mas também, com interconexão no campo político, instauração da democracia, sufrágio universal, poder do Estado de intervir na forma de regulamentações. Escola e Estado como instrumentos do utilitarismo milliano confundido com aquele famoso "socialismo moderado": navegamos a milhas da costa benthamiana...

Mill considera as desigualdades sociais tão injustas quanto "as aristocracias de cor, raça e sexo". O que se pode instaurar para lutar contra tudo isso? Reformas constitucionais, textos de lei, democracia realmente representativa, minorias oposicionistas dignamente representadas, sufrágio universal acompanhado por uma pedagogia do povo, direito de voto dado às mulheres, imprensa livre, publicações também livres, debates públicos, discussões públicas

JOHN STUART MILL

dessas questões. Caberá comparar com o programa de Marx?

23

Por um Estado controlador. O confisco de John Stuart Mill pelos liberais açucarados despreza as edições sucessivas dos *Princípios de economia política*, as correções e os adendos que dão conta da guinada à esquerda de seu pensamento – sob a influência da mulher, dizem as más-línguas. Mill defende o Estado controlador, o Estado-providência, o Estado protetor, o Estado social, o Estado que defende os fracos contra os fortes, os colonizados submetidos à lei dos colonizadores, as mulheres subjugadas pelo poder dos homens, os trabalhadores pressionados pelos capitalistas ociosos, os pobres depenados pelos agiotas.

O utilitarista quer a maior felicidade da maioria, trabalha pelo menor mal, pela maximização do gozo, pela minimização dos sofrimentos? Mill pede então que o Estado o ajude a realizar essas tarefas, pois o Estado utilitarista realiza o hedonismo no terreno político quando visa a um eudemonismo social ao qual os socialismos contemporâneos de Owen, Fourier ou Saint-Simon também contribuem, cada um em seu estilo.

Em *A liberdade*, Mill defende, portanto, impostos sobre produtos perigosos para a saúde – como o álcool –, sobre atividades dessocializantes – casas de jogos, por exemplo; legitima o poder controlador de indivíduos que tenham mandato do Estado para verificar se os profissionais que dispõem de poder sobre outrem o usam com justiça – princípio da inspeção do trabalho; defende para tanto um substan-

165

SOCIALISMOS ATÓPICOS

cial direito ao trabalho em condições de garantir a dignidade em oficinas, empresas, escritórios; faz questão absoluta de uma educação dada a todos, para ele condição do exercício do sufrágio universal; não confia a instrução a uma instância estatal cuja parcialidade e doutrinação se pudesse temer, mas a pessoas talentosas naquele campo; nessa perspectiva, abre o ensino a outros indivíduos além dos diplomados ou professores reconhecidos pela instituição; propõe ajudar as famílias em dificuldade para realizar essa tarefa – sistema de bolsas; aspira a exames de Estado para controlar o grau de aquisição dos conhecimentos. Mill liberal partidário do *laisser-faire*, do menor governo possível, do Estado mínimo? É bom acabar com essas caricaturas...

24

Um socialismo moderado? O utilitarista Mill não gosta da pobreza nem da miséria porque elas geram sofrimento e desprazer. A justiça social é desejável porque permite a diminuição da negatividade, portanto a expansão hedonista da maioria. Do mesmo modo, preocupado com a saúde pública, Mill acredita que se poderia debelar em grande parte as doenças pondo em ação um vasto projeto de profilaxia, prevenção, educação e higiene. Trabalhar para o progresso da ciência constitui uma atividade utilitarista da maior importância.

Nessa ordem de ideias, diante das infelicidades da época, Mill milita pelo controle da natalidade e pela contracepção, pois constatou que a pobreza afeta evidentemente de modo mais cruel as famílias pobres, as mais ricas em filhos. Ao se reduzir o número deles, aumenta-se a parcela de salário destinada ao sustento de cada um, o que não impede que ao mesmo tempo se garanta uma remuneração digna aos trabalhadores, para que eles possam atender corretamente às necessidades de sua progênie e se garanta emprego para todos. Dever do Estado. Em seu programa político, Mill deseja acabar com a ideia de que quem não trabalha não deveria ter comida, observando que os ociosos mais perigosos para a sociedade são menos os trabalhadores desempregados do que aqueles que vivem de renda e os proprietários agiotas. Se for para convir com a lógica (de direita) e com os argumentos que a fundamentam, cabe opor-lhe a seguinte ideia (de esquerda): os ricos que vivem da especulação na bolsa, que, portanto, não trabalham, também não deveriam ter direito à comida!

A oposição entre os ricos ociosos, que comem à farta e vivem no luxo, e os proletários extenuados de trabalho, que não dispõem do mínimo para sobreviver e, na maioria das vezes, deixam de fazer alguma refeição para alimentar os filhos, não satisfaz Mill, que se revolta com a injustiça social. Donde sua proposta de distribuir os lucros auferidos pelos capitalistas em instâncias sociais e políticas preocupadas com o interesse geral e o bem público, e depois distribuí-los também para o conjunto dos atores da produção, entre os quais, está claro, os trabalhadores. Em termos contemporâneos: impostos e participação, tão prezados pelo capitalismo popular gaullista...

Se ele defende o indivíduo, a propriedade privada, o liberalismo econômico, como se vê, também não deixa de pedir ao Estado e aos poderes públicos que ajam, no sentido utilitarista, para contribuir com

SOCIALISMOS ATÓPICOS

a justiça social ou até mesmo com o socialismo. Em *A liberdade* encontra-se assim um elogio à propriedade comum das matérias-primas do globo, em outras palavras, usando os termos de hoje, de uma nacionalização dos subsolos. Um liberal partidário da propriedade pública das riquezas geológicas, eis aí uma nova ocasião para um retrato inesperado e desmitologizado de John Stuart Mill!

Quando Mill fala de seu "socialismo moderado", será que devemos realmente acreditar no qualificativo "moderado"? Recapitulando: defesa de taxações e impostos; obrigatoriedade das famílias à instrução; pagamento de bolsas para lares em dificuldade; elevação dos salários mais baixos; direito ao trabalho e inspetores encarregados de fazê-lo respeitar; generalização do controle da natalidade; condenação da especulação; participação dos trabalhadores nos lucros; taxação dos lucros; nacionalização dos subsolos; mas também – chegamos lá –, direito de voto para as mulheres; sufrágio universal; paridade política; crítica ao sistema de colonização – ele toma partido dos revoltosos da Jamaica; censo eleitoral baseado na aptidão intelectual, e não mais na propriedade...

Estamos no segundo terço do século XIX, brutal, violento, impiedoso para a maioria da população: um milhão de pessoas morre de fome na Irlanda quando das más colheitas, apenas no período 1847--1848; seiscentos mil irlandeses emigram para a América: Mill propõe transformar as terras devolutas em propriedades cedidas aos camponeses que estão morrendo de fome. Owen dedica as primeiras páginas de sua *New View of Society* (1813-1816) à citação da lei sobre o recenseamento, segundo a qual três quartos (ou seja, quinze milhões de pessoas) da população das ilhas britânicas vivem na pobreza. Ao contrário de Bentham, Mill não propõe pan-optizar todo o mundo, mas quer um socialismo cujo desenvolvimento se estenderia no tempo e seria mantido por uma ampla iniciativa de educação popular. Se é possível dizer que ele é moderado, isso ocorre no método.

25

Uma vida socialista. Mill não se limitou a falar à esquerda; também pôs a mão na massa ao militar pelas causas nas quais acreditava, especialmente o feminismo, mas também ao se tornar deputado. Eleito deputado de Westminster em 1867, deseja antes de ser eleito que as campanhas legislativas sejam de responsabilidade do Estado ou das coletividades locais para que todos, inclusive os operários, possam concorrer aos sufrágios. Aos operários, justamente, ele concede, caso desejem, uma edição barata de seus livros e renuncia aos direitos autorais de alguns deles, obras capazes de esclarecer a classe operária: *Princípios de economia política, A liberdade* e *Considerations on Representative Government* [*Considerações sobre o governo representativo*].

Como defende na Câmara dos Comuns as ideias que professa na oposição, em seus artigos, em seus livros ou nas reuniões públicas pré-eleitorais, em outras palavras, como é coerente, sincero e honesto em política, Mill não é reeleito nas eleições seguintes. Apesar das numerosas solicitações de amigos, ele não volta ao combate e retorna feliz ao sol de Avignon, onde estão o túmulo da mulher de sua vida, seus livros, a escrita e a herborização à qual se dedica.

SOCIALISMOS ATÓPICOS

John Stuart Mill viveu também uma verdadeira vida socialista com a esposa amada, adorada, a única mulher de toda uma vida, com a qual pensou, escreveu, amou, provavelmente sofreu, aquela que foi sua musa, confidente, cúmplice intelectual, companheira de estrada, iniciadora em caminhos inéditos. Com ela ele preparou *Sujeição das mulheres*, livro magnífico sobre a triste condição do pretenso segundo sexo e a necessidade de revolucionar sua situação.

A constatação é impiedosa, mas justa: as mulheres vivem um real estado de escravidão, principalmente porque, ao contrário dos escravos das plantações, elas não dispõem de tempo de descanso, pois sua servidão dura vinte e quatro horas por dia, noite e dia, e a vida inteira; servidão sexual, doméstica, familiar; servidão de esposa e mãe de família; servidão política, pois lhes é recusado o status de cidadãs; servidão social, quando elas são privadas de empregos dignos, impedidas de participar na competição intelectual; servidão intelectual, porque, privadas de escolaridade, educação e cultura, evoluem entre a total incultura dos iletrados e a cultura repetitiva mundana, o que, de fato, lhes obsta qualquer atividade criativa... Estamos em 1869 (o livro foi escrito em 1861), mas ainda hoje *Sujeição das mulheres* continua sendo uma obra atual para bilhões de mulheres...

Os homens tornam as mulheres tolas e depois censuram sua tolice. Alguns, Auguste Comte em primeiro lugar, proferem até o lamentável argumento de que o cérebro delas seria menor que o dos homens, provando com isso que o encéfalo do fundador do positivismo, embora saturado de hormônios masculinos, não deixa de estar cheio de asneiras! O prazer delas fica sempre para depois: depois do marido, do esposo, das crianças, das tarefas domésticas, dos deveres sociais, da tirania da reputação burguesa, das conveniências.

Mill quer igualdade total, absoluta, integral das mulheres em tudo e por tudo: o que é concedido a um sexo deve ser concedido ao outro. As mulheres devem e podem governar, ser eleitas, representar homens, ter acesso a todas as profissões, dispor de todas as formações intelectuais, culturais, espirituais. O elogio que ele faz às individualidades extravagantes não exclui as mulheres, ao contrário: Mill vê no advento desse progresso para a humanidade, que é a igualdade entre os sexos, uma oportunidade de acelerar o reinado da justiça...

Algum tempo antes de se casar com Harriet, ele lhe escreveu uma carta, comprometendo-se a, apesar da união dos dois, nunca usar os pretensos "direitos" que a instituição lhe possibilitava, a saber, a dominação da companheira. E, indo além da formalidade, a isso ele acrescentava que a esposa teria o gozo integral de seus direitos anteriores ao contrato: em especial o de agir e dispor de si mesma como se nunca tivesse havido matrimônio. O contrato hedonista e utilitarista foi respeitado ao pé da letra. Harriet e John Stuart viveram como românticos felizes – oximoro das belas promessas...

II
ROBERT OWEN
e "a felicidade progressista"

1

Criança autodidata. Os filósofos que agem como homens de pensamento e pensam como homens de ação (segundo adágio de Bergson) não são muito numerosos na história das ideias. Com razão: suas ações raramente extrapolam os míseros limites de seus escritoriozinhos, o que os obriga a arquitetar um mundo num quarto, a fazer revoluções em vinte metros quadrados, ou a elaborar cosmogonias em trinta metros cúbicos de ar viciado, e Karl Marx não escapará a essa regra...

Por isso o destino, a vida e a obra, o trajeto intelectual, ideológico e político de Robert Owen merecem interesse. Pois esse homem foi um empreendedor genial, ator do capitalismo paternalista, um dos primeiros pensadores do socialismo, se não o primeiro, ativista das comunidades utopistas, inventor de microssociedades comunistas construídas para resistir

SOCIALISMOS ATÓPICOS

à violência do liberalismo da revolução industrial ou eliminar a pauperização que ele deplorava.

Sexto filho entre sete irmãos, Robert Owen nasce em New Town, norte do País de Gales, em 14 de maio de 1771, ano em que Diderot começa a redação de *Jacques le Fataliste* [*Jacques, o fatalista*]. O pai exerce funções de seleiro, ferreiro, ferrageiro e agente de correios. A mãe cuida da casa. Na escola, Owen mostra-se tão brilhante, que se torna assistente do professor. Esperto e intelectualmente vivo, retruca a três velhas metodistas que tentam convertê-lo, escrevendo três pequenos sermões sobre as religiões: o menino de oito anos conclui pela vacuidade das religiões ao considerar numerosíssimas contradições presentes no texto bíblico. Durante toda a vida, Owen mostra-se feroz oponente das religiões, ao mesmo tempo que defende um deísmo moderado, vagamente agnóstico, lúcido acerca dos limites e da impotência da razão para demonstrar a existência ou a inexistência de Deus.

Com nove anos sai da escola e trabalha durante um ano com um merceeiro. A sequência de sua formação escapa à configuração escolar e decorre de um trabalho de autodidata assíduo. No ano seguinte, sai desse emprego e vai para Londres trabalhar com o irmão seleiro. Registra seus comentários de leituras num caderninho que ele não larga. Entre as obras lidas, grande número de filósofos antigos. Assunto predileto? Religiões.

Trabalhando numa loja de tecidos, jovem ainda, já tem intuições sobre sua obra futura. Especialmente sobre o livre-arbítrio. Considera errôneas todas as religiões que acreditam na existência deste e, paralelamente, defende a ideia de que a sociedade, a

174

educação, as circunstâncias, as influências determinam a identidade do ser. A partir dessa tese, Owen constrói um profundo sistema de reforma social destinado a produzir um homem novo – ideia central no pensamento socialista e comunista.

2

Empreendedor prodigioso. Com dezoito anos pede dinheiro emprestado, encontra sócios e monta uma fiação com três empregados. Para reunir fundos, subloca seu apartamento. Dois anos depois, entra numa empresa de quinhentas pessoas. Seu talento faz maravilhas, ele melhora a qualidade dos teares, aumenta a produtividade, produz um fio de excelente qualidade que é vendido muito mais caro que o dos concorrentes. Seu patrão aumenta seu salário, propõe-lhe uma sociedade com a qual ele concorda.

Owen não fica muito tempo nessa situação. É claro, continua na fiação, mas, naquela idade, depois de ter passado pela criação de uma empresa, pela direção de uma grande manufatura e pela melhoria técnica dos teares, deseja outra coisa. Em 1794, recupera a liberdade, cria uma nova fiação, associa-se com duas pessoas e passa a ser o melhor no segmento.

Com vinte e seis anos, conhece Anna Caroline Dale durante uma viagem de negócios a Glasgow. O pai dessa moça possui a maior fiação de New Lanark. Acessoriamente, o velho é também banqueiro e pregador... Pedido de casamento, tergiversações da família da moça, depois aceitação: Owen compra a empresa do sogro e está à testa de uma das maiores fábricas inglesas da época. Estamos em 1800, ele ainda não tem trinta anos.

SOCIALISMOS ATÓPICOS

Robert Owen aspira a fazer de New Lanark um modelo econômico e social. Nessa perspectiva, ao contrário do que fazem os defensores do cinismo liberal da época, decide trabalhar sem explorar os operários, suas mulheres e seus filhos, mas transformando cada um deles em parceiro associado ao bom andamento da empresa. Em termos contemporâneos, digamos que ele inventa os círculos de controle da qualidade! Vários comentadores baseiam-se em algumas formulações de sua obra, *A New View of Society, or, Essays on the Principle of the Formation of the Human Character and the Application of the Principle to Pratice* [Uma nova visão da sociedade ou Ensaio sobre o princípio da formação do caráter humano e sobre a aplicação do princípio à prática] (1813-1816) para denegrir sua pessoa e, por tabela, afetar sua empreitada humana.

De fato, encontram-se nos escritos de Owen expressões duvidosas para qualificar os operários: "minhas máquinas vivas", "máquinas de carne e osso", "instrumentos vivos" ou "instrumentos humanos"... Na verdade, as palavras chocam quando fora do contexto militante no qual se encontram. Pois Owen dirige-se a patrões, gente do clero, poderosos, governantes, que ele deseja trazer para a sua causa. Ora, esses interlocutores têm menos facilidade para entender a linguagem filantrópica do que a empresarial!

Pode-se dizer metaforicamente que a manufatura é uma máquina cujas engrenagens são constituídas pelos trabalhadores: se um setor da máquina trava, o conjunto patina, desacelera, para. Em compensação, se tudo está corretamente ajustado e lubrificado, o mecanismo funciona a pleno vapor e aumenta o desempenho... As palavras de Owen devem ser li-

176

das em relação com sua prática proletarista. Suas *ações* relativas aos empregados expressam a humanidade de seu projeto; suas *palavras* destinadas a obter alianças e apoios e a granjear subsídios utilizam expressões do adversário que deve ser convencido, para obter o que ele quer com mais segurança.

3

Capitalista paternalista. Na época, Owen lança as bases de um pensamento que evolui para o socialismo e depois para o comunismo. Por enquanto, ele humaniza e melhora o capitalismo, sem questioná-lo. No âmbito da propriedade privada, Owen representa a atitude filantrópica que, como frequentemente se esquece, constitui uma das fontes do socialismo. Na época, ignora-se a revolução proletária, e o reformismo radical representa um incontestável progresso em relação à brutalidade liberal do momento.

Seu talento na manufatura de algodão de New Lanark gera imensos ganhos. Owen investe em instrumentos de produção, evidentemente, mas também na melhoria das condições de trabalho e vida do pessoal, inclusive mulheres e crianças. Alojamento, higiene, saúde, educação, alimentação e jornada de trabalho tornam-se suas preocupações prioritárias.

Como homem moderno e liberal, ele trabalha com base na divisão das tarefas da manufatura para reduzir perdas de energia e concentrar a força de trabalho na produção. Obtido o ganho de produtividade, Owen elimina o trabalho das crianças com menos de dez anos. A jornada de trabalho diária é fixada em dez horas e quarenta e cinco minutos. Owen quer instruir e educar as crianças para que

SOCIALISMOS ATÓPICOS

nenhuma delas chegue ao mercado de trabalho sem saber ler, escrever e contar.

Evidentemente, pode-se achar que a proposta é moderada, mas, na época, crianças de seis anos eram mandadas às minas para cumprirem jornadas de trabalho que ultrapassavam quatorze horas. Basta ler ou reler *Promenades dans Londres* de Flora Tristan... Owen queria retardar mais o ingresso das crianças no mercado de trabalho mas, nesse campo como em tantos outros, seus sócios lhe infernizavam a vida, opondo-se aos seus projetos em nome da rentabilidade e depois da competitividade nacional e internacional... Owen mais de uma vez teria radicalizado suas experiências políticas se os parceiros financeiros não o tivessem impedido.

Quando não obtém apoio dos sócios, Owen recorre aos empregados da empresa. No conjunto do pessoal, separa os indivíduos rústicos e primitivos, alcoólatras ou violentos, retardados ou vingativos, para escolher alguns que considera mais esclarecidos. Informa-lhes seus projetos filantrópicos. Depois lhes pede que sirvam de intermediários com a massa, prefigurando assim o princípio de uma vanguarda esclarecida a serviço de um projeto reformista radical.

Depois de reorganizar a produção, aumentando o desempenho de cada um dos postos, Owen tira as crianças do circuito da manufatura para colocá-las em escolas criadas por sua iniciativa. Nesses ambientes pedagógicos, é ativado o princípio libertário que exclui a memória, aposta no jogo e na dimensão lúdica da aprendizagem, impede a brutalidade, os maus-tratos físicos, estimula alegremente o corpo e a inteligência. Os educadores ensinam a fazer ao outro o que gostaríamos que ele nos fizesse. Nesse dispositivo pedagógico revolucionário, a educação religiosa não tem lugar... Owen aspira à criação de um "automatismo do bem" nas crianças.

Em 1806, os Estados Unidos retém o algodão, impedindo a sua partida para os portos ingleses. Com esse boicote econômico, protestam contra as posições diplomáticas da Inglaterra, contrárias a seus interesses. A maioria dos patrões ingleses despede os empregados. Robert Owen recusa-se a adotar essa solução e continua pagando os operários, que se ocupam na manutenção dos teares da manufatura. O embargo dura quatro meses. O patrão filantropo paga integralmente os salários durante o tempo do litígio. Ao cabo dessas semanas, Owen angariou reputação de ouro entre os empregados.

Durante esse duro período, os trabalhadores de New Lanark obtêm mercadorias de primeira necessidade, mas também roupas, nas mercearias e nos armazéns construídos por Owen. Os produtos comprados em grande quantidade são vendidos a preço de custo. Os operários podem então alimentar-se e vestir-se sem gastarem a maior parte de seu salário – mais alto do que em outros lugares. A jornada de trabalho caiu para dez horas e trinta minutos, com pausas regulares. Tratamento médico é de graça.

4

O "monitor silencioso". O lado paternalista desse capitalismo não deve levar a esquecer sua dimensão capitalista... Além de recorrer a um uso eficiente da divisão do trabalho, Owen estabelece uma disciplina interna que maximiza a produtividade. Devemos lembrar que os ganhos obtidos dessa maneira contri-

SOCIALISMOS ATÓPICOS

buem para a melhoria da condição operária. Owen, que muitas vezes se encontra de posse de uma imensa fortuna, nunca a usa para si, preferindo investir, quando não empatar, a totalidade desses valores nos projetos humanitários. Contra a luta de classes, real, efetiva, é verdade, mas não ainda formulada, portanto não percebida por todos; contra a revolução proletária, ainda no limbo conceitual, é evidente, mas visceralmente sentida por alguns; contra a violência do capitalismo em sua fórmula liberal, Robert Owen propõe, portanto, um dispositivo de colaboração de classes, um reformismo radical e um capitalismo paternalista humanista.

Sua disciplina empresarial inclui a invenção do "monitor silencioso". O que é isso? Trata-se de um pedaço de madeira de quatro lados, cada um com um número e uma cor, que possibilita julgar o comportamento de cada um em seu posto de trabalho. Ruim, indiferente, bom ou excelente, preto, azul, amarelo, branco, um, dois, três, quatro, e cada um está julgado, avaliado, apreciado diariamente por um tipo de contramestre. O pedaço de madeira fica pendurado ao lado do operário. O total de suas notas é consignado num registro que é trocado a cada seis meses. Desse modo tenta-se corrigir os mais insociáveis e violentos, e os mais improdutivos também. Owen nunca dissocia a dimensão política de sua correlação ética ao visar o progresso moral dos indivíduos.

Os lucros da empresa superam os dos concorrentes. Robert Owen acelera seu processo de reforma. Seus sócios resistem, gostariam de uma distribuição menos filantrópica dos lucros. Recusam a lógica reformista, e a resistência deles põe em jogo a própria existência da empresa. Há ameaça de recompra. Os operários levam ao conhecimento dos votantes que, em caso de saída obrigatória de Robert Owen, todos pediriam demissão unanimemente. Mudança da maioria, saída dos antigos sócios, entrada de novos sócios, Owen é levado de volta à direção da New Lanark; os empregados da manufatura garantem-lhe um triunfo. Na lista dos novos sócios é notável a presença de certo Jeremy Bentham...

5

Invenção do socialismo. Em 1813, Robert Owen publica *A New View of Society, or, Essays on the Principle of the Formation of the Human Character and the Application of the Principle to Pratice.* Sucesso imediato e europeu... Essa obra teoriza a prática de New Lanark. Longe das considerações teóricas de pensadores desligados do mundo, inaptos para a realidade, que pensam em gabinete, Owen expõe os resultados obtidos experimentalmente, em campo, em suas manufaturas e com um sucesso verificável *in loco.*

Todos correm a visitar New Lanark; veem oficinas, operários em seus teares, escolas, alunos nas classes, pátios de recreio e exercícios físicos dirigidos por educadores; descobrem serviços médicos e de enfermagem; e entram nos comércios e na mercearia social. Milhares de pessoas de todas as condições vão até lá, mas também os poderosos da época, os políticos, entre os quais o czar Nicolau, príncipes, embaixadores que lá foram para relatar a experiência a seus governos, bispos, nobres. Napoleão teria tomado conhecimento do texto na ilha de Elba, dando a

SOCIALISMOS ATÓPICOS

conhecer que estava pensando em basear nele o seu programa político em caso de retorno às atividades. Apesar disso, ao que se sabe, os Cem Dias não *foram* owenianos! *A New View of Society* (1813) é considerada a primeira manifestação teórica do pensamento socialista. De fato, algumas ideias importantes dessa corrente de pensamento são ali encontradas: o caráter e o temperamento dos pobres não provêm de uma natureza corrompida, mas de uma cultura inadequada, de uma sociedade injusta, iníqua, passível de reforma; a mudança de uma sociedade produz a mudança dos indivíduos que a constituem; os homens não são responsáveis por aquilo que são e fazem, o que deve ser atribuído à sociedade; os ricos e poderosos são culpados do estado de coisas, pois dispõem de meios para acabar com essa realidade que eles mantêm para seu benefício pessoal; a reforma virá de cima, e não do povo: donde uma militância em direção aos poderosos e grandes deste mundo para tentar convencê-los da legitimidade das ideias novas; crime, miséria, prostituição, alcoolismo e outros flagelos produzidos pelas condições deste velho mundo podem desaparecer se for feito o necessário: prevenção, educação, instrução, melhoria das condições de trabalho e existência.

6

Um "sistema da felicidade". A obra propõe um "sistema da felicidade", em outras palavras, "felicidade da sociedade". Diametralmente oposto aos liberais, o pensador socialista não propõe a riqueza como um fim em si. Qual é o soberano bem de sua ética e

ROBERT OWEN

de sua política? "A felicidade da maioria"... Owen apresenta o roteiro: eliminar o jogo, o álcool, legislando contra eles, tornando desejável um mundo do qual não gostariam de fugir as vítimas que se dedicam às cartas ou à bebida; dar trabalho a todos, em outras palavras, dar-lhes os meios de dignidade que a caridade cristã impede, pois avilta e humilha; tornar esse trabalho menos penoso, trabalhar pelo seu abrandamento, pois ele é necessário e indispensável; empreender grandes projetos nacionais que permitam aos trabalhadores viver honestamente. A Revolução de 1848 na França se lembrará disso!

Em 1815, Owen trabalha num projeto de reforma da legislação protetora do trabalho. Segundo sua feliz expressão, ele combate "a escravidão branca". Defende suas teses perante os patrões e os chefes, aos quais explica que a melhoria das condições de trabalho, se não justificada por razões filantrópicas, pode pelo menos ser defendida em vista de considerações econômicas cínicas: um operário cujas condições de trabalho são melhoradas aumenta sua produtividade e, portanto, aumenta os lucros da empresa.

Extrapolando os sucessos de New Lanark para a totalidade de seu país, Owen deseja a aprovação no Parlamento de leis sobre o trabalho das crianças, a jornada de trabalho e a criação de cargos de inspetores do trabalho que cuidariam da boa aplicação dessas disposições legais *in loco*. Durante quatro anos, defende essas ideias, milita, faz debates em reuniões, brochuras e publicações, enfrenta a hostilidade declarada de patrões, diretores, empregadores, contramestres, chefes de oficinas. O pastor da aldeia de New Lanark também faz tudo o que é

SOCIALISMOS ATÓPICOS

necessário para prejudicá-lo – movido pelo amor ao próximo!

Os argumentos dos oponentes à humanização das condições de trabalho são os mesmos desde aquela época: a redução do tempo de trabalho aumenta a vadiagem, amolece, tira a coragem, alimenta a preguiça; trabalhando menos, ganha-se menos, portanto aumenta-se a pobreza dos pobres, logo, seus vícios, logo, a delinquência; além do mais, os operários farão mau uso desse tempo livre (jogo, bebida, prostituição): vão entregar-se cada vez mais ao vício e ao crime; trabalhando menos, produz-se menos, e a partir daí fica-se menos competitivo no âmbito nacional e internacional; tirando as crianças das manufaturas para ensiná-las na escola, fere-se a autoridade paterna... A boa e sã concorrência, tão prezada pelos liberais, impede essas fantasias: portanto, é melhor adiar essas fantasias, cantam em coro, ontem como hoje, os defensores do livre mercado!

Sabotado, mutilado pelas pressões de todos esses adversários obstinados, que têm representantes na Câmara dos Comuns, seu projeto de lei chega finalmente à assembleia. Robert Owen não o reconhece. A votação sanciona um substitutivo de suas teses. O patrão filantrópico triunfa pelo menos num campo nada desprezível: a partir daí já não é possível excluir o governo e o Estado da intervenção nos assuntos empresariais. A doutrina do *"laisser-faire"*, tão cara aos liberais, foi minada...

7

O empresário da utopia. Em 1825, depois de um quarto de século de bons e leais serviços, Robert

ROBERT OWEN

Owen deixa de dirigir a New Lanark. O patrão de esquerda, o filantropo socialista está com cinquenta e quatro anos, para ele momento de superar o capitalismo paternalista de New Lanark com novas aventuras que inflectem seu socialismo para uma direção comunista, surgindo as primeiras comunidades realmente implantadas.

Owen acumulou uma fortuna com New Lanark. Essa soma não serve ao seu gozo egoísta, pois ele aplica seus bens numa nova aventura política. Esta lhe possibilita, sempre dentro do âmbito capitalista, que ele não questiona, criar alternativas ao mundo liberal, enquanto se espera que, por capilaridade, o universo inteiro se converta à harmonia por imitação e replicação do exemplo. (Esse método logo influenciará Charles Fourier.) Em Orbiston (Indiana), Estados Unidos, Owen compra uma aldeia de comunistas religiosos e lá assenta as bases da "Nova Harmonia".

Sem distinção de qualidades ou motivações, a comunidade acolhe qualquer pessoa que se apresente. Acorre uma verdadeira fauna, que se soma aos oitocentos protestantes já lá instalados: intelectuais curiosos, oportunistas preguiçosos, aventureiros querendo se acomodar, cínicos especuladores, exaltados líricos e milenaristas, inflamados de todos os tipos, delinquentes relacionais, mulheres fáceis...

Durante os três primeiros anos, Owen arroga-se plenos poderes para lançar o movimento. Depois volta para a Inglaterra. Mas a comunidade é um fracasso completo. Quem preferiria trabalhar quando não é obrigado por ninguém e pode passar os dias dançando com beldades ociosas na sala de descanso? Que intelectual pegaria o forcado, a enxada e a pá para colaborar nos trabalhos do jardim, das plantações e

185

SOCIALISMOS ATÓPICOS

do pomar quando não é convidado a isso e ninguém o repreende por ficar sentado na espreguiçadeira? Os que trabalham e garantem a subsistência da totalidade dos parasitas reclamam, depois se rebelam. Brigas, facções, rachas, dissidências: as habituais questões de poder destroem o grupo. Em menos de dois anos as sete constituições promulgadas por Owen já não bastam para manter a comunidade viva: ela se dissolve na primavera de 1829. Sempre otimista, Owen procura outro lugar, especialmente no Texas e depois no México, para estabelecer uma nova comunidade... Em vão.

Uma nova aventura efêmera ocorre em Queenwood (Surrey) em 1840. Owen tem sessenta e nove anos e torna-se governador da nova comunidade. Mais uma vez, o fracasso o espreita. Posto em minoria pelos próprios owenistas, Robert Owen volta para os Estados Unidos para encontrar os filhos. Dissolução de Queenwood, litígios judiciais sobre os haveres ainda em caixa. Escarmentado, Owen nunca mais voltou a cuidar das comunidades montadas com base em seu pensamento. O resto da vida ele dedicou ao proselitismo verbal: conferências, debates, brochuras, publicações, congressos, cartazes, livros, alocuções; ele não recua diante de nada para tentar atrair algum grande homem capaz de levar a bom termo a sua obra.

No fim da existência, Owen reforça as fileiras messiânicas que obcecam o século. Grande número de reformadores, a começar por Saint-Simon e seus discípulos Enfantin e Bazard, ou até mesmo Auguste Comte, não recua diante da fórmula político-religiosa de seus projetos. Owen não escapa a essa maneira muito oitocentista de convocar um novo milênio, de

ROBERT OWEN

apelar para um tipo de apocalipse. Aguarda o segundo advento do messias, fala da Jerusalém universal, afirma a existência de forças espirituais que irrigam e guiam os poderosos deste mundo... Em sessões espíritas ele faz indagações à alma dos grandes homens mortos, acerca de seus projetos. Owen passou dos oitenta e cinco anos, e uma coisa talvez explique a outra... Suas últimas forças são postas na redação de uma autobiografia (*Life of Robert Owen Written by himself*). Esta é publicada, inacabada, no ano seguinte à sua morte, que ocorre em 17 de novembro de 1858. Tinha oitenta e sete anos.

8

Façamos tábua rasa. Owen, portanto, atravessou um amplo espectro político que o levou do capitalismo paternalista às comunidades utopistas comunistas, passando pelo desejo de uma "República universal". Mas, naquela época em que socialismo, comunismo, anarquismo não têm nenhuma definição precisa e ainda não englobam nada distinto, existe nele um tropismo libertário que não poupa nada do velho mundo capitalista liberal e judaico-cristão.

Voltemos àquela "República universal" comunista cujos detalhes estão em *The Revolution in the Mind and Practice of the Humain Race* [A revolução na mente e na prática da raça humana] (1849): Owen deseja realizar uma modalidade agrária do comunismo, a começar por medidas transitórias e continuando por patamares, de maneira dialética. Na origem, Owen encarrega homens de elite de esclarecer os governos instalados, sobretudo seus dirigentes, para convencê-los pacificamente e levá-los progressiva-

187

SOCIALISMOS ATÓPICOS

mente a aderir à sua causa. Em seguida, um exército de operários formados nos novos princípios realiza um trabalho de persuasão do mesmo tipo. As ideias? Nacionalização progressiva do solo; divisão igualitária dos bens; educação comunitária das crianças; divisão do território em comunas rurais de superfícies equivalentes; reapropriação comunal da terra; federação das referidas comunas e, de fato, expansão da realidade comunista para a totalidade do planeta; assim está desenhado um objetivo claro: desaparecimento dos governos em proveito da autonomização da produção.

William Godwin e Robert Owen estavam em contato e compartilhavam o mesmo interesse por um novo mundo. O segundo vai mais longe que o primeiro, sem dúvida, agindo realmente no mundo concreto do trabalho ou criando comunidades comunistas, mas também pensando seu projeto nos pormenores da realização. Owen, por exemplo, pensa em dar forma arquitetônica a essa utopia. A célula de base, comuna agrária e comunista, exige uma realização de pedra que proponha o antídoto ao pan-óptico.

Owen desenha as construções, pensa na sua disposição no espaço, evita pátios, corredores, ruelas, opta por volumes simples, cubos e paralelepípedos, instala sua cidade bem no meio do campo para evitar a proliferação das megalópoles, e não se esquece de nenhuma construção atinente ao cotidiano do utopista de base: cozinha e refeitório, chuveiros e dormitório coletivo, enfermaria e hospital, locais de culto e espaços de lazer, jardins e oficinas, alojamentos para estrangeiros e construções para os harmonianos... As fazendas autogeridas não ficam longe dos pastos, o que não exclui duas ou três construçoes industriais. (Daí também Charles Fourier extrairá lições...)

Imagina-se que a transição do velho mundo ao novo levará consigo todas as escórias de uma humanidade corrompida. Nesse exercício de limpeza dos parasitas do mundo anterior, Robert Owen estabelece uma lista frequentemente encontrada nos seus textos. Ela é jubilatória e mostra incontestavelmente seu ardor perante esse famoso tropismo libertário. O que se encontra na lista dos indesejáveis e na lista das "instituições satânicas" – segundo sua própria expressão? Indesejáveis: padres, advogados, magistrados, militares, políticos, notários, religião, leis, casamento, propriedade privada. Instituições: liberalismo, mercado a ditar a lei, ouro, dinheiro e todos os materiais úteis à especulação. Coisas que de fato tornam difíceis ou mesmo improváveis as adesões de imperadores e príncipes, bispos e czares, estadistas e capitães da indústria!

9

Flagelo liberal. Por conhecer muito bem seus confrades donos de manufaturas e por ter visto de perto essa engrenagem e seu funcionamento, a voz de Robert Owen pesa quando ele declara que o liberalismo é um dos maiores flagelos do mundo... Pois esse antiliberal sabe do que está falando. Owen visitou prisões e, tal como Flora Tristan, que ele aliás conheceu, constatou que lá se encontram essencialmente miseráveis sem trabalho, sem dinheiro, carentes, pobres de tudo, mulheres obrigadas a vender o corpo por falta de trabalho, crianças forçadas à mendicidade, ao roubo ou, também, à prostituição,

SOCIALISMOS ATÓPICOS

apenas para obter uma refeição por dia. Nas situações em que Bentham não se comove e pensa na multiplicação de prisões pan-ópticas modernas para punir essa população obrigada a recorrer àquilo que a lei proíbe, Owen não propõe mudar os homens para que eles se adaptem a uma sociedade na qual não se deveria tocar, mas, ao contrário, propõe mudar a sociedade para que nela os homens se sintam melhor, se sintam bem e encontrem um lugar digno. Os prisioneiros, fruto do sistema social, não são testemunhos da necessidade de correção das vítimas, mas sim do sistema social. Cabe modificá-lo.

Em várias ocasiões Owen mostra animosidade em relação aos ricos. Ainda não estamos na terminologia marxista que logo oporá os "burgueses", conceito que define qualquer um que possua meios de produção, aos "proletários", que, ao contrário, indicará qualquer pessoa que não os possua. Owen fala simplesmente de "ricos" e "pobres", depois afirma francamente detestar os primeiros, desejar justiça para os segundos, declarando a responsabilidade de uns (os que têm) pela situação dos outros (os que não têm nada).

Quando um liberal pensa a riqueza como algo bom em si, Owen expressa dúvidas. Ao contrário, acredita que a imensa riqueza gera tirania, injustiça e presunção. Por outro lado, percebe intuitivamente a lógica da pauperização: aumento da riqueza dos ricos e diminuição de seu número, simultaneamente ao aumento da pobreza dos pobres e ao aumento de seu número. Por conseguinte, existe evidente relação de causa e efeito entre a riqueza dos abonados e a pobreza dos miseráveis, sendo a primeira causadora da segunda. Owen conhece o mecanismo espo-

ROBERT OWEN

liador da constituição das fortunas: os lucros são obtidos à custa dos trabalhadores, cujo trabalho é explorado. Por outro lado, os ricos dilapidam o dinheiro e desperdiçam o produto de seu roubo legal. Proudhon não dirá outra coisa quando escrever: "propriedade é roubo"... Owen conclui: nenhum rico pode ser justo ou bom. As coisas têm o mérito de serem ditas claramente...

10

Abolir a propriedade privada. Coerente com suas análises, Owen propõe a abolição dos três pilares do antigo mundo: propriedade privada, religião e casamento. No primeiro quartel do século XIX, essa declaração de guerra cai como uma bomba! Essas teses atravessam o século, irrigando com sucesso os pensamentos socialistas. Pensemos no *Nouveau Monde amoureuse* [*Novo mundo amoroso*] de Fourier, em *O que é a propriedade?* de Proudhon, em *A origem da família, da propriedade privada e do Estado* de Engels ou no *Capital* de Marx...

Seu projeto de "novo mundo" está aliado ao ódio pelos políticos instalados no poder. A riqueza gera a ociosidade de indivíduos medíocres que ingressam na política partidária. Não precisando ganhar a vida, não sabendo o que fazer dos seus dias, essas pessoas vis candidatam-se ao sufrágio dos eleitores e, por meio do jogo da mecânica representativa, acabam nos assentos da assembleia nacional. A partir daí, os ociosos passam a urdir leis que lhes possibilitem continuar pilhando legalmente os pobres desvalidos que eles exploram, acorrentados a seus postos de trabalho nas manufaturas. Dois ou três indivíduos

SOCIALISMOS ATÓPICOS

dessa laia brigam como trapeiros para conseguirem chegar à cúpula do Estado, onde a prática delinquente é possibilitada num terreno de grandes dimensões e com toda a impunidade. Para acabar com o pessoal político corrompido proveniente da classe dos ricos, o objetivo é claro: abolir a propriedade privada. A sétima das dez *Lectures on the Marriages of the Priesthood of the Old Immoral World* [Conferências sobre os casamentos religiosos no velho mundo imoral] (1835) expressa tais coisas sem rodeios: devemos acabar com a lei do mercado, a livre concorrência generalizada, o reino do dinheiro, a religião do bezerro de ouro; devemos opor a isso uma nova política baseada na equidade, na justiça, no compartilhamento. O objetivo continua sendo "a maior felicidade para a maioria", fórmula utilitarista explicitamente consignada por escrito já em 1803 em *A New View of Society*.

11

Eliminar a religião. Segundo pilar que deve ser derrubado: religião. Como deísta emblemático, Owen defende um Deus de físico ou naturalista: chama de Deus uma força superior e organizadora do mundo. Mas em caso algum o socialista adere à ficção dos teólogos. Portanto, erroneamente Owen é arrolado com frequência entre os ateus. Desde os primeiros tempos, em que o menino de dez anos aponta as contradições e conclui pela falsidade das religiões, até o quase nonagenário, que recusa a assistência de um padre nos últimos momentos, Owen expressa seu desprezo por todas as construções clericais do monoteísmo cristão.

192

ROBERT OWEN

Robert Dale Owen, seu filho, conta um caso em sua autobiografia *Threading My Way*. O jovem interroga o pai sobre Jesus, que lhe é apresentado pela mãe, muito religiosa, como modelo. Segue-se uma pergunta sobre a relação de Cristo com Deus: o primeiro é realmente filho do segundo, como ensina a mãe? Owen-pai responde que milhões de muçulmanos não creem nisso, embora também rezem para um único Deus. "Em cada doze pessoas mais ou menos, há uma única protestante", diz o pai. "Você acha mesmo que esse aí tem razão, e os outros onze estão errados?" Lição de relativismo histórico e de liberdade filosófica...

Como filho do século das Luzes, Owen não se recusa a designar como "Deus" a causa do mundo, mas recusa as religiões por causa do poder que elas conferem sobre os homens e o mundo. Uma "religião racional" que ensinasse os princípios éticos de Cristo (amor ao próximo, bondade, divisão dos bens, caridade, perdão, mansidão etc.) não mereceria a ira que, em compensação, deve ser reservada à religião cristã, pois ela obscurece tudo o que toca há mais de um milênio.

Assim também, a ficção do livre-arbítrio deixa Owen encolerizado: o Gênese é um relato mitológico que defende a ideia de um homem dotado do poder de escolher livremente. Ao defender semelhante ideia, a religião cristã torna o homem responsável por sua escolha, portanto culpado, portanto punível em vista das consequências de sua pretensa escolha. Owen se insurge: como podem ser omitidos os diversos determinismos, o poder da sociedade, a ausência de educação ou instrução e tudo o que contribui para fazer de um ser aquilo que ele é? O

SOCIALISMOS ATÓPICOS

temperamento e o caráter provêm de uma série de influências exteriores ao indivíduo. Responsabilizá-lo pressupõe inocentar a sociedade, sobre a qual repousam as misérias da maioria. O cristianismo justifica e legitima a lógica carcerária de um liberal de tipo benthamiano; a sociologia causalista de Owen veda a perspectiva disciplinar e aposta em políticas preventivas. Uma religião racional daria as costas à religião inglesa. Owen constata que a Igreja cristã *ensina* a verdade, a honestidade, a justiça, a pobreza, o trabalho, a paz, a tolerância, a harmonia, a temperança, a castidade, a caridade. Ora, a História é testemunho de que essa mesma Igreja cristã nunca deixou de *praticar* a mentira, a desonestidade, a injustiça, a riqueza, a ociosidade, a guerra, a intolerância, os desentendimentos, a intemperança, a orgia, o egoísmo... Solução? Pura e simples abolição das religiões.

12

Destruir o casamento. Terceiro pilar do edifício que deve ser solapado para se realizar a harmonia do "novo mundo": casamento. Owen vitupera o clero, pois os padres professam leis contrárias à natureza. Em matéria de ética, a cultura cristã vale menos que a natureza pagã, lição dos libertinos de sempre. A partir daí, as exortações religiosas a agir de uma maneira e não de outra geram comportamentos irracionais. A negatividade na civilização provém desse erro metodológico. Bem antes dos freudiano-marxistas, Owen inter-relaciona a moral castradora e a genealogia do deplorável na sociedade. O ideal ascético cristão produz doenças individuais e coleti-

194

vas. A negação do prazer é pago com sofrimentos pessoais e sociais.

O mesmo ocorre no campo da sexualidade. A lei religiosa obriga à renúncia, celebra o ideal da castidade, inclusive no casamento: evitar a sexualidade, e, caso não seja possível escapar a ela, tentar não ter prazer com ela. Caso contrário, a Igreja fulmina e diz palavrões como: pecado, erro, culpa, punição, danação, inferno; todos conhecem o arsenal do aparato repressivo cristão. Desde santo Agostinho, cristianismo e hedonismo travam uma guerra sem quartel. Owen não poupa palavras duras para criticar essa instituição mortífera, mórbida, infeliz.

Em 1835, ele dá dez conferências sobre o casamento: são de uma violência inominável para a época. O conjunto é publicado com o título *Lectures on the Mariages of the Priesthood of the Old Immoral World*. Na lógica judaico-cristã, o casamento é uma "coisa maldita" que faz parte das "instituições satânicas", é o que se diz claramente... O estilo é redundante, como frequentemente em Owen. O orador procura persuadir, convencer, cooptar uma assembleia em nada preparada para ouvir aquele discurso.

Na verdade, quem na época tinha uma linguagem libertadora e libertária em matéria de amor e sexualidade como esta? Sade introduz a questão do sexo na filosofia moderna, sabe-se disso, mas como gnóstico cristão, alguém que odiava o corpo feminino, voluptuoso na dor infligida, devoto da pulsão de morte, negador da vida e do prazer alheio. Ao contrário, Owen age como hedonista pós-cristão, apaixonado pelo prazer do outro sexo, feliz com a felicidade dada, adorador da pulsão de vida.

SOCIALISMOS ATÓPICOS

13

Funesta instituição. Owen estabelece uma longa lista de queixas em relação ao casamento: este induz à trapaça e à hipocrisia, ao obrigar a não dizer que se está sofrendo ou sentindo tédio com o outro; leva a renunciar a si mesmo, ao desejo, ao prazer, à alegria, ao júbilo, à sexualidade plena; torna a pessoa má, porque frustrada; redunda no crime por causa da insatisfação que lhe é consubstancial; mantém a prostituição, levando para a alcova das mulheres venais os maridos insatisfeitos com o leito conjugal; produz a indiferença ao outro que é conhecido nos mínimos detalhes e, por isso, não pode surpreender o parceiro; produz a rotina de um cotidiano sem graça; gera a infelicidade dos filhos que são submetidos ao espetáculo desolador do casal obrigado a reproduzir os mesmos erros por não ter tomado conhecimento de alternativas para aquele impasse; avilta os dois: para perceber isso, basta assistir às conversas indigentes nos lares ou aos comentários pérfidos do casal depois da saída dos convidados; age transferindo o pior de um para o outro, por meio de uma espécie de capilaridade inconsciente; modifica os respectivos caracteres; ativa entre o marido e a mulher um desejo de dominação, portanto de esmagar o outro... Como desejar semelhante flagelo?

O título das conferências remete explicitamente ao "casamento religioso", mas o conteúdo mostra que Owen amplia sua crítica ao casamento em todos os sentidos, mais especificamente à coabitação. O contrato não está em jogo, o sacramento também não, e a legalidade jurídica ou a moralidade religiosa em nada contam no retrato do casamento como catástrofe. O que torna deletéria uma relação, mesmo iniciada por amor, é o compartilhamento de um teto único, de uma mesma vida, de um cotidiano semelhante. Todo homem casado deseja coisa diferente daquilo que a mulher lhe dá. Por isso, ele vai buscar em outro lugar, sobretudo nas casas de prostituição, onde encontra o que ela não lhe dá: originalidade, frescor, novidade. O erro consiste em tornar o outro responsável pela decrepitude do casal, pois a razão disso é um movimento natural e inelutável de desgaste. O erro do clero? Disseminar enganos prejudiciais do tipo: o amor dura a vida inteira, o casamento é indissolúvel e o divórcio ao mesmo tempo é erro e pecado. Pois não se pode amar a mesma pessoa uma vida inteira. Semelhante ideia contradiz todos os ensinamentos da História. Pensar assim leva a inevitáveis sofrimentos, decepções, desilusões.

Por quais razões, então, o clero tem interesse em propagar semelhantes inverdades? Os padres contribuem para a reprodução do sistema ao qual devem suas prebendas: o casamento e a família constituem as primeiras engrenagens da mecânica social, que possibilita perenizar as desigualdades sociais, consolidar os ricos em sua riqueza e manter os pobres em sua pobreza graças às alianças úteis para aumentar o capital familiar. Por via da herança e com a bênção do clero, essa mecânica em pleno funcionamento aumenta o processo de pauperização...

14

O casal em fase de teste. No "novo mundo moral" oweniano, o casamento existe, mas é revolucionado,

SOCIALISMOS ATÓPICOS

porque não se pauta pelas leis errôneas do clero, e sim pelas saudáveis leis naturais. O amor dura tanto tempo quanto o desejo – que, por sua vez, é alimentado; ora, o desejo morre sempre que é confinado a um casal casado que vive sob o mesmo teto. Solução? União livre e casamento experimental. Em outras palavras, deixar a afeição e o sentimento conduzirem tudo, antes, durante e depois. Quem se amar, viverá sob o mesmo teto durante o tempo que durar esse amor; depois, quando ele acabar, haverá a separação. Nada mais simples...

Owen dá pormenores do modo de tratar o assunto em "Nova Harmonia": no domingo, o casal manifesta o seu desejo diante de uma assembleia de harmonianos. Três meses depois, esses sentimentos são reiterados, a coisa é consignada num registro. O casamento torna-se possível. Um ano depois, se a aventura não parecer conclusiva para um dos dois, ou para os dois, a anulação será declarada publicamente. Pode-se conviver mais seis meses para verificar se a decisão tomada tem fundamento: há realmente desejo de separar-se? Se depois desse prazo de reflexão a resposta continuar positiva, a separação se tornará efetiva e legal. Os dois parceiros recobram totalmente a liberdade para novas aventuras amorosas e sexuais.

A partir daí, os indivíduos experimentam a verdadeira castidade, que, ao contrário do que ensina a Igreja, não é renúncia à sexualidade ou recusa do prazer na relação sexual, mas sexualidade harmoniosa, guiada, conduzida por verdadeiros sentimentos amorosos. Compartilhar a vida de um ser que já não se ama, manter com ele relações carnais sem afeição, essa é a grande obscenidade à qual as leis perversas do clero cristão obrigam. Em compensa-

ROBERT OWEN

ção, associar o corpo e a paixão por um ser é uma castidade muito mais invejável. Na sexta conferência, Owen inter-relaciona esse casal bem-sucedido e a felicidade, a alegria. Ao mesmo tempo, vincula a miséria sexual, afetiva, amorosa e física a grande número de patologias somáticas ou psíquicas. O "velho mundo imoral" vive de renúncias, castrações, más castidades, corpos tristes e coerções relacionais; o "novo mundo moral", por sua vez, celebra o desabrochar dos corpos, portanto das almas, a alegria de todos e a Harmonia generalizada. Em 1838, Owen escreve o *Catechism of the New Moral World* [Catecismo do novo mundo moral].

15

Uma pedagogia da felicidade. Como êmulo dos filósofos do século XVIII – principalmente Rousseau e Helvétius –, Robert Owen afirma que a natureza é boa e que a sociedade é responsável pela maldade, pelo mal e pela miséria dos homens. Solução para acabar com o velho mundo? Abolir a propriedade privada, a religião e o casamento. Discípulo nisto do comunismo de Mably ou Morelly, do anticlericalismo de Meslier e de Holbach, mas discípulo de ninguém na questão do casamento (que nenhum filósofo atacara tanto), Owen continua encarnando a mensagem do Iluminismo na Inglaterra da Revolução Industrial.

Discípulo do otimismo progressista de Condorcet, Owen tem em vista um futuro novo, melhorado, modificado, melhor. Em sua *New View of Society* (1813) ele convida à realização da "felicidade pessoal" como condição para a "felicidade da comunidade".

SOCIALISMOS ATÓPICOS

Não há aritmética mágica à maneira liberal, do tipo: a felicidade coletiva é obtida pela pura e simples soma das felicidades individuais, mas há um pensamento individualista e comunista. O indivíduo não representa o contrário da comunidade, mas é uma das partes que a constituem. Nesse sentido, o pensamento político de Owen recusa um dos termos da alternativa – ou o Todo ou a Parte –, favorecendo uma leitura de bom senso: a comunidade é constituída por individualidades que devem ser consideradas como tais. Não se trata de diluir as singularidades e as particularidades num conjunto transcendente e onipotente. Seu comunismo não se coloca como inimigo do individualismo, mas como sua realização.

Owen quer a felicidade da coletividade. O hedonismo liberal extrapola a felicidade de alguns para a de todos; o socialismo visa à felicidade de todos. A alquimia oweniana realiza-se com uma revolução racional e razoável baseada na conversação, na retórica, na persuasão. Ecos do pensamento de William Godwin, com o qual Owen mantinha boas relações. A educação realizará essa metamorfose, apostando numa intersubjetividade revolucionada. O objetivo cristão – "não faça a outrem o que não queira que ele lhe faça" – deixa espaço a um objetivo hedonista – "faça a outrem o que quiser que ele lhe faça". A segunda conferência contra o casamento deixa mais claro o que está em jogo: "propiciar uma felicidade progressista ao gênero humano".

O programa consiste em ensinar princípios simples e verdadeiros na escola. A instrução nacional e pública possibilita subtrair os filhos à má influência das famílias. Nos ambientes pobres e miserá-

ROBERT OWEN

veis, com pessoas alcoólatras, violentas e criminosas, a progênie é afligida pelas mesmas mazelas. Em compensação, ao saírem da influência dos determinismos deletérios, as crianças têm acesso a um mundo radicalmente diferente e podem esperar conhecer a felicidade.

O pedagogo, o educador e o professor partem de um princípio simples: ensinar à criança que ela deve em primeiro lugar querer a felicidade de seu semelhante. Esse ato de pôr-se em segundo plano em proveito do outro tem recompensas pois, como cada um é o outro de outro, todos se beneficiam do desejo de realizar a felicidade de um terceiro. Esse altruísmo bem entendido gera em cascata uma série de felicidades individuais. Objetivo pedagógico? Ensinar às crianças a tornar-se felizes mutuamente para que se habituem ao bem e daí se siga um automatismo moral.

Como o homem nada mais é do que aquilo que o fazem ser, a escola tem a finalidade e a função de dar início a essa revolução racional radical. E nisso encontramos os belos projetos do Condorcet de *Cinq mémoires sur l'instruction publique* [*Cinco memórias sobre a instrução pública*]. À maneira militante e espiritual de William Godwin, Robert Owen pensa menos em termos de revolução econômica e política do que em termos de revolução espiritual e ética, pedagógica e moral.

O comunismo owenista da nova sociedade harmoniosa não decorre de uma apropriação coletiva dos meios de produção, ao modo marxista, mas da superação das lógicas cristãs em proveito de um reformismo radical. A sociedade do clero fabrica miséria, infelicidade, sofrimento; a sociedade da razão pro-

201

SOCIALISMOS ATÓPICOS

duz felicidade, prosperidade, saúde física e mental, harmonia. A árvore das Luzes ainda dá frutos nas primeiras décadas do século XIX.

16

Formação dos caracteres. Em New Lanark, em 1816, Robert Owen criou um "Instituto para a formação do caráter", visitado todos os anos por duas mil pessoas. O lugar funcionou como laboratório dessa revolução racional. A partir de dois anos de idade, as crianças eram recebidas e educadas longe dos livros, que eram evitados até os dez anos de idade. Dava-se preferência às conversações adaptadas, recorria-se a reproduções de animais, à observação das plantas ou dos produtos do jardim, de objetos, de cartas. Os campos e os bosques substituíam a sala de aula. Toda autoridade é banida, os castigos corporais também. Não existe punição, pois esta causa tanto prejuízo ao indivíduo que a recebe quanto àquele que a inflige.

Naquele instituto revolucionário, o primeiro mestre-escola não era um professor coberto de diplomas e entusiasta da pedagogia livresca, mas um tecelão que mal sabia ler e escrever. Em compensação, tinha voz suave, tom amável e uma paciência maravilhosa. Seu papel? Não a manutenção da ordem e da disciplina, mas a transmissão de valores úteis ao novo mundo, sem jamais sobrecarregar a memória.

Os professores aprendem ensinando. O movimento habitual pressupõe um professor que sabe (tudo) e um aluno que não sabe nada, com uma circulação de autoridade que vai de cima para baixo. Em New Lanark, não existia autoridade de direito divino, mas uma relação horizontal entre os peda-

202

ROBERT OWEN

gogos e as crianças. O aprendizado não supunha o tédio, a coerção e o sofrimento, como na lógica do antigo mundo, em que o trabalho é acompanhado pelo sofrimento, velho eco do pecado original, mas o divertimento, a alegria. O saber não é acompanhado pelo poder.

No entanto, Owen não pensa o mundo real como um irenista. Sabe que a guerra às vezes pode ser necessária, e que sempre é preciso estar pronto para ela e também saber travá-la. Essa pedagogia libertária, portanto, não exclui o aprendizado da disciplina, ao contrário. Rapazes e moças praticam exercícios físicos, dança, canto e arte do corpo, mas também marcha militar, desfile ao modo da parada militar. Os visitantes viam assim passarem em fileiras as crianças de uma cidade que, apesar de ser radiosa, não deixava de estar pronta para defender a própria existência diante de eventuais ameaças.

Escolarização desde a mais tenra idade, reverência da alma ao bem geral, desejo de formar o caráter, vontade de construir a felicidade da maioria, disciplina libertária, arte de preparar o futuro risonho por meio da pedagogia, otimismo herdado das Luzes, projeto de um Homem novo, confiança na Razão educadora, pedagogia da utilidade comunitária: tudo isso constitui o primeiro momento na revolução desejada por Robert Owen. New Lanark funciona como laboratório local daquilo que deveria existir nacionalmente.

17

Uma educação nacional. A prática de New Lanark redunda numa teoria mais geral de projeto de "edu-

SOCIALISMOS ATÓPICOS

cação nacional". Em *A New View of Society*, Owen lança as bases de um sistema cuja essência se encontra quase dois séculos depois na modernidade europeia. Estamos longe dos projetos pedagógicos disciplinares pan-ópticos de um Jeremy Bentham... A escola liberal serve para manter a máquina econômica da livre-troca; a escola socialista tem em vista a construção de uma sociedade feliz na qual os cidadãos se realizem.

Na época, a maioria do pessoal docente era do clero. As famílias ricas dispunham de preceptores. Naquele tempo, os filhos de pobres iam trabalhar diretamente nas manufaturas, nas oficinas ou nas minas. O projeto oweniano de escolarizar o mais precocemente possível e de não aceitar crianças com menos de dez anos em postos de trabalho, enfim de exigir que todos nessa idade soubessem ler, escrever e contar choca a maioria dos ingleses da época. Naquele ambiente, a sistematização de uma educação nacional produz um verdadeiro abalo sísmico.

Owen deseja a organização de um recrutamento correto do pessoal da educação. Embora em New Lanark se prefira um temperamento, um caráter a um pedagogo profissional, no projeto geral teórico tem-se em vista um formador formado. No vocabulário contemporâneo, digamos que Owen deseja um instituto de formação de mestres – mas no qual não se praticaria a religião pedagógica... Ninguém pode ensinar sem ter sido formado para essa tarefa.

Depois, devidamente oficializados esses professores, Owen deseja a criação de colégios na totalidade do território. Nesses locais, refletir-se-ia sobre a finalidade da escola. Ainda num vocabulário contemporâneo, seria criado um projeto pedagógico em con-

204

dições de mobilizar uma equipe docente no sentido de estabelecer uma dinâmica coletiva harmoniosa entre professores e alunos, mas também na perspectiva do bem-estar de todos e do interesse geral do Estado.

18

Um homem novo. Esse projeto de revolução racional redundará na criação de uma "nova raça de seres racionais e superiores". Em vista dos dois séculos que nos separam do pensador, essa fórmula contém palavras que cabe explicitar. A "raça" de Owen nada tem a ver com o conceito racial de um Gobineau, por exemplo, que publica seu *Essai sur l'inégalité des races humaines* [Ensaio sobre a desigualdade das raças humanas] em 1853 e constrói sua análise a partir da discriminação entre as cores de pele.

Devemos entender a palavra mais em sua acepção simples, a que Littré dá, por exemplo, definindo assim as raças: "Todos os que provêm de uma mesma família", em outras palavras, os seres humanos. Sobre Owen não pode recair a suspeita de racismo ou racialismo, porque ele explicita no quarto ensaio de *A New View of Society* que a escola se abrirá para "todas as cores de pele". A "nova raça", portanto, remete a um novo homem, independentemente dos sexos (esse homem também inclui as mulheres...) e das pigmentações...

O termo "superior" também amedronta. Em primeiro lugar, por causa da ideologia nacional-socialista, pelas razões que todos conhecem; em segundo lugar, por causa do culto democrático ao igualitarismo, religião que muitas vezes se pratica ao arrepio

SOCIALISMOS ATÓPICOS

da equidade e da justiça, mas também, com frequência, da igualdade verdadeira... O espectro nazista, conjugado às lembranças de um Nietzsche mal lido, pelo menos lido com lentes nacional-socialistas, que também emprega os termos "superiores" e "inferiores" carregados de dinamite, obriga a algum acerto. Quando recorre ao conceito de "raça superior", Owen expressa uma opção de ontologia política. Um indivíduo é superior àquilo que era quando dá à razão plenos poderes sobre seu ser, sua vida, seu pensamento e sua ação. Se bebesse, jogasse, frequentasse prostíbulos, batesse na mulher e nos filhos, roubasse, cometesse crimes e roubos, viveria num mundo ético inferior ao daquele que desse as costas a essas atividades, respeitasse a mulher, educasse os filhos ou incumbisse alguém de educá-los, escolhesse uma vida honesta.

Por esse motivo, em outro ponto da obra, Owen fala de "crianças artificiais inferiores" e "crianças naturais superiores". Formatadas pela ideologia cristã, contidas pelo clero numa visão errônea do mundo, criadas na artificialidade do ideal ascético, crescendo em meio a colegas aterrorizados pela religião da culpa, essas crianças se situam numa camada ética, ontológica e metafísica inferior à das crianças educadas segundo os princípios da natureza, acompanhadas pela Razão, com vistas à utilidade da comunidade, desejando a felicidade da maioria e tornando-se adultos que queiram relações igualitárias com as crianças, as mulheres ou as pessoas de cor.

Não há projeto racial para uma sociedade não igualitária com indivíduos inferiores a serviço de uma casta de indivíduos superiores em Robert

Owen; não há Nova Harmonia que prefigure as sociedades totalitárias comunistas do século XX; não há tirania de um povo eleito, porque esclarecido pela verdade owenista, sobre a maioria dos cidadãos submetidos; mas um "velho mundo imoral" que dá lugar a um "novo mundo moral". Fim da religião, abolição da propriedade privada, desaparecimento do casamento, aspiração ao eudemonismo social, desejo de prazer do outro numa comunidade assim formada em novos moldes, saída de uma era religiosa em direção a uma era racional: Owen lança as bases de um socialismo humanista.

19

Reino da justiça. A Nova Harmonia quer a justiça superando a caridade que humilha, submete, veda a dignidade e dessocializa. Para tanto, Owen inventa o estatuto de funcionário público, agindo de tal modo que o Estado dê trabalho a todos e a todas, o que constitui a melhor garantia para, por um lado, abolir a caridade e o poder do clero sobre os pobres e, por outro, oferecer um salário como pagamento de um trabalho que propicie moradia, vestuário, aquecimento, alimentação, educação dos filhos, em outras palavras, recuperação da dignidade.

Por isso a criação de "empregos vitalícios de real utilidade nacional" para construir estradas, mantê-las em bom estado, abrir canais, construir portos, docas, embarcações etc. Mais tarde se falará de serviço público. Em relação a essas propostas revolucionárias de 1813 por parte de Owen, o governo criado pelos participantes do movimento de 1848, na França, abrirá oficinas nacionais para dar dignidade, tra-

SOCIALISMOS ATÓPICOS

balho, salário e possibilidade de vida um pouco mais
decente a milhares de pobres.

20

Os meios da revolução. Não há apropriação violenta
dos meios de produção, desapropriação pelas armas,
ditadura do proletariado, vanguarda esclarecida da
classe operária constituída em partido, máquina de
guerra de tipo marxista no socialismo comunista
de Owen, mas, como discípulo de William Godwin,
portanto de Helvétius, pai de ambos, há crença nos
plenos poderes da Razão militante.

A vida de Robert Owen está cheia de atos e gestos
militantes: conferências, brochuras, livros, campanhas junto aos poderosos do mundo para conver-
tê-los a seu projeto; microcomunidades utópicas
conclamadas a disseminar-se para produzir a internacionalização do ideal por capilaridade; associações militantes; inúmeros debates e reuniões públicas; criação de escolas ou armazéns sociais: a longa
vida de Robert Owen transcorre sob a égide da esperança, do otimismo, da fé...

Na hora do balanço, em relação àquilo que a História ensina, Robert Owen deixa ideias fortes no
mundo socialista ou comunista: o liberalismo causa
pauperização, e não prosperidade de todos; a miséria que ele gera é uma questão de má distribuição
social, eliminável por outro modo de distribuição; a
delinquência é fruto das sociedades, e não dos indivíduos; a religião age como fator de conservadoris-
mo social; é possível um homem novo por meio do
uso apropriado da razão graças a uma pedagogia libertária; a política não se separa da ética; o sobera-

ROBERT OWEN

no bem de uma comunidade não se confunde com o aumento da riqueza nacional, mas com a felicidade dos cidadãos; os males físicos e psíquicos dos indivíduos e das coletividades provêm da lógica cristã culpabilizante e da teoria liberal dessocializante. As ideias fortes irrigam os séculos seguintes, produzem realizações sociais duradouras quanto a: redução do tempo de trabalho, trabalho infantil, criação de um corpo de inspetores do trabalho, constituição de uma educação nacional, recrutamento estatal do corpo docente, promoção da escola laica para todos, estatuto de funcionalismo público, serviço público, agências nacionais de emprego, mas também princípios de seguridade social alimentada por fundos de pensão, criação de aposentadorias e de asilos para idosos.

Os liberais ativam as lógicas disciplinares pan-ópticas; os socialistas preferem as políticas preventivas e a compaixão pelas vítimas da brutalidade do sistema. Em *The Revolution in the Mind and Practice of the Human Race* (1849), Robert Owen rejubila-se porque nos asilos e nas escolas já não são praticados os castigos corporais; ele prevê que um dia ocorrerá o mesmo na sociedade, e que, no que se refere às vítimas da brutalidade do sistema liberal, em vez de uma política de repressão (a famosa "disciplina penitenciária" liberal de Bentham...), os homens optarão pela "paciência, bondade e tolerância total". Ainda estamos longe disso...

III

CHARLES FOURIER

e "a magia social"

1

O cosmo como bordel. Fourier carrega em sua esteira uma série de histórias extravagantes que fazem dele uma personagem atípica, coisa que ele era, e, em meio a grande quantidade de anedotas, a reputação de nunca rir. Sabe-se, porém, que a leitura de sua obra oferece várias ocasiões de riso: o mar transformado numa vastidão de refrigerante, depois de realizado o projeto político fourierista; o "arquibraço", que nasce no meio do tórax dos harmonianos e serve para tudo, inclusive de paraquedas; a cópula dos planetas por "jato espermático aromal"; o rabo dos habitantes do Sol; o "corpo aromal" prometido a todos depois da morte; o deslocamento da coroa boreal para modificar os climas; o bestiário de "antianimais"; as orgias sexuais entre crianças e velhos; e outros momentos *sérios* da obra, que provocam o riso...

SOCIALISMOS ATÓPICOS

Fourier sonha a vida toda e faz de seus sonhos um sistema extravagante. O homem franzino e enfermiço, que vive com um braço hipertrofiado, anuncia o surgimento de um arquibraço em forma de tromba de elefante que nasce como membro ornamental e aperfeiçoado, servindo, graças à sua força e destreza, para representar nosso poder de trabalho infinito; o solteirão amante de bordéis e prostitutas inventa um "novo mundo amoroso" no qual a prostituição se torna sagrada e as fantasias sexuais (coça-calcanhar, pinça-cabelos, acalanto, angelicato...) se tornam uma bênção; o representante comercial conhecido em hotéis e por seus comensais na França e na Europa atribui à cozinha importante papel na construção de seu mundo futuro com o título de "gastrosofia"; o amante de flores que morre na rua Saint--Pierre-de-Montmartre, em Paris, no quarto de chão coberto de terra e transformado em estufa, propõe que o jardim, mas também o pomar, ocupe lugar importante na elaboração da sensibilidade harmoniosa; o parente, por parte de cunhado, de Brillat--Savarin, autor de *La Physiologie du goût* [*Fisiologia do gosto*], fantasia guerras futuras cujas armas seriam empadinhas axiais e explosões de rolha de champanhe; o músico, que tocava violão e violino, propõe que a ópera constitua o cerne da educação harmoniana, ao lado da gastrosofia. A sociedade ideal fourierista amplia para o cosmo a fantasia pessoal de um homem extravagante! Sobre esse projeto maluco se falará em socialismo utópico: utópico, sem dúvida; socialismo, não sei... Fourier parece muito mais um gnóstico licencioso perdido em pleno século industrial!

2

Primórdios em Besançon. François Marie Charles Fourier nasce em 7 de abril de 1772 em Besançon, cidade natal de Pierre-Joseph Proudhon (1809-1865), numa família de comerciantes de tecidos. Pai autoritário, mãe boba, carola, avarenta, analfabeta. Morte do pai em 1781, Fourier tem nove anos: a mãe assume a incumbência da educação do único filho. A partir daí ele vive num ambiente feminino com as três irmãs. Sua obra completa é testemunho de seu feminismo de primeira hora: Fourier escreve belíssimas páginas sobre as mulheres e seu destino rompido pelo poder dos homens num mundo (inclusive intelectual...) no qual reinam a misoginia e a falocracia.

A sra. Fourier associa-se ao cunhado para manter o pequeno comércio familiar. Bem depressa, a parentalha depena a viúva e a leva à ruína. Seguem-se numerosos processos. Mais uma vez, Fourier aprende lições que produzem violentas filípicas sobre o pequeno comércio em regime de Civilização, bancarrotas, falências, mas também – e infelizmente – sobre o papel dos judeus na máquina capitalista da época...

Estudos no colégio particular da cidade. Menino dotado para a matemática, o desenho e a música, sem aprender nada. Adolescente, gostaria de fazer carreira como engenheiro militar, mas, para seguir esse caminho, deveria exibir títulos de nobreza inexistentes. A partir daí, depois de se recusar a trabalhar em banco, concorda com aquilo que querem dele: uma vida dedicada ao comércio... Em algumas cidades francesas – Rouen, Lyon, Marselha, Bordeaux –, ocupa postos subalternos num mundo que

SOCIALISMOS ATÓPICOS

não lhe agrada. Evidentemente, não se destaca nessas atividades...

A trabalho, viaja pela Europa – Suíça, Holanda, Alemanha, talvez Rússia – e aproveita daqueles momentos para encher cadernos de anotações sobre usos e costumes dos países visitados. Fourier inaugura a seu modo o método do sociólogo. Em 1830, em seu *Curso de filosofia positiva*, Auguste Comte inventa o neologismo "sociologia" para caracterizar e designar a "física social".

Fim de 1789, a caminho de Rouen, cidade que ele acha insuportável, Fourier dá uma parada em Paris e fica conhecendo Brillat-Savarin (que ainda não escreveu a obra que o tornará famoso) e com ele experimenta algumas receitas. Em *La Fausse industrie* [*A falsa indústria*], Fourier censura o autor de *A fisiologia do gosto* (1825) por ter ignorado a "gastrosofia" e só ter circulado no mundo da "gastroasnaria", defeito que ele reprova em Berchoux e Grimod de la Reynière em *O novo mundo industrial e societário*.

3

Maçã e arroz. Fourier mantém uma relação ambígua com a Revolução Francesa. Na data da reunião dos estados-gerais, Fourier tem dezessete anos. Em 1791, trabalha em Lyon como aprendiz de comerciante de tecidos. Na loja, mede, corta moldes, corta fazendas, trabalha na contabilidade. Não há salário, mas moradia e refeições garantidas. Acompanha o patrão, com quem mantém boas relações, em viagens para o interior. No ano seguinte, a pedido dele, supervisiona o transbordo de mercadorias nos cais de Marselha.

CHARLES FOURIER

Em 1792, assiste a uma cena que o marca profundamente e age sobre ele como um revelador político: nos cais, atravessadores embolsam uma quantia enorme vendendo uma única carga. Naquela ocasião, ele constata que os intermediários, "parasitas", juntam fortunas consideráveis especulando, enquanto os comerciantes e os artesãos conseguem lucros muito menores. Seu ódio ao regime do livre mercado enraíza-se nessas experiências biográficas.

Outros momentos também contribuem para a cultura anticapitalista e antiliberal de Fourier: num restaurante parisiense, Février, almoça com uma pessoa a quem é vendida uma maçã cujo preço é cinquenta vezes maior do que o que foi pago ao produtor; por outro lado, nos cais de Marselha, na qualidade de representante, ele cuida da destruição de uma tonelada e meia de arroz estragado porque o especulador esperava pacientemente a obtenção do lucro máximo. Perversão das margens de lucro e vício da especulação, essas são certezas que Fourier obteve ainda jovem: elas constituem os fundamentos de seu projeto político de inversão desses falsos valores.

4

O come-gato. Em 1793, ano do Terror, ele sai de Lyon para voltar a Besançon e recuperar o pecúlio da herança paterna. O valor em dinheiro é pago em *assignats,* moeda extremamente desvalorizada que desvaloriza seu pecúlio em sessenta por cento... Fourier tem vinte e um anos. Voltando a Lyon, compra mercadorias coloniais. A cidade se rebela contra o representante jacobino da política do governo re-

SOCIALISMOS ATÓPICOS

volucionário parisiense. A insurreição é um sucesso, Fourier participa dela; promulga-se um governo federalista.

O chefe jacobino de Lyon é decapitado. A cidade torna-se centro de convergência dos monarquistas e contrarrevolucionários. Paris manda sitiar a cidade durante sessenta dias. Os fardos de algodão de Fourier, requisitados, servem para a construção das barricadas. Seu arroz, seu açúcar e seu café alimentam a soldadesca. Fourier está arruinado. Acaba por se incorporar no exército monarquista. Durante o sítio, que continua, a população come vegetais podres e gatos. Em *Novo mundo industrial*, Fourier escreve: "é até bom comer gato, mesmo sem fome"...

A Convenção retoma a cidade e pensa em arrasá-la. Os suspeitos de contrarrevolução são caçados, julgados e executados. Fouché organiza execuções em massa. Num mesmo dia, por três vezes e graças a três mentiras, Fourier escapa às batidas, portanto à guilhotina. Sai da cidade e fica escondido nos bosques dos arredores por várias semanas. Vive de roubos e mendicância até partir para Besançon, onde reencontra a família, que oportunamente apoia as ideias da Revolução.

Sem documentos, perambulando livremente por Besançon, Fourier acaba detido e vai para a prisão. Tranquilamente, passa lá o tempo a tocar violão e violino ou a preparar um novo sistema de notação musical. Escreverá: "fiquei na prisão durante o Terror, e lá a gente era muito alegre"... O cunhado, membro do comitê revolucionário, obtém sua soltura.

Mas, por proteção, ele é logo incorporado numa unidade de elite, e não na infantaria, conforme determinava seu estado civil de solteiro sem filhos. No

CHARLES FOURIER

mês de junho de 1794, Fourier tem vinte e dois anos. Durante dezoito meses, participa das operações de manutenção das posições. Os víveres não chegam, as condições de vida são penosas. Nessas circunstâncias, ele aquilata mais uma vez o grau de poder dos fornecedores que tiram proveito da situação para auferir enormes lucros sobre os produtos destinados às tropas. Fourier consegue ser reformado por motivos de saúde em 23 de janeiro de 1796. Voltando a Besançon, faz as contas: perdeu todo o seu dinheiro, principalmente porque uma parte de sua fortuna fora investida num barco que naufragara na costa de Livorno...

Será de espantar? Charles Fourier tem pouca estima pela Revolução Francesa, por seus pretensos direitos do homem, seu "ascetismo republicano", suas ficções verborrágicas, suas falsas festas revolucionárias, seu Ser supremo, seu Robespierre, homem de princípios, pronto a massacrar por ideias, sem nenhuma preocupação com a realidade e com o concreto, milhares de homens sacrificados a uma falsa causa. Fourier detesta os filósofos e só acredita nos pragmáticos, nos homens capazes de microexperiências bem-sucedidas, passíveis de extrapolações em laboratório para um mundo novo.

5

Parto gnóstico. Volta a Lyon em 1800. Fourier torna-se atravessador informal, em outras palavras, atravessador sem licença legal nem garantia. Com isso seria possível penetrar ainda mais e melhor nos mistérios da falsa indústria! Em novembro de 1803, ou seja, em 11 de frimário do ano XII, ele publica

SOCIALISMOS ATÓPICOS

no *Bulletin de Lyon* a primeira expressão conhecida de sua visão de mundo. Início dos problemas com a polícia que, após investigação, conclui tratar-se de um doido manso...

1808: publicação de seu primeiro *opus, Théorie des quatre mouvements* [Teoria dos quatro movimentos]. Fourier propõe um tipo de filosofia da história que lhe permita subdividir a realidade em quatro fases da história universal (caos ascendente, plenitude ascendente, plenitude descendente, caos descendente); a Civilização constitui a parte do quinto tempo da primeira fase... Ninguém entende nada dessa obra recheada de neologismos, divisões e subdivisões, considerações extravagantes – por exemplo, sobre a "conversão do ímã imercuriado no polo boreal", "desinfecção e perfume dos mares pelo fluido boreal", "extinção da coroa boreal", "doze paixões radicais de oitava"... Dois ou três jornalistas somam-se à polícia no diagnóstico de loucura mansa... Fourier tem trinta e seis anos.

Na imprensa, o livro passa em brancas nuvens; entre os compradores, portanto leitores, também. Fourier torna-se especialista conferente de tecidos a partir de 1811. No ano seguinte, herda uma pensão com a morte da mãe. Assim que recebe o pecúlio, para de trabalhar no comércio e dedica-se ao polimento intelectual e conceitual de sua grande obra. O insucesso da *Théorie des quatre mouvements* é seguido por quatorze anos de silêncio.

O ex-girondino conchavado com monarquistas e contrarrevolucionários parece ter desempenhado algum papel durante os Cem Dias de 1793; mas não se sabe qual foi. Em relação a Napoleão Bonaparte, Fourier sempre hesitou entre a admiração e o ódio

218

CHARLES FOURIER

(o que nunca ocorreu com Robespierre, por exemplo, que ele detestou em todas as circunstâncias como o protótipo do ideólogo. Ler, por exemplo, em *O novo mundo amoroso*, o estranho texto que ele lhe dedica com o título "A cauda de Robespierre ou gente de princípios"...).

Fourier gosta de Napoleão quando o imagina como homem providencial, capaz de pôr em funcionamento a bomba harmoniana do primeiro Falanstério fadado a funcionar como mancha de óleo e contaminar o universo inteiro com a teoria genial; em compensação, não gosta do Imperador quando descobre a indiferença dele em relação a seu projeto – apesar de sua *Lettre au grand Juge* [Carta ao grande Juiz] e das páginas da *Théorie des quatre mouvements* nas quais Fourier se dirige diretamente a Napoleão para lhe propor, em vista de seu caráter "uniteísta", recorrer à maneira forte para sair da Civilização e entrar na Harmonia. Napoleão foi tão fourierista quanto foi owenista!

6

Sobrinhas zoneiras. Em 1814, com quarenta e três anos, Fourier retira-se para a zona rural de Bugey, a fim de trabalhar em seu grande tratado, que não avança. Fica cinco anos lá, até 1821, em companhia das sobrinhas, que inicialmente lhe parecem donzelas pudicas, até ele descobrir que elas têm um histórico de vida francamente dissoluta – pelo menos em relação aos princípios da Civilização. O tio, que celebra as orgias em seu *Novo mundo amoroso*, faz-se notar por um pudor que diverte uma das sobrinhas: ela não entende por que ele não aproveita a situa-

219

SOCIALISMOS ATÓPICOS

ção para "tirar sua fatia do bolo" (segundo expressão dela) naquela orgia borgonhesa! Ele gosta bastante de Clarisse, mas ela não corresponde à sua afeição. Na falta dela, ele experimenta aquilo que, em sua pluma teórica, passará a ser chamado de "parentismo". Menos bonita, porém mais permissiva, Hortense é cuidadosa na limpeza do quarto do titio, na costura dos cadernos de seus manuscritos, na companhia que lhe faz até tarde da noite, na opinião que dá sobre as páginas redigidas durante o dia, opinião que ele leva em conta. Impressionado com a qualidade de sua colaboração, Fourier, já muito ansioso, se não "doente dos nervos", como se diz na época, tem receio de perder essa cumplicidade. Por acaso ela não gostaria de ter um marido velho e suficientemente rico, que lhe desse liberdade para tratar de seus assuntos amorosos? Não seja por isso, Charles Fourier propõe-se ser esse homem e assume o compromisso de encontrar um trabalho no comércio para juntar o dinheiro que planeja dar a ela.

Um dia, vai dar um giro pelos bosques dos arredores e descobre Hortense em companhia de uma das irmãs e de um galã em posição inequívoca. O filósofo não esquenta e escreve que "é melhor entrar em acordo sobre a partilha dos homens do que disputar com eles". Às vezes ela se senta no colo dele, puxa-lhe a orelha, mas um dos namorados das irmãs dá um chega pra lá nessa brincadeira. Hortense cai na farra com o amante. Fourier escreve: "tenho por princípio que as mulheres jovens, por serem vítimas de preconceito, fazem bem em ter suas compensações secretas"...

No entanto, aumenta a tensão entre sobrinha e tio. Fourier ameaça ir embora. As moças temem que a deserção do tio as deixe privadas de uma cobertura moral útil às aparências. Hortense xinga Fourier, repreende-o por não se comportar como homem e por não ter "tirado proveito dos belos encargos que teve". Intrigado, Fourier fica, pois quer entender o mecanismo da libertinagem das sobrinhas. Fazendo perguntas nos arredores, acaba descobrindo moças liberadas ao máximo. O filósofo também fica sabendo que, na região, as adolescentes são defloradas muito cedo, com a anuência dos pais, por soldados de passagem ou por ex-combatentes das guerras napoleônicas recém-reformados. Fourier sai do lugar.

Em *O novo mundo amoroso*, encontram-se numerosos vestígios dessas experiências vividas na casa de Talissieu em Bugey: o "celadonismo" ou amor puramente intelectual caracteriza o sentimento do tio pela sobrinha; a "corte amorosa" possibilita detectar as fantasias amorosas pensáveis; o "eixo amoroso ou fidelidade transcendente" pressupõe, apesar do exercício da "paixão borboleteante", um retorno constante e regular à mesma pessoa; a "comunidade momentânea" designa o arranjo contratual e hedonista pontual; quando não o incesto em condições de qualificar as relações entre Charles e Hortense. Todos esses construtos teóricos provêm de experimentações pessoais.

Também seria possível lembrar outros registros que fornecem novos conceitos oriundos da observação do microcosmo de Talissieu: por exemplo, "hiperceladonia"*, "angelicato", "omnigamia", "tri-

---

* Palavra formada por *hyper* + *céladonie*, sendo esta última palavra derivada de *céladon*, que, em linguagem familiar e irô-

ginia", ou novos dispositivos amorosos: "poligamia furtiva", "amores potenciais ou partilhamentos harmônicos", "filantropia amorosa", "fidelidade composta potencial" e outros arranjos passíveis de inclusão no rol do "liberalismo amoroso", em outras palavras, de "amor tolerante", prometido pelo *Novo mundo amoroso*...

7

Tempo dos discípulos. Em novembro de 1822, Fourier tem cinquenta anos e publica o *Traité de l'association domestique agricole, ou Attraction industrielle* [Tratado da associação doméstica agrícola ou Atração industrial]. Novo fracasso comercial. No entanto, a obra foi amplamente distribuída pela imprensa. Fourier não regateia quanto aos destinatários importantes que quer trazer para seu projeto – reis, príncipes, industriais, jornalistas, banqueiros e outras pessoas ricas ou influentes, entre as quais Chateaubriand... Seu tempo livre e uma parte de sua fortuna desaparecem nesses exercícios de proselitismo desvairado.

Robert Owen recebe um exemplar acompanhado de uma carta na qual nosso autor se propõe desempenhar papel de especialista junto a ele... Resposta polida, cortês, na forma de negação irrecorrível de Owen, que, não lendo francês, pede a um amigo que responda na língua de Fourier. Pode-se acreditar que a animosidade com que Fourier perseguirá

---

nica, significa apaixonado fiel, sentimental e geralmente platônico. O termo então poderia ser *grosso modo* traduzido como hiperplatonismo ou hiperespiritualismo. (N. da T.)

CHARLES FOURIER

Owen o restante de sua vida data dessa resposta que não era esperada pelo Profeta da Harmonia. Pois Fourier estava convencido de que marcaria a história do mundo à maneira de Newton, que ele afirmava ter superado com sua descoberta da Teoria da Atração...

Retorno a Lyon em 1825, para uma casa de comércio onde, longe da "metempsicose dos alfarrábios", do "quádruplo vício dos limbos sociais" ou das "sete condições do vínculo social" (títulos dos capítulos do livro fracassado...), Fourier torna-se tesoureiro... No ano seguinte, vai morar em Paris, onde viverá o restante de seus dias. Nessa época, exerce as funções de empregado encarregado da correspondência e da contabilidade numa casa de comércio americana especializada em importação-exportação de produtos têxteis. Em 1829, publica em Besançon, na forma de compêndio – quinhentas páginas, apesar disso... –, seu *Nouveau Monde industriel et sociétaire ou Invention du procédé d'industrie attrayante et naturelle distribuée en seeries passionnées* [*Novo Mundo industrial e societário ou Invenção do procedimento industrial atraente e natural distribuído em séries apaixonadas*].

Em 1814, Just Muiron, funcionário do governo de Doubs, surdo e devorador de livros, descobre a *Théorie des quatre mouvements*: entusiasmo imediato... Durante muito tempo ele foi o único discípulo, pois é preciso esperar 1831 para a constituição da Escola Social. Os famosos discípulos refreiam a extravagância de Fourier e o aconselham a propor projetos "razoáveis" daí por diante! De fato, a cosmogonia furiosa, a astronomia fantasiosa, o erotismo desbragado, a numerologia exuberante e a religião do neologismo contribuem para a reputação de um Fourier não

SOCIALISMOS ATÓPICOS

muito sério... Os companheiros de estrada do profeta desejam uma Harmonia mais vendável. Em 1832, outros discípulos lançam a primeira tentativa de construção de um Falanstério em Condé--sur-Vesgre. Fracasso... No mesmo ano, os fourieristas dotam-se de uma revista semanal com oito grandes páginas, intitulada *Le Phalanstère, journal pour la fondation d'une Phalange agricole et manufacturière associée en travaux et en ménage* [Le Phalanstire, jornal para a fundação de uma falange agrícola e manufatureira associada em trabalho e em organização]. A reputação de Fourier cresce, fala-se dele, bem ou mal, os jornalistas se interessam, suas ideias são finalmente discutidas. Mas os atritos não demoram. Os discípulos financiam tanto a revista quanto o filósofo, que não concorda muito em retribuir essa situação com um silêncio acerca de uma linha editorial que lhe escapa. A revista para de ser publicada em 1833. São criadas algumas comunidades que falam em seu nome.

8

Fourier divulgado. A obra *La Fausse industrie* é publicada em 1835; trata-se de um livro de mil e duzentas páginas... Russos e romenos criam comunidades fourieristas. Fourier não sabe disso. George Sand e Sainte-Beuve se interessam por ele. Théophile Gautier também, mas para zombar de sua extravagância. Balzac também fala dele. Os caricaturistas o representam com um rabo de macaco – atributo de harmoniano. Sua popularidade é tanta que, quando ele passa, as crianças do Palais-Royal gritam: "Olha o

CHARLES FOURIER

louco: dá risada!"* Fourier não reage, continua calmo, conserva a fleuma. Dois anos antes de morrer, o Vaticano põe sua obra no Índex. Algumas mulheres passam por sua vida – Louise Courvoisier, Désirée Veret, jovem costureira de vinte e dois anos, saint-simoniana. Fourier tem sessenta e dois anos. Mais tarde, será descoberto numa folha avulsa que uma única mulher o levou a pensar no casamento: ela tinha oitenta anos, e ele, vinte e cinco...

Sua saúde declina. Distúrbios digestivos, cólicas, náuseas, febres. Fourier responsabiliza os comerciantes de vinho e os padeiros por seu estado, por causa dos produtos adulterados que vendem. Henri Heine o encontra sob as arcadas do Palais-Royal embrulhado num capote com uma garrafa de vinho e uma fatia de pão nos bolsos: não sai sem esses víveres. Sempre gostou de beber, mas no fim emborca mais do que o normal! Cambaleia na rua. Em 1837, fratura o crânio ao cair da escada. Uma reunião pública com duzentas pessoas o põe diante de Robert Owen – ele nem percebe. Paralisia do braço, aumento dos sintomas.

Em 10 de outubro de 1837, a mulher que cuidava de sua casa, única que tinha autorização de visitá-lo, encontra-o morto, ajoelhado ao pé da cama no meio de sua estufa de plantas, num pequeno apartamento de Montmartre. Enterro religioso. Os discípulos se rejubilam com seu desaparecimento, pois finalmente poderão fazer os textos falar como bem entendem, cortando tudo o que os incomoda. Victor Considérant resgata os móveis dele, para – confor-

---

* Em francês: "Voilà le fou: riez!", em que as duas palavras finais soam como "Fourier". (N. da R.)

225

SOCIALISMOS ATÓPICOS

me diz – montar um museu que, evidentemente, nunca nascerá. Também deixa o túmulo abandonado. Na lápide pode-se ler: "Aqui jazem os restos de Charles Fourier. A série distribui as harmonias. As atrações são proporcionais aos destinos." Essas duas frases resumem as mais de seis mil páginas escritas pelo filósofo. Mas a compreensão dessa síntese obriga a alguns desenvolvimentos...

9

Uma filosofia gótica. A obra completa de Charles Fourier contém doze volumes. Uma *Théorie des quatre mouvements et des destinées générales* [Teoria dos quatro movimentos e dos destinos gerais] (1808), uma *Théorie de l'unité universelle* [Teoria da unidade universal] (entre 1822 e 1841) em quatro volumes, *O novo mundo industrial e societário* (1829), *O novo mundo amoroso,* além de *La Fausse industrie* (1835 e 1836) em dois volumes, e mil e quinhentas páginas de manuscritos publicados na revista *La Phalange.* A primeira dificuldade é a extensão em número de páginas do campo teórico.

Segunda dificuldade: abundância de neologismos. À luz da definição do filósofo dada por Deleuze em *Qu'est-ce que la philosophie?* [*O que é a filosofia?*], e que responde: um criador de conceitos e personagens conceituais, não há dúvida que Fourier passa no exame e tira o diploma com os pés nas costas. Pois cada página compreende pelo menos uma dezena de palavras forjadas por ele mesmo e incompreensíveis sem uma referência explícita à definição dada antes. Uma lista dos hápax semânticos de Fourier constituiria um dicionário.

226

Entre eles: "séristère"*, "poupart"**, "sibyl"***, "hyperfée"****,"garantisme"*****,"sarcocèle"******,"lunifères", "solité"******* – lista não exaustiva que deve ser completada com duas ou três centenas de outros termos.... O mais conhecido é "falanstério", pois contém a totalidade das extravagâncias teóricas e práticas do filósofo. Mas também conhecido é o termo "gastrosofia", ao qual voltarei.

Os neologismos às vezes decorrem de mudanças de sexo ou de sufixos de sexo juntados a substantivos, para equilibrar o conceito com o seu duplo inverso em gênero: por exemplo, os pares "*ange/angesse*", "*troubadour/troubadoure*", "*bayadères/bayaders*", "*fée/fé*", "*faquir/faquiresse*"*******, "*bonins/bonines*", neste último caso empregadinhas, além de "*mento-*

---

* Segundo definição do próprio Fourier: nome das salas e dos aposentos contíguos que servem para as sessões de uma série apaixonada. (N. da T.)

** Não se trata propriamente de um neologismo; o que ocorre é a atribuição de um novo significado à palavra: aqui, lactente. (N. da T.)

*** Segundo nota de Fourier, são cetros dos harmonianos, divididos em dezesseis espécies ou títulos, um dos quais é o título de *sybil* ou de educação. (N. da T.)

**** Hiperfada ou Alta Matrona. (N. da T.)

***** Um dos períodos de saída da Civilização, em que haveria um conjunto de instituições no qual se encontraria solidariedade mais completa entre os membros da sociedade. (N. da T.)

****** Não se trata propriamente de um neologismo; o que ocorre é a atribuição de um novo significado à palavra *sarcocèle* (sarcocele indica uma tumefação do testículo). O que Fourier fez foi ampliar o seu significado. (N. da T.)

******* Solidão ou unicidade. (N. da T.)

******** Anjo/anja; trovador/trovadora; bailadeiras/bailadeiros; fada/fado; faquir/faquireza. (N. da T.)

SOCIALISMOS ATÓPICOS

rins/mentorines" para pequenos mentores homens e mulheres etc. Mas, conforme escreve na *Théorie de l'unité universelle*, ele se limitou a recorrer às "neologias" (II.74) em caso de absoluta necessidade! Em outros momentos, os neologismos possibilitam (pretensamente) organizar o plano, expor as ideias, desenvolver a teoria. Nesse jogo, Fourier parece um Hegel francês recorrendo à aparência de uma ordem escrupulosa para dissimular uma extravagante fantasia. O caos que preside a composição dos livros do filósofo, porém, pressupõe "antiface", "citerface", "ulterface", mas também, para que não haja tédio, a palavra "prolegômenos", "cislegômenos", "translegômenos" ou "poslegômenos"; em outros lugares, "cismediante", "mediante", transmediante"; Fourier surpreende-se com o fato de não entenderem essas criações, pois, conforme diz, com a ajuda da etimologia todos podem perceber o sentido das palavras sem explicação.

Ao mesmo tempo que, pela criação de conceitos, é um filósofo no sentido deleuziano Fourier o é também pela fabricação de personagens conceituais que podem ser "Fakma", magnífico gigante de bondade sobre-humana que satisfaz a todos os desejos de uma multidão imensa em *O novo mundo amoroso*, ou "Valère" e "Urgèle", o primeiro com vinte e cinco anos, a segunda com oitenta; ela ocupa o posto de "alta matrona ou hiperfada do exército do Reno, exercendo o ministério das simpatias acidentais para os trezentos mil homens e mulheres", e entre ambos há um amor que na civilização seria chamado de gerontofilia... Mas também há "Ganassa", soberba faquireza de Malabar; "Lamea", bailadeira de Benares; "Zéliscar e Zétulbe", querubim e querubina de horda;

228

CHARLES FOURIER

"Petit Kan" (Pequeno Kan) – personagens que, entre outras coisas, servem para relatar os usos em Harmonia, mundo fourierista pós-Civilização...

Numa mescla de produções de conceitos e criações de personagens conceituais, Fourier inventa igualmente expressões que produzem efeitos semânticos, está claro, mas também estéticos, poéticos, no sentido etimológico. Por exemplo, "escarros de diamantes", "vestalatos de harmonia", "pequenas hordas" (que, evidentemente, não devem ser confundidas com "pequenos bandos"...), "rosquinhas harmônicas", "cacografias passionais", "séries capadas", "criação septigenérica", "dissolução láctea" da "cópula dos astros"* etc. Aqui veremos com mais vagar a "atração apaixonada", pedra angular do sistema...

10

Numerologia frenética. Cabe resumir: a primeira dificuldade para apreender o pensamento de Fourier, oculto e dissimulado num cipoal inteligentemente entretecido é o volume da obra completa e o grande número das repetições das exposições; a segunda dificuldade é a abundância de neologismos na forma de palavras, personagens, expressões inventadas para construir, propor, expor, ilustrar o pensamento do autor. A terceira dificuldade é a paixão numerológica, a fantasia classificadora. Novo cipoal dentro do cipoal...

---

* "Crachats de diamant", "vestalats d'harmonie", "petites hordes", "petites bandes", "gimblettes harmoniques", "cacographies passionnelles", "séries hongrées", "création septigénérique", "dissolution lactée", "copulation des astres". (N. da T.)

SOCIALISMOS ATÓPICOS

Fourier classifica, separa, enumera, estabelece séries, constitui conjuntos, cifra, conta, calcula, multiplica, deduz, distribui em quadros. Desse modo ele assume ares de matemático à procura da Cifra do mundo. Nada estabelece a participação do filósofo nas sociedades secretas de franco-maçonaria, mas ele frequentava alguns adeptos dessa religião esotérica e com eles compartilhava o gosto pela quinquilharia intelectual falsamente científica que, sem dúvida, cintila, mas com um ouro filosófico de contrabando. Fourier zomba das refeições – ágapes – maçônicas, muito longas, exatamente contrárias às práticas gastrosóficas de Harmonia. Em compensação, admira a potencialidade "uniteísta" da seita que, potencialmente, constituía um fermento ideal de propagação do fourierismo!

A terceira dificuldade, portanto, é a profusão de quadros e números: um quadro do percurso do movimento social estende-se por três páginas em *Théorie des quatre mouvements*. Cabe simplificar e ficar apenas com o arcabouço: esse percurso do movimento social é separado em duas partes: vibração ascendente, vibração descendente. Esses dois tempos são também divididos em dois: o primeiro em caos ascendente e harmonia descendente, e o segundo em harmonia descendente e caos descendente; entre esses dois momentos, encontra-se um tempo intermediário. Esses quatro momentos se subdividem de novo em nove períodos. Primeira vibração, primeira divisão, o que dá: Éden, Selvageria, Patriarcado, Barbárie, Civilização, Garantismo e Sociantismo. Estamos no fim da Civilização.

Outro quadro propõe uma distribuição esquemática das doze paixões radicais: primeiro momento,

230

paixões sensuais; segundo momento, paixões anímicas. No primeiro momento, luxismo com paixões sensitivas ou sensuais (os cinco sentidos); no segundo momento, dois tempos: grupismo (quatro paixões afetivas ou cardinais) e seriismo (três paixões distributivas ou mecanizantes), a saber: cabalista, borboleteante [*papillonne*] e compósita... Constata-se de passagem a imbricação das dificuldades: neologismos, paixão classificatória e numerologia...

Fourier diverte-se tremendamente em *O novo mundo industrial e societário* com os detalhes da organização de uma "Falange em grande escala". Novo quadro de duas páginas. Divisão em ordens, gêneros, idades e números. Do nascimento aos vinte anos, dos bebês aos meninotes, passando por traquinas, pequerruchos, querubins, serafins, liceanos, ginasianos (e seus femininos a cada vez), Fourier estabelece separações entre idades, às vezes com anos e meio de separação. O conjunto preenche casas arbitrárias chamadas "complemento ascendente", "transição ascendente", "aleta ascendente", "ala descendente" e, ao modo da série invertida dos compositores serialistas do século XX, um "centro", depois uma "ala descendente", uma "aleta descendente", uma "transição descendente", um "complemento descendente", cada um desses tempos dispondo de um coeficiente cifrado cabalístico...

Donde a existência de: "solítono", "bítono", "trítono", "tetrátono", "hexátono", "pentátono", "omnítono", para estabelecer a escala dos caracteres e dos temperamentos. Abundam cifras, algarismos, números, cálculos. Estes são feitos sem razões, apenas em consideração à lógica interna do filósofo, que introduz o diverso e o múltiplo da história nos comparti-

SOCIALISMOS ATÓPICOS

mentos e gavetas que conjuram a angústia por meio da produção de uma ordem artificial. A série cifrada acalma o filósofo, que confessa certas fragilidades nervosas...

Antigamente os homens mediam 73,5 polegadas de Paris; na Civilização, eles caíram para 63 polegadas, mas em Harmonia, subirão 1/7 além da natureza primitiva, portanto passarão para 84 polegadas, por uma razão bem simples que, de fato, é aprovada assim que Fourier a apresenta: a medida em polegadas é convertida em pés de Paris – 7 – porque o pé do Rei é a medida natural por ser igual à 32.ª parte da altura da água nas bombas de sucção... CQD. Eis efetivamente um argumento suplementar a favor da excelência do projeto fourierista!

11

Coroamento do gótico. Quarta dificuldade: sinais cabalísticos. Em *O novo mundo industrial* (VI.63) Fourier apresenta os "detalhes distributivos sobre as relações dos grupos de uma série" e completa esse quadro de concordâncias com uma nova série cifrada, a dos 32 grupos que cultivam as variedades de um vegetal. O esquema propõe um caligrama que tem o jeito de um pinheiro!

As bordas da conífera são em algarismos, e o cerne do dispositivo, em sinais cabalísticos: "X" para significar o contraeixo, e o mesmo, mas alongado lateralmente, para o grupo de eixo; um "Y" para o subeixo ascendente, e o mesmo, mas invertido (a parte de cima passa para baixo), para o subeixo descendente; um "K" para o grupo de ambíguo ascendente, e a mesma letra, mas em espelho, inversão

CHARLES FOURIER

especular, com o lado direito passando a ser lado esquerdo, para o grupo de ambíguo descendente; um "D" para o grupo de difração.

Os algarismos fazem parte de uma lógica interna cujo mecanismo continua obscuro – mesmo para os matemáticos profissionais... Julgue-se pelo seguinte: "A simpatia será menos forte de 1 por 12 e 14, de 5 por 16 e 18, menos ainda de 1 por 11 e 15, de 5 por 15 e 19. Ela irá assim declinando até dois quartos de escala, onde cessará, de modo que 13 deixa de ser simpático para 7 e 19, menos ainda para 8 e 18, onde começa uma ligeira antipatia; esta cresce de 13 por 9 e 17, e a escala de desacordo fortalece-se consecutivamente a ponto de formar uma antipatia muito pronunciada de 13 por seus dois contíguos, 12 e 14; é um pouco menos forte de 13 por seus subcontíguos 11 e 15, e assim por diante." Assim por diante, de fato...

Aí também há imbricação dos registros: neologismos desenfreados, taxinomia frenética, numerologia febril, sinais cabalísticos, Fourier leva ao paroxismo a criação de uma língua própria para significar um mundo criado integralmente. A língua e os algarismos criam a realidade que provam, ao mesmo tempo que possibilitam a seu demiurgo viver melhor nessa realidade, mais à vontade do que no mundo da realidade trivial do empregado de lojas de fazendas, do comerciante de tecidos ou do tesoureiro em sua lojinha.

Para complicar tudo, Fourier deixa seus manuscritos num estado definitivamente hermético para o leitor. Assim, em *O novo mundo amoroso*, quando não tem certeza de que encontrará a palavra certa ou um bom lugar para uma boa ideia, limita-se a pular e deixar em branco... Depois, como o manuscrito

SOCIALISMOS ATÓPICOS

teve um destino extravagante por causa dos "discípulos" que se chocavam com as ideias, os cinco cadernos multicoloridos ficaram mofando num porão da École Normale no Centro de Documentação Social criado por Célestin Bouglé. Em 1940, os manuscritos foram guardados em segurança no castelo de Vincennes... que pegou fogo. Acreditou-se durante muito tempo que o texto estava perdido. Na verdade, ele tinha sido colocado num anexo e depois foi transferido para os Arquivos Nacionais da França, onde ainda estão. A primeira edição foi publicada por iniciativa de Simone Debout, em 1967, a cargo das edições Anthropos, que realizaram então a obra completa em doze volumes. Para tornar a história mais rocambolesca, as páginas foram avariadas por camundongos, que roeram uma parte do caderno 51... De modo que – quinta dificuldade – é preciso trabalhar com manuscritos inacabados, incompletos, com os brancos da falta de inspiração do autor e com os furos dos incisivos do pequeno mamífero...

12

Um gnóstico pós-industrial. Do ponto de vista da *forma,* da estrutura, da arquitetura e dos materiais de construção, a obra filosófica de Charles Fourier assemelha-se ao trabalho de Viollet-le-Duc (1814-1879), se não ao de Luís II da Baviera (1845-1886). Quanto ao *fundo,* leva a pensar na constelação herética dos gnósticos licenciosos (Simão, Basilides, Carpocrates, Valentino, Cerinto, Epifânio, Nicolau...) que, também amantes de neologismos ("pleromas", "éons", "arcontes", "pneuma" etc.), quando não de persona-

CHARLES FOURIER

gens conceituais ("Sete", "Lilite", "Barbelo", "Serpente", "Enviados", "Desejo-fogo" etc.), propõem já no século I da nossa era uma visão de mundo baseada numa cosmogonia barroca, numa teodiceia licenciosa, numa transvaloração radical[1]. Fourier parece um gnóstico licencioso perdido no século da revolução industrial.

A cosmogonia de Charles Fourier é a parte mais ocultada pelos leitores, desde os primeiros discípulos – Just Muiron, Victor Considérant – até os últimos – René Schérer, por exemplo. De fato, é difícil ressaltar que os alicerces do edifício filosófico assentam em considerações que não são científicas nem filosóficas, mas... teológicas. Pois os defensores de um Fourier liberador da sexualidade e pensador da revolução dos costumes de maio de 68 deixam de lado os trechos nos quais o filósofo ataca violentamente os ateus e defende a existência de um Deus origem de todas as coisas, mas, sobretudo, a "atração apaixonada", seu conceito mais importante, arquitetura de seu pensamento, que dificilmente pode ser entendida a não ser na perspectiva do impulso dado ao mundo por um Deus definido como "eterno geômetra" (IX.691). Deus designa o princípio ativo e motor; a matéria é o princípio passivo, movido. A partir daí, Deus é a atração apaixonada – e vice-versa.

13

"Atração apaixonada". Assim, a realidade fourierista é uma teodiceia que devemos aprender a ler para

---

1. V. *O cristianismo hedonista*, vol. 2 de *Contra-história da filosofia*.

SOCIALISMOS ATÓPICOS

dar consentimento e adesão àquilo que a Natureza, portanto Deus, nos ensina, para chegarmos à felicidade pessoal e coletiva. Pois Deus quis paixões, desejos, pulsões, tropismo hedonista; criptografou a realidade, recheou de hieróglifos e códigos um mundo que a filosofia não entendeu durante mais de vinte séculos. A descoberta da "atração apaixonada" inaugura uma nova era e reduz a nada (*dixit* Fourier!) os 40.000 livros de filosofia caducos a partir de 1808, data da publicação da *Théorie des quatre mouvements*.

O ateísmo decorre do desconhecimento das leis da natureza. Normal, pensa Fourier, pois os filósofos estão perdidos há séculos e passando ao largo da verdade. Afirmar que Deus não existe é ser vítima do estado de decomposição da Civilização, no qual nos encontramos, o que durou tempo demais. O desconhecimento da Providência, a ignorância das leis de Deus, os danos e os estragos do "industrialismo", a conjuração dos filósofos perdidos, essas são as fontes do ateísmo. Somente o gênio de Fourier, sua descoberta, seu achado lhe possibilitam reivindicar modestamente (diz ele!) superar Newton, que, por sua vez, não passou longe dessa descoberta, é verdade, mas não soube ou não viu o que de grandioso poderia ter extraído dela. Felizmente veio Fourier...

Sua afirmação da existência de Deus é completada pelo elogio aos Evangelhos, ao seu espírito (cuja natureza se ignora quando se comete o erro de lê-los independentemente das lentes fourieristas), e pela fustigação da Igreja (que durante tempo demasiado impediu os progressos e a importante descoberta da atração apaixonada). Fourier propõe uma

CHARLES FOURIER

grade de leitura, *a* grade de leitura, para finalmente
entender os textos evangélicos: eles anunciam duas
revelações, duas revoluções; a primeira é a de Cristo; a segunda, a de Fourier. E uma é outra, pois o
anúncio do reino de Deus é entendido como anúncio do reino de Deus aqui e agora, na terra, graças à
perspectiva messiânica do fourierismo! Portanto,
faltava Fourier a Cristo, sendo este realizado pela
doutrina daquele. Harmonia, esse é o outro nome
do reino de Deus...

Pois o fim da miséria, da pobreza, da escravidão e
da exploração, o desaparecimento da angústia, do
medo e do temor, a abolição da negatividade, o reino da felicidade e da alegria, as bem-aventuranças
anunciadas pelos Evangelhos, é esse o programa ao
qual *O novo mundo industrial* convida. Atração apaixonada é o outro nome de Deus, pelo menos uma
de suas modalidades de aparecimento. O Espírito
Santo comunica seu impulso coletivo pela Atração.
Harmonia? "É a Nova Jerusalém" (VI.380)...

14

Girafa, antigirafa, contragirafa. A teodiceia fourierista, portanto, pressupõe uma teoria da "atração
apaixonada", é verdade, mas também a teoria da
analogia. Se no universo tudo está ligado (tal como
escreve Schelling numa frase que Fourier cita com
frequência), então tudo se corresponde, à maneira
das vogais coloridas de Rimbaud. A teoria da analogia é "uma ciência nova" (VI.454). Exige que realmente nos ocupemos dela, em especial subvencio-
nando pesquisas capazes de estabelecer os quadros
– de novo! – dessas equivalências. O número delas é

SOCIALISMOS ATÓPICOS

um milhão – em outras palavras: matéria para 4.000 volumes!

Qual é então o princípio da analogia? Como no universo tudo está ligado e tudo se corresponde, existem "hieróglifos" por decifrar. Os pormenores de plantas, animais etc. informam sobre as paixões humanas, as relações sociais, o íntimo dos seres humanos. À maneira do retrato chinês, Fourier propõe equivalências. Vejamos em termos de ornitologia – que será desenvolvida por seu discípulo Toussenel em *L'Esprit des bêtes. Zoologie passionnelle* [O espírito dos animais. Zoologia passional] e em *Le Monde des oiseaux. Ornithologie passionnelle* [O mundo dos pássaros. Ornitologia passional]. O pintassilgo, de cabeça vermelha, pelo cérebro está imerso na cor que significa a ambição. Sua plumagem de um cinzento acastanhado, mas limpo e lustroso, indica a pobreza industriosa, pais sem dinheiro que transmitem o desejo de ascensão social, com o qual ele concorda. A extremidade amarela das plumas expressa a ajuda dos pais nessa aventura. A criança pobre não tem medo das emboscadas da ciência. Gosta do cardo, planta espinhosa e simpática. O canário, pássaro mimado, de agradável chilreio, fazendo-se servir e obedecer, comandando toda a família – o que é demonstrado pela coroa na cabeça –, contando com bons mestres, só vive de guloseimas, como as crianças mimadas. O papagaio, loquaz sem razão, plumagem variegada, amarela na asa, vermelha na ponta, ou o contrário, simboliza os sofistas do mundo filosófico. Etc.

Os hieróglifos podem ser geológicos, vegetais, animais... Quando se indaga sobre a verdade, Fourier convoca a girafa: pois é próprio da verdade superar

CHARLES FOURIER

os erros, e a girafa, graças ao pescoço comprido, eleva a cabeça acima de tudo. Ela não serve para nada, tem andar esquipado e só é admirada quando em repouso – tal como a verdade, que só se ama em teoria... Sua galhada foi podada por Deus, tal como a verdade, seccionada pela autoridade e pela opinião. Em Civilização, ela não serve para nada. Em outro estado de Civilização, dispõe-se da "contragirafa", em outras palavras, da rena, da qual se obtêm todos os serviços possíveis – o que justifica o fato de Deus a ter tirado dos climas sociais, pois nada temos que fazer com a verdade em Civilização... Quando a ordem social tiver modificado nossa relação com a verdade, disporemos de uma antigirafa, grande e magnífico servidor que superará a rena em utilidade...

Em *Théorie des quatre mouvements* (I.288), Fourier escreve que a teoria da analogia pressupõe contraste (colmeia e vespeiro), aliança (porco e trufa), progressão (nas famílias, os ramificados, por exemplo). Mas os civilizados são incapazes de explicar essas correspondências. Quem, por exemplo, pode explicar por que e segundo quais modalidades "o diamante e o porco são hieróglifos da 13ª paixão"? Quem mesmo? Só o autor...

Donde a analogia entre moral e amora, por via da maturação tardia; entre elefante e civilização, por via da tromba saliente e luxista; entre beterraba e escravidão, por via do sumo vermelho; entre couve--flor e amor sem obstáculos; entre batata e desigualdade; entre faisão e marido ciumento; entre pavão e ordem social, por via dos múltiplos ocelos; entre cascavel e calúnia, por via do ruído que se espalha; entre o pato e o marido obediente, por via da voz rouca; entre aranha e comércio enganador, por via da

239

SOCIALISMOS ATÓPICOS

teia, cilada da livre concorrência; entre papoula e masturbação, por via do perfume acre e repugnante; entre avestruz e pobreza de espírito, por via do corpanzil sem cabeça; todas essas analogias, portanto, entre uma infinidade delas, só serão realmente decodificadas quando se tiver trabalhado o sujeito. Em Civilização, ainda se está longe disso...

Mais tarde, portanto, se compreenderá por que, entre as raízes, o nabo grande encarna o camponês gordo; o rabanete, o fazendeiro rico que trata com os poderosos; o rabanete redondo e pequeno, o opulento; o rabanete oblongo, o rico que aprofunda o sujeito; a cenoura, o agrônomo refinado, experiente; o aipo, o amor campestre; será possível compreender os mistérios que, graças à copulação dos planetas, usando-se jatos de aromas, possibilitam a produção do ferro, do cão e da violeta, por via da copulação da terra consigo mesma; a produção do estanho, após abraço com Herschel; a do jasmim, após carícias com o Sol; a do junquilho com Júpiter; a do narciso com Júpiter e o Sol... Até lá, o jeito é confiar em Fourier. E acrescente-se a teoria da analogia no rol das dificuldades – a sexta – para penetrar plena e facilmente na obra...

15

Nossos corpos etéreos imortais. Essa ciência (!) nova prova a existência da alma, pois a analogia mostra que nada se perde, nada se cria, tudo se transforma... Fourier acredita no magnetismo, na pluralidade dos mundos, na transmigração das almas, na vida eterna. Na terra, aqui e agora, nossos corpos se compõem de terra e água. Mais tarde, porém, depois da morte, eles se recompõem em éter e aromas. Só o conhecimento das duas teorias (atração apaixonada e analogia) possibilita entender por que os homens reencarnam e de que maneira. A felicidade neste mundo, em Civilização, gera felicidade no além, no Cosmo, das almas que, por atração, são submetidas ao estado de paixão no qual nos encontramos. Assim, quando sofremos em Civilização, as almas sofrem no Cosmo; por isso, em Harmonia, quando formos felizes, elas conhecerão o júbilo no Cosmo...

As paixões foram criadas por Deus, que as quis assim. Ruins no uso da Civilização, as mesmas paixões, quando fizerem parte de uma mecânica serial e social, tornar-se-ão boas, fator de equilíbrio, paz e satisfação. Conhecer as leis de Deus, penetrar o mistério da Atração, portanto o código divino, possibilita a realização do plano hedonista de Deus. Ora, a chave desse código é fornecida por Charles Fourier. Donde a consideração de seu trabalho por ele como uma profecia que coroa o messianismo cristão. O que é anunciado nos Evangelhos é realizado pelo fourierismo...

16

Falsidade da Civilização. Teodiceia, cosmogonia, atração e analogia constituem a base metafísica do fourierismo. Examinemos dois momentos de seu pensamento: o político e o erótico. Em sua análise do liberalismo, do capitalismo e da revolução industrial, Fourier evita neologismos, cifras, números e sinais cabalísticos. Deixemos de lado o lugar ocupado pela Civilização no quadro do curso do movimento social (suas 4 fases e seus 32 períodos, desde

SOCIALISMOS ATÓPICOS

a infestação dos mares pelo fluido astral até a dissolução láctea!) e consideremos que se trata do momento no qual nos encontramos.

O capitalismo gera pauperização e miséria, indigência e pobreza, escravidão dos trabalhadores e alienações generalizadas. O liberalismo, definido como livre concorrência desenfreada, sem Estado nem lei, é apresentado em *O novo mundo industrial* como "o modo mais perverso que pode existir" (VI.400). Em Fourier, o excesso de indústria é "industrialismo", mal maior de nossa época, pois o progresso da indústria é um engodo para a multidão sofredora. Essa produção confusa e sem método, sem retribuições pessoais, sem participações, sem garantias para o produtor e o assalariado de tirar partido do aumento das riquezas, esse estado de coisas deve acabar.

Os parasitas abarrotam a praça, os comerciantes, os vendedores e os intermediários embolsam lucros consideráveis. Vimos que a maçã faturada num restaurante por um preço cinquenta vezes maior que o de compra deixa o filósofo estupefato, e este, em contrapartida, desenvolve uma teoria sobre esse momento, fundador de seu pensamento econômico. Aquela maçã inscreve-se em uma "quadrilha de maçãs famosas" (segundo nota de 1820), a primeira das quais é a de Adão: todos conhecem sua história e, sobretudo, suas consequências, não há necessidade de insistir; a segunda é a de Páris, príncipe de Troia que, por ter destinado o pomo de ouro a Afrodite, deusa do amor, implicará seu destino na destruição da própria pátria; essas duas maçãs, escreve Fourier, são célebres pelos desastres que provocaram; as outras duas deixam rastros na história pelas promessas

CHARLES FOURIER

e pelos serviços prestados à ciência: primeiramente, a de Newton, que, segundo se diz, teria descoberto a lei da atração universal ao ver uma delas caindo da árvore; em segundo lugar, a de Fourier, que em *Manuscrits publiés par la Phalange* [Manuscritos publicados por *La Phalange*] (X.17) torna-se uma "bússola de cálculo", pois conduz o pensador para o caminho de seu sistema integral. Quatro anos depois da aventura do restaurante Février, Charles Fourier descobre a "teoria dos grupos industriais" e, depois, as "leis do movimento universal não percebidas por Newton"...

17

Da abundância nasce pobreza. Essa falsidade na distribuição alia-se à falsidade na repartição. O outro episódio alegado por Fourier na formação de seu pensamento político é a destruição do estoque de arroz no porto de Marselha enquanto em outros lugares se morria de fome. Por um lado, ricos se refestelam, refinam seus prazeres nos grandes restaurantes das cidades, morrem de indigestão; por outro, os pobres passam fome no campo ou nos casebres urbanos, depois desaparecem, levados pela desnutrição ou pela fome. Em Harmonia, reinará abundância em tudo.

Em Civilização, morre-se de "fome premente", ao pé da letra, quando não se tem absolutamente nada para comer; ou então de "fome especulativa", ou seja, intoxicado pela ingestão de produtos adulterados, tóxicos, químicos, concebidos desonestamente pelos comerciantes para a obtenção do maior lucro sobre um alimento, um vinho, com o mínimo de custos possível; por fim, morre-se de "fome iminente" pelos excessos de trabalho ou de cansaço, que dão origem a febres, doenças, acidentes ou invalidez. E tudo isso por causa do "despotismo do dinheiro" (VI.212). Em Harmonia, o mais humilde camponês comerá tanto quanto lhe permitir seu apetite.

No reinado do dinheiro, da livre concorrência desbragada, do mercado livre, a lei é: "Em Civilização a pobreza (nasce) da própria abundância" (VI.35). Fourier estabelece uma correlação entre a riqueza dos ricos e a pobreza dos pobres: a fortuna de uns pressupõe a pobreza dos outros, o dinheiro abundante aqui explica o dinheiro que falta ali. O liberal se recusa a examinar a possibilidade de relação de causalidade entre essas duas situações. O socialista afirma, ao contrário, a existência de uma relação de consequência. A cabana de chão batido dos camponeses franceses, seus catres de folhas apodrecidas, infestadas de parasitas, pressupõem os palácios de ouro e brocados, os objetos de luxo e os móveis refinados dos burgueses endinheirados, enriquecidos pela Revolução Francesa... Em Harmonia, os mais modestos operários morarão em palácios magníficos.

18

A invenção da ecologia. Fourier correlaciona o modo de produção industrial à má qualidade de alimentos, produtos manufaturados, comidas e bebidas. Repetiu-se muito que, em filosofia, as mesmas coisas eram repisadas desde a mais remota antiguidade, e que havia vinte e cinco séculos nenhum pro-

CHARLES FOURIER

blema filosófico novo vinha à tona. A observação parece justa. Mas a ecologia é uma questão inédita em filosofia na época de Fourier: em nenhum texto de Platão ou Aristóteles, por exemplo, se encontra nem sequer uma frase que possibilite identificar um esboço do questionamento ecológico. E com razão La Palice teria dito: é preciso que o planeta seja prejudicado ou destruído para que surja o pensamento sobre sua preservação. A industrialização produz a negatividade que alimenta o pensamento ecológico. A palavra "ecologia" aparece no ano de 1866 em Haeckel, em alemão; depois, em 1874 em francês, mas será preciso esperar 1964 para que surja "ecologista"... No século XIX, a palavra qualifica a disciplina que estuda as relações entre os seres vivos e seus ambientes. A acepção que integra o trabalho em prol da melhoria dessas relações ou até mesmo da proteção ou do restabelecimento de equilíbrios perdidos data de 1968... Isso significa que as afirmações de Fourier já em 1822 na *Théorie de l'unité universelle* (III.105) dão mostras de uma verdadeira presciência.

Em *O novo mundo industrial,* Fourier disserta sobre os alimentos ruins que enchem as mesas dos pobres e atuam como "venenos de ação retardada" (VI.43). Os comestíveis naturais desapareceram, destruídos pela produção delirante em regime falseado de Civilização – em outras palavras: em regime de produção liberal... Por causa do mercado livre, da tirania dos intermediários, da paixão pelo lucro por parte dos comerciantes, do enriquecimento dos intermediários, nada mais se encontra de bom: vinho, óleo, leite, carnes, verduras, aguardente, açúcar, café, farinha, tudo é formatado pelo mercado, para o mercado.

SOCIALISMOS ATÓPICOS

Em Harmonia, a produção terá em vista alimentos sadios, limpos e puros.

A organização capitalista destruiu a qualidade daquilo que os homens ingerem: é o que ocorre com o macarrão, "cola rança" (VI.256), preparada para que a dona de casa ganhe tempo com uma culinária fácil, barata, mas intragável; o mesmo para as carnes, "alteradas e infectadas" porque o criador queima as etapas de crescimento do animal para torná--lo rentável mais depressa junto ao comerciante; diga-se o mesmo dos vegetais poluídos pelos adubos, que transmitem gosto infecto aos alimentos obtidos da terra; também dos vinhos adulterados com produtos químicos; idem para as colheitas feitas antes da hora, que põem no mercado frutas e legumes não amadurecidos, intragáveis...

Fourier correlaciona a qualidade dos alimentos à saúde da população. É o que ocorre com a esterilidade, maior entre os citadinos alimentados com produtos ruins do que entre os rurais, ainda relativamente preservados dessa corrida aos produtos infectados pelo capitalismo produtivista moderno. Presciência, portanto, da intoxicação, das doenças, dos transtornos para a saúde da população devido aos alimentos adulterados pelos comerciantes obcecados com o aumento de lucros.

Só os ricos ainda podem comprar produtos de qualidade, mais raros, portanto mais caros e ao alcance de seus bolsos. Quanto aos pobres, morrem de fome por nada terem para comer ou porque o pouco que comem é adulterado, corrompido e estragado pela química, pelo produtivismo extremado e pela busca desenfreada de lucros. Enquanto em Paris os ricos se refestelam na comilança e os "gas-

CHARLES FOURIER

trólatras" (VI.259) se exibem nos restaurantes da
moda, os pobres nada têm no prato ou então têm
uma sopa pobre, "um simulacro de caldo com ingre-
dientes que cheiram a toucinho ranço, vela e água
estagnada" (idem). Em Harmonia, a gastrosofia atua-
rá como cimento da felicidade social.

Essa comida ruim provoca uma preocupação ecologista em Fourier: a Civilização destrói o planeta, a
Harmonia restabelecerá o equilíbrio entre todos os
componentes da Natureza. Fourier faz uma constatação que, tal como ocorre com aquilo que hoje se
convenciona chamar de alimento de má qualidade,
diz respeito ao *aquecimento planetário*. Num Manuscrito da *Phalange*, mas também em *O novo mundo industrial*, ele fala explicitamente da "deterioração
material do planeta" e arrola seus sintomas: a tem-
peratura se vicia rapidamente; os excessos climáti-
cos tornam-se habituais; em regiões inteiras desaparecem culturas ancestrais; as estações se invertem:
o inverno surge na primavera, a primavera chega no
inverno; desaparecimento das estações intermediárias; fim das florestas; esgotamento das nascentes;
desencadeamento de furacões... Parece constatação do início do século XIX?

Mas há soluções: os homens podem agir, invertendo esse estado de coisas. O planeta está desfigurado
devido à fase de Civilização que dura demais, em
especial com seu vício mais importante, o "industrialismo". A passagem para Harmonia produziria
efeitos consideráveis, inclusive sobre a "restauração
das climaturas". Fourier anuncia a resolução cosmo-
gônica do problema: é preciso agir sobre o deslocamento do eixo da Terra, trabalhando as paixões em

SOCIALISMOS ATÓPICOS

Harmonia; mas também esboça outra solução, digamos, mais pragmática.

Assim, em Harmonia, a cozinha coletiva substituirá os pequenos lares individuais, em que cada família consome carvão para as refeições diárias. Desse modo, o combustível economizado pouparia florestas e ajudaria a restabelecer os climas adequados. Da mesma maneira, com essa "economia de combustível" (VI.5), seria possível lutar contra o roubo de madeira na floresta, problema tão importante que Karl Marx lhe dedica um de seus primeiros artigos.

19

Um companheiro de estrada utilitarista. Fourier situa-se sob a égide da luta contra a "moral repressiva" (VI.71), especialmente do ponto de vista daquilo a que foram submetidas as mulheres desde os primórdios da humanidade. A religião cristã e suas igrejas, a filosofia, até Fourier (diz ele!), apontaram para um mau caminho, criticando os desejos, fustigando as paixões, atacando o corpo, rejeitando o prazer, celebrando "o amor pelo desprezo a si mesmo" (prefácio ao *Traité de l'association domestique agricole* [II.41]), uma paixão nacional... Os dogmas da moral dominante são impraticáveis, por que continuar a ensiná-los?

Fourier faz duras críticas a todos. Como gênio ignorado que se põe no mesmo pedestal de Jesus, Cristóvão Colombo e Newton (que ele ultrapassa e supera, claro, pois os realiza!), como um ranzinza que não para de ruminar a dor do anonimato e de anunciar que um dia seu justo valor será apreciado, Fourier raramente faz citações positivas – Owen que o diga... –, mas fala bem de Bentham! Se todo o mundo está enganado desde os primórdios da humanidade, se há três mil anos ninguém vê nem compreende nada, se centenas de milhares de volumes de filosofia, ciência e história estão fadados a cair no esquecimento no dia em que se estabelecer a verdade do fourierismo, linhas elogiosas sobre Bentham contam, têm verdadeiro peso de ouro...

Lemos num capítulo intitulado "Da verdadeira felicidade", extraída de *O novo mundo industrial*, esta frase que funciona como uma profissão de fé: "Só vi um escritor civilizado que se aproximou um pouco da definição de verdadeira felicidade; é Bentham, que exige realidades, e não ilusões: todos os outros estão tão distantes do objetivo que não são dignos de crítica" (VI.348). Em vários momentos da obra completa, Fourier anuncia que tem o conceito de "utilidade" (III.149) (VI.276) (VII.114) em alta estima.

Só é verdadeiro, justo e bom o que é útil para realizar o projeto de Harmonia, em outras palavras, "as obras que conduzem os povos à felicidade". Se existem santos e heróis de Harmonia, e, de fato, existem, são as mulheres e os homens que, por meio da gastronomia e da sexualidade, tenham mais contribuído para realizar "a felicidade dos humanos" (VI.119).

A ideia de associar a santidade ao ideal ascético, a mortificações, à prece, a austeridades diversas e múltiplas pertence a Barbárie e a Civilização, estados de menor avanço na história da humanidade. Pois na santidade civilizada Fourier vê apenas ridículo, tolice, absurdo, inutilidades... O filósofo quer "santos úteis", santificados aqui e agora em virtude de suas proezas gastronômicas e amorosas.

249

20

Razão glacial e paixões liberadas. A resposta às desordens da Civilização, portanto, está em Harmonia. Qual é ela? De que se compõe? Quais são seus meios, instrumentos, dispositivos? Como chegar lá? Fourier começa declarando guerra à "moderação" e à "razão glacial" (VI.78). De fato, sua obra completa desenvolve-se por inteiro no exagero e na razão escaldante. Paixões: é sobre elas que ele constrói seu edifício – em outras palavras, Fourier tem razão quando se apresenta como aquele que vai na contracorrente de dois milênios de moral ascética e de filosofia conivente...

Toda paixão é boa, nenhuma é viciosa, pois só existem desenvolvimentos viciosos das paixões. Assim, um assassino, um ladrão, um vigarista expressam em seus atos impulsos viciosos, mas a paixão que os produz é boa, pois Deus a criou. Existe uma paixão pelo sangue: é boa ou ruim? Boa quando produz o açougueiro, homem necessário à alimentação dos semelhantes, ou o caçador que mata para dar comida aos seus; má se produz o assassino. Pois o que gera o homicida? Uma ingurgitação e uma irritação das paixões causadas pela Civilização, que não as utiliza a contento; em Harmonia, essa mesma paixão seria posta a serviço de causas que a enobrecessem.

Portanto, ferocidade, orgulho, espírito de conquista, furto, concupiscência, gosto por sangue, hipocrisia, avareza, duplicidade, vícios em Civilização, não são ruins em si, mas relativamente ao seu uso. Fourier invade como consequencialista as searas utilitaristas! Deus não deve ter criado essas paixões sem boas razões. Cada uma delas tem uma utilidade na

CHARLES FOURIER

mecânica harmônica, e só nossa ignorância é causa do desprezo pelas paixões. "A partir do momento em que queremos reprimir uma única paixão, cometemos um ato de insurreição e hostilidade contra Deus" (VII.451).

Fourier toma como modelo a ilha de Otahiti – Taiti... –, onde as paixões são parceiras, e não adversárias, como em Civilização. Os costumes são naturais, pois nenhuma contaminação chegou de povos exteriores, graças ao isolamento geográfico. Os habitantes da ilha praticam amor livre porque todo júbilo sexual é agradável a Deus. Devemos dar as costas às velharias morais, teológicas e filosóficas do ideal ascético e realizar em Harmonia – em outras palavras, para o Cosmo – o que aqueles ilhéus bem inspirados nos ensinam.

Na lógica fourierista, as paixões são doze, tanto quanto as notas musicais, mais uma, a "axial". Compõem ao todo o "uniteísmo ou harmonismo": esse conjunto divide-se em dois, com as "paixões sensuais", o "luxismo" [desejo de luxo] (que compreende os cinco sentidos, sob a rubrica "sensitivos ou sensuais"), e as "paixões anímicas", por sua vez divididas em "*grupismo*" [desejo de grupo] ("afetivas ou cardinais": *maiores* com a amizade e a ambição, *menores* com o amor e o familismo) e "*seriismo*" [desejo de série] ("distributivas ou mecanizantes").

Estas últimas são paixões desconhecidas: a "cabalista", em outras palavras, o espírito de partido e o gosto pela intriga, ativa em comerciantes, cortesãos, ambiciosos, no mundo galante; a "borboleta", ou necessidade de mudar e variar os prazeres, de passar rapidamente de um a outro; a "compósita", misto das duas primeiras, entusiasmo e espírito de embria-

251

SOCIALISMOS ATÓPICOS

guez que excluem a razão em proveito do prazer do corpo e da alma. O "uniteísmo", décima terceira paixão, o "eixo", define o prazer de conciliar a felicidade pessoal com a da comunidade – o contrário, portanto, do egoísmo em Civilização. Nova oportunidade para um quadro...

Doze paixões, portanto, em "segunda potência", como escreve Fourier, mas trinta e duas terciárias em caso de ramificações, cento e trinta e quatro em quarta potência, quatrocentas e quatro em "quintiárias" etc. Fiquemos nas doze... Fourier propõe que em Harmonia elas sirvam de apoio, que sua expansão seja favorecida, que elas sejam desenvolvidas, que se evite o ingurgitamento, a repressão, pois toda paixão que não se expresse aqui se mostrará alhures (princípio freudiano da sublimação...) e às vezes de um modo negativo e detestável. Por isso o interesse por um regime hedonista das paixões, só autorizado pelo dispositivo harmônico.

21

Falanstério e gastrosofia. O lugar da Harmonia, seu laboratório, chama-se Falanstério – mistura de Falange e Mosteiro... Fourier nele projeta homens e mulheres agrupados de acordo com seus famosos cálculos cabalísticos, o que dá mil e oitocentas pessoas. Ali, a educação das crianças é primordial, pois é melhor compor com seres intactos, indenes à contaminação da Civilização, para deles fazer perfeitos harmonianos. Na educação fourierista, não se parte de um indivíduo ideal, mas de uma realidade preexistente – outro ponto comum com os utilitaristas britânicos. Toda criança gosta de comer, principal-

252

mente guloseimas, doces, balas, sorvetes. Com base nessa "atração gastronômica" (VI.253) natural, será construído o resto. Em Harmonia, a gastronomia serve para harmonizar as paixões.

Em Civilização, só vemos gastrólatras empanzinando-se, pobres morrendo de fome ou intoxicados pelo que comem – comida corrompida demais pela onipotência do mercado...; em Harmonia cria-se uma nova disciplina: a gastrosofia. Essa ciência inédita compõe-se de gastronomia, culinária, conserva e cultura. Cultivar uma horta, com vegetais saudáveis, limpos e naturais; conhecer seu coeficiente analógico e saber que, comendo, ingerimos também e sobretudo símbolo, portanto algo que alimenta o corpo e a alma em todos os sentidos do termo; aprontar os alimentos, saber cozinhá-los, prepará-los, organizá-los, situá-los, criar a cenografia de uma cerimônia cuja finalidade não é saciar o desejo, mas mantê-lo, para comer regularmente, cada vez mais e com mais frequência: esses são os campos gastrosóficos de atuação.

Comer galo, pombo ou pato é *também* ingerir poligamia do sultão em seu harém, fidelidade monogâmica ou marido civilizado. Acrescentar um purê de batatas é compor com a montagem dos desiguais; associar uma salada de beterrabas é solicitar os escravos forçados pela tortura; completar com couve-flor é convidar ao amor sem obstáculos... Maçã de sobremesa? Hieróglifo da Atração... Em Harmonia, as condições de produção sublimam os alimentos, cujas qualidades nutritivas e simbólicas são exacerbadas. Portanto, a gastrosofia é também medicina preventiva, a única digna desse nome.

SOCIALISMOS ATÓPICOS

Portanto, as crianças são postas na cozinha, onde cumprem tarefas domésticas: descascar, limpar, fatiar, cozinhar, fritar, gratinar o que provém do pomar orgânico – Fourier diria "cosmogônico"... Aposta-se nas paixões infantis: assim, seu gosto pela mudança (borboleta) as faz passar de um prato a outro, de uma atividade a outra; a intriga (a cabalística) leva-as a superar o companheiro na confecção de um alimento, o que aumenta o prazer de todos e contribui para a maximização da felicidade da comunidade; a vontade de satisfazer o corpo e a alma (a compósita) amplifica tudo nas cerimônias degustativas coletivas. As flores no jardim – Fourier adorava plantas verdes e gatos... – também oferecem perspectivas gastrosóficas. Como naturópata, herborista, amante precoce de medicamentos delicados, o mestre social atribui às plantas um status metafísico igual ao de minerais, animais e seres humanos: elas são fragmentos de um mesmo todo, no qual tudo está interligado. Em Harmonia a cozinha, portanto, é questão de metafísica, ontologia, cosmologia, religião, filosofia, sociologia, economia, medicina.

22

Ópera e esgotos. As crianças, portanto, gostam de comer, mas também de música. Os sentidos mais valorizados por Fourier – olfato (plantas), paladar (culinária) e audição (música) – opõem-se à habitual veneração dos filósofos clássicos idealistas pela visão, sentido do distanciamento da materialidade do mundo, sentido da exclusão da espessura carnal do real. A luta pela reabilitação – se não habilitação... – das paixões contra a tirania da razão ocidental passa pela

CHARLES FOURIER

consideração da totalidade do corpo. Quando acrescenta o tato (sexualidade) à sua preocupação harmoniosa, Fourier vai a contrapelo da longa tradição idealista e espiritualista do pensamento até então. Ao elogiar a ópera, Fourier deixa claro que está partindo da definição clássica, claro (voz, canto, música, encenação, teatralização, narração do libretista, dança, mímica, pantomima, pintura dos cenários, guarda-roupa), mas que também extrapola para uma acepção mais ampla desde os exercícios coreográficos até os "do fuzil e do ostensório" (VI.221)! Assim, o caráter militar e o aspecto religioso têm lugar na arte operística.

A ópera forma para a harmonia, a unidade, a medida, portanto para a saúde. Como tal, desempenha importante papel na construção de uma criança de Harmonia. No âmbito do Falanstério, ocorrem cerimônias fastosas, com desfiles militares de crianças montadas em cavalos anões. Em contraposição total aos "métodos repressivos" da Civilização, em Harmonia aprende-se com técnicas lúdicas. Assim, as crianças se tornam musicistas em apenas seis semanas. A produção de instrumentos é exponencial. Todos tocam (brincando).

A ópera dos burgueses em regime de Civilização nada tem a ver com a ópera em regime de Harmonia. Entre os civilizados, essa atividade atinge os ociosos, a classe privilegiada, é cara e até dispendiosa, só serve para a distração, sem nenhum fundo mental, intelectual ou filosófico; em Harmonia, ela é praticada por todos, não é cara, pois todos contribuem e todos os ofícios convergem para ela: o mais pobre dos cantões fourieristas será mais dotado que a capital mais rica de uma nação capitalista.

SOCIALISMOS ATÓPICOS

As crianças gostam de comer doces, bolos, balas, beber sucos de frutas: a gastrosofia construirá sobre essa paixão magnífica; gostam de cantar, dançar, pular num pé só ou cantarolar parlendas ritmadas: a ópera lhes dará os meios de completar esse tropismo natural e de integrá-lo numa pedagogia que conduza à harmonia; adoram pisotear a lama, pular em poças, emporcalhar-se: a harmonia utilizará esse impulso natural na constituição de "pequenas hordas". Estas colocarão seu talento e sua paixão a serviço de funções consideradas imundas em Civilização: limpeza de esgotos, serviço em estrumeiras, triparias, trabalhos perigosos, como perseguição de répteis, trabalhos que exijam destreza. As pequenas hordas dispõem de quatro estímulos para exacerbar suas virtudes: sujeira, orgulho, impudência e insubordinação. Por praticarem a abnegação e o desprezo pelas riquezas, constituem o foco das virtudes cívicas.

23

Quando o trabalho é prazer. Em Civilização, trabalhar é castigo; em Harmonia, prazer... Nos Falanstérios dorme-se pouco e trabalha-se muito, em tudo, durante todo o tempo, mudando-se regularmente (em virtude da borboleta!) de atividade. Repetição? Nunca. Tédio? De jeito nenhum. Sofrimento? Desconhecido. Em compensação: variedade, alegria, entusiasmo, júbilo. O trabalho deixou de ser punição, como o Gênese ensina, para tornar-se fator de autorrealização e harmonia na comunidade.

Fourier defende o princípio das desigualdades necessárias à emulação. Mas elas nunca são definitivas. Como tudo muda, tudo está em movimento, ri-

CHARLES FOURIER

queza e pobreza já não significam a mesma coisa: em Civilização, ou se é pobre ou se é rico, e, na maioria das vezes, aquilo que se é, rico ou pobre, dura para sempre ou quase. Os harmonianos são ricos e pobres, conforme se considere que tudo é deles ou – o que dá na mesma – que nada é deles...

O Falanstério acolhe todos os ofícios, e cada pessoa pode exercer algum pelo menos durante uma quarentena, pois a educação harmoniana transformou as pessoas em indivíduos polivalentes, tão capazes de fazer jardinagem, plantar, semear e colher, quanto de construir um instrumento musical e tocá-lo, de dançar, cantar, cozinhar, pintar ou ensinar... Fourier propõe um homem total, completo, capaz de explorar a totalidade de suas potencialidades, o contrário do homem mutilado; um homem aberto às possibilidades de suas paixões, seus talentos e seu trabalho.

Esse dispositivo teórico de atração passional apresenta-se também como dispositivo arquitetônico: o Falanstério, construído não longe de alguma grande cidade, tem uma disposição circular de prédios. Compõe-se de "seristérios", ou seja, salas e aposentos dispostos segundo a ordem das séries apaixonadas. Há abrigos e passagens cobertos com piso de areia, subterrâneos e aquecidos por tubos de aquecimento e ventilação, corredores elevados sobre colunas. Todas as partes se comunicam: refeitório, oficinas, salões de baile e reunião, estábulos, caves, cozinhas, celeiros. Os materiais de construção são econômicos. Três andares. Tudo circundado por paliçadas para evitar os curiosos da vizinhança. O conjunto abriga mil e oitocentas pessoas.

A edição de *O novo mundo industrial* contém plantas com esplanadas de paradas no centro, jardins de inverno cercados de estufas quentes, pátios de serviço com jatos de água, tanques, árvores, escadas majestosas com torre para entrar, um teatro, uma bolsa, uma igreja, um areópago, um teatro de ópera, um telégrafo, uma construção para pombos-correio, um criatório, uma rede de "ruas-galerias". A planta desse Palácio da Falange industrial organiza-se em torno de uma linha vertical central invisível, que distribui simetricamente o conjunto. Nesse magnífico relicário de Harmonia, os grupos vão para o trabalho ao som de fanfarra, com hinos e bandeiras...

Graças à sua excelência e exemplaridade, o Falanstério inevitavelmente provocará o desejo de replicação. Quando esse dispositivo for reproduzido, potencializado, os fourieristas realizarão a revolução social. Sem violência, brutalidade, desapropriações sanguinárias, tomadas brutais de propriedades e bens, sublevação proletária seguida de ditadura: Fourier acredita ser possível despertar o interesse de algum rico, poderoso, estadista no poder, algum rei – Luís Filipe –, um soberano estrangeiro, um príncipe, um imperador – durante algum tempo acredita ser possível converter Napoleão... Conta-se que, durante anos, Fourier teria percorrido o jardim do Palais-Royal ao meio-dia em ponto, à espera do mecenas que daria o primeiro empurrão, necessário e definitivo, à sua revolução. Ninguém nunca compareceu ao encontro...

24

Um radicalismo feminista. Fourier propõe-se mudar o mundo, a realidade, as pessoas, as coisas, as relações entre os homens, entre os indivíduos e os

CHARLES FOURIER

planetas. Nessa perspectiva totalizante, como ele poderia ter deixado de lado a questão da sexualidade? Pois também aí é preciso revolucionar radicalmente as relações entre os... três sexos. Os primeiros desenvolvimentos dessas questões, já em seu primeiro livro, *Théorie des quatre mouvements*, chocam o público, inclusive seus pretensos discípulos... Os editores publicam suas obras com prefácios que neutralizam o caráter radicalmente revolucionário de suas críticas à ordem doméstica da Civilização e de suas propostas – escandalosas para eles – em matéria de "amor livre" e "liberdade amorosa" para Harmonia.

Fourier esboça um quadro impiedoso do amor em Civilização e desmonta peça por peça o sinistro casamento, o tédio conjugal, as miragens da fidelidade, os impasses da monogamia, a hipocrisia dos casais tradicionais, a generalização da "chifração", as tolices professadas pelos filósofos no campo das relações entre os sexos, as alianças falsamente amorosas, realmente interesseiras, mostrando que nesse regime industrial as mulheres são aviltadas, exploradas, maltratadas, e que a felicidade dos homens é proporcional à liberdade de que as mulheres gozem. Lição feminista fundamental: "A extensão dos privilégios das mulheres é o princípio geral de todos os progressos sociais" (1.133). O dispositivo fourierista propõe a emancipação das mulheres como alavanca da emancipação da humanidade inteira. Daí a necessidade de um *Novo mundo amoroso* – título programático de um manuscrito inacabado.

SOCIALISMOS ATÓPICOS

25

Hierarquia dos chifrados. Escarmentado pelas críticas, Fourier avança com cautela no tema desse novo mundo amoroso. O erotólogo afirma de livro em livro que essas perspectivas são de longo prazo, não menos de três ou quatro gerações, pois as mentalidades não estão prontas para mudanças tão radicais. De fato, é possível imaginar o escândalo na época quando se lê em Fourier a afirmação de que seria preciso estabelecer uma gradação nos adultérios, pois transar com mulher estéril, grávida ou sem risco de procriar, ou quem sabe com o acordo tácito do marido, constitui prática bem menos problemática que um adultério destruidor de lares e produtor de filhos infelizes!

Em Civilização, a lei é: "Tudo para mim, nada para os outros." Em Harmonia: "Tudo para os outros" (VII.76). No tempo da história civilizada, as mulheres se submetem à lei dos homens. Reinam a mentira, a hipocrisia, a falsidade, a duplicidade, a frustração. Pois na intimidade da alcova ou longe do olhar alheio todos se deitam com todos. Em compensação, quando sob os holofotes da sociedade, os amantes têm um discurso moralizador. Só se abstêm de cometer adultério os que não têm meios para tanto. Todos fingem.

Para montar uma taxinomia sobre o assunto e provar suas afirmações, Charles Fourier redige uma hierarquia da chifragem e isola setenta e seis tipos de chifrudos. A galeria merece uma visita: chifrudos em botão ou precoces, preceptivos, imaginários, marciais ou fanfarrões, argutos ou cautelosos, recíprocos ou auxiliares, coadjutores, aceleradores, precipitan-

CHARLES FOURIER

tes, tratáveis, benignos, otimistas, *bon vivants*, convertidos, arrependidos, federais ou coligados, transcendentes ou de grande envergadura etc.

Esses tipos definidos e nítidos provam a constância da inconstância e a generalização de uma sexualidade naturalmente livre. Todos são bígamos quando podem, mas todos aspiram à poligamia (VII.267). Na verdade, a chifragem é uma "poligamia furtiva" (VII.69). Então, por que não construir a partir dessa prática comum a todos os seres humanos? Pois a rotina amorosa dos casais, "o amor subalterno dos prazeres conjugais" (VII.36), o casamento como "monogamia subserviente" (VII.69), tudo isso gera frustração, miséria.

26

Sexo em Harmonia. Em Civilização, alimenta-se a oposição entre corpo e alma, espírito e carne. A maioria das pessoas é atormentada pela contradição entre desejo e prazer, sentimento e sexo. Essa divisão desaparece em Harmonia, onde a sexualidade, praticada em virtude da atração apaixonada e com base no princípio panteísta das analogias, possibilita uma comunhão mística com o espírito de Deus (como entre os gnósticos dos séculos I e II de nossa era). O prazer dos humanos infunde-se na totalidade do corpo místico do cosmo: o gozo humano alimenta os astros, os planetas, as almas dos mortos, o mecanismo dos seres vivos, das flores aos animais.

Segundo o princípio fourierista de que nenhuma paixão é má e só há maus usos delas, o novo mundo amoroso permite a realização de todas as fantasias lúbricas. Monogamia, casamento, fidelidade, procriação, coabitação, remanescentes do velho mundo, evi-

SOCIALISMOS ATÓPICOS

dentemente podem continuar existindo, pois nada é proibido em Harmonia; mas não com exclusividade, pois todos viverão sucessiva ou simultaneamente e em períodos variáveis as experiências de sua escolha, nenhuma das quais repreensível nem reprimida. Com Fourier, o que comumente é chamado de bordel, troca de parceiros, bacanal, adultério, *swing*, lesbianismo, exibicionismo, voyeurismo, fetichismo, sadismo, masoquismo, sadomasoquismo, orgias, safismo, incesto, gerontofilia e sexo a três, vícios em Civilização, tornam-se virtudes em Harmonia. Esses vícios são rebatizados: "celadonismo" (*céladonisme*), "angelicato" (*angélicat*), "comunidade momentânea" (*communauté momentanée*), "amor potencial" (*amour puissanciel*), "orgias de museu" (*orgies de musée*) ou "orgias do dia seguinte" (*orgies du lendemain*), "fantasias lúbricas" (*fantaisies lubriques*), "poligamia de incesto" (*polygamie d'inceste*), "prova de amor amistoso" (*épreuve d'amour amical*), "fidelidade composta potencial" (*fidélité composée puissancielle*), "amor axial" (*amour pivotal*), "paixão borboleteante" (*passion papillonnante*), "simpatias omnígamas" (*sympathies omnigames*), "fidelidade transcendente" (*fidélité transcendante*), "comaníaco" (*comanien*), "omniginia" (*omnigynie*); entre as "manias eróticas", encontram-se "coça-calcanhares" (*gratte-talons*), "pilha-calcanhares" (*pille-talons*), "pinça-cabelos" (*pince cheveux*), "açoitistas" (*claquistes*), "bebezões" (*vieux poupons*), "flagelistas" (*flagellistes*)...

Cada uma dessas paixões merece um desenvolvimento, claro, e Fourier não se priva de descrevê-las com detalhes, mas não é difícil imaginar que essas palavras novas e expressões inéditas designam velhas práticas e qualificam antigos comportamentos

262

CHARLES FOURIER

que, pela graça da unção de Harmonia, se tornam práticas capazes de levar à generalização da felicidade. Essa é a "magia social" (VI.287). É esse o delineamento do novo mundo amoroso – livre.

A paixão narrativa do filósofo põe em cena momentos desse teatro dos corpos: nele, vemos mulheres desfilar nuas, ocultando todo o corpo, com exceção de um detalhe; homens e mulheres a apreciarem-se na véspera, antes de se proporcionarem o prazer dado por certo no dia seguinte; observamos velhos e velhas, às vezes feios, usufruindo serviços prestados por parceiros muito jovens e belíssimos; tomamos conhecimento de seres que têm vários parceiros, mas voltam inelutavelmente a um mesmo eixo afetivo; cruzamos com casais mantendo relação privilegiada com uma terceira pessoa que sublima os três seres; entrevemos açoitadores e açoitados, velhos enrolados em fraldas, homens insultados ou maltratados por suas parceiras; contabilizam-se velhos apaixonados que, com a passagem do tempo, continuam mantendo relações afetivas modificadas; vemos um tio deitando-se com a sobrinha; identificamos um homem que sente prazer em assistir à sexualidade entre mulheres; esse mesmo homem fala de seu singular mecanismo: ama seis semanas a partir da data da paixão, depois para de amar, mas mantém amizade fiel até o fim com esse ser eleito – essas duas últimas paixões, "safienismo" (*saphiénisme*) e "omniginia", mas provavelmente também a antepenúltima, o "incesto *mignon*", são as que a certa altura Fourier confessa como suas...

O princípio desse amor livre? É formulado várias vezes em *O novo mundo amoroso*. Seu imperativo categórico é: "O que dá prazer a várias pessoas sem preju-

SOCIALISMOS ATÓPICOS

dicar nenhuma é sempre um bem sobre o qual se deve especular em Harmonia, onde é necessário variar os prazeres infinitamente" (VII. 338). O conjunto propõe uma alternativa às paixões tristes de Civilização, aos crimes e misérias sexuais, às catástrofes induzidas pelo exercício da "castidade republicana"...

27

Quando o cosmo goza. Fourier pressente diversas teorias freudianas: a pletora das paixões como genealogia das neuroses pessoais e coletivas; o poder da libido na constituição de uma identidade; a multiplicidade dos temperamentos afetivos – a ponto de prever a lógica taxinômica do Krafft-Ebing da *Psychopathia sexualis*, autor de uma enciclopédia das fantasias lúbricas; o recalque produtor de deslocamentos geradores de efeitos neuróticos; a quantidade das pulsões sádicas e masoquistas em relação com a gestão particular das libidos em Civilização. Continua atual a ideia, magnífica, de que não existe paixão ruim, porém mau uso das paixões, e de que esse mau uso se corrige por meio da realização de outro modo de produção (dos saberes, dos poderes, das riquezas).

Fourier acredita que a miséria, as infelicidades, a frustração e a pobreza, aqui e agora, neste tempo de Civilização, produzem e geram a miséria, as infelicidades, a frustração e a pobreza acolá, no restante do cosmo, especialmente para as almas aromais dos defuntos sempre presentes, no modo do éter universal, eterno e imortal. Se porventura realizarmos a Harmonia, apagaremos para sempre a miséria, as infelicidades, a frustração e a pobreza na totalidade dos mundos e em todos os tempos. Liberar as paixões segundo a ordem da atração apaixonada e em virtude do panteísmo da teoria da analogia é revolucionar radicalmente o universo.

Socialismo utópico? Mais provavelmente gnosticismo hedonista de um pensador perplexo com a devastação da revolução industrial. Por trás de algarismos e neologismos, por trás da falsa construção de um verdadeiro edifício gótico, por trás do estapafúrdio, do grotesco e do barroco, por trás do romantismo milenarista e apocalíptico, Charles Fourier numera e cifra as modalidades mágicas e misteriosas que possibilitam o gozo do cosmo inteiro. Tudo isso sem rir. Eis aí algo que bem merece um sorriso...

IV

BAKUNIN

e "o paraíso humano na terra"

1

Bakunin, o jovem. Mikhail Bakunin nasce na Rússia, estuda na Alemanha, vive na Bélgica, na Inglaterra, na Suíça e na França, milita em toda parte, fomenta e integra insurreições em vários lugares da Europa – Praga, Dresden, Lyon, Bolonha... – e morre na Itália. Acrescente-se a isso um périplo ao redor do globo que, do Japão a Londres, passando pelo canal do Panamá e pelos Estados Unidos, lhe possibilita escapar de um exílio na Sibéria. O filósofo anarquista que fala russo, inglês, alemão, francês e italiano pode muito bem reivindicar seu internacionalismo e a abolição de todas as fronteiras, todo lugar era sua casa, como ogro que era e nunca deixou de ser!

Nasce em 30 de maio de 1814 em Premukhino, na Rússia, numa família aristocrática de ricos proprietários fundiários. O pai também possui uma pequena

SOCIALISMOS ATÓPICOS

empresa de tecidos de algodão. A propriedade emprega mais de quinhentos servos. A mãe é vinte anos mais nova que o pai, que acha a mulher fútil, egoísta e autoritária. Dos dois nascem onze filhos, dos quais sobrevivem dez. Ninguém vai à escola, pois o preceptor ensina línguas estrangeiras, e o professor de música, a arte instrumental para música de câmara. Mikhail toca violino.

As irmãs vivem sob seu jugo terrível. O libertário é autoritário: o tom incandescente e ambíguo da correspondência com elas é explicado pela chama romântica, pelo entusiasmo desenfreado, pelos fogos desfechados por todos os contemporâneos de Chateaubriand, Musset e Victor Hugo, claro, mas para quem se aventura um pouco numa leitura vagamente freudiana, Bakunin mantém com as irmãs uma relação de tipo incestuoso. Donde o ciúme doentio de seus pretendentes, a severa orientação intelectual que beira a ditadura afetiva, o ativismo destrutivo para com os potenciais cunhados.

Os biógrafos passam rapidamente por uma suposta impotência sexual de Bakunin. De fato, não se conhecem grandes aventuras amorosas ou sexuais dele, nem mesmo grandes paixões ou grandes momentos nesse terreno, mas cumplicidades femininas com nuances filiais – inclusive com sua jovem mulher, quinze anos mais nova que ele. A paixão fraterna do anarquista com os revolucionários masculinos às vezes leva um ou outro a aventar a hipótese de homossexualidade, que não é invalidada nem confirmada por nada.

Em 1828, Bakunin ingressa na Escola de Artilharia de São Petersburgo. Com quatorze anos e meio, sai da propriedade familiar e afasta-se dos seus du-

268

BAKUNIN

rante cinco anos. Pouco trabalho, quase nenhuma motivação, indisciplina, notas ruins. Quando a caserna não precisa dele, mora com o tio. Um dia, alguém cruza com ele à paisana, quando deveria estar usando farda de tenente; a punição não se faz esperar: expulsão da escola e exílio numa tropa acantonada em lugar distante de tudo. Estamos em 1834. O tempo passa devagar. Bakunin lê e traduz do alemão para o russo, do francês para o alemão, anota livros de estatística, de história e de filosofia. Para tentar ficar doente e sair daquele lugar no qual se desespera, o rapagão de um metro e noventa e sete ingere bebida muito quente, tira a roupa e fica deitado meia hora na neve. Resultado? Nenhum... Conhece Stankevitch, que o inicia na filosofia alemã. Em 1835 sai do exército. O pai precisará de muito talento e diplomacia para obter dos serviços administrativos que o filho deixe de ser perseguido como desertor. Tem vinte e um anos, a sexualidade não o preocupa em absoluto, seus companheiros de quarto sabem disso. Futuro? Talvez professor de filosofia em Moscou.

2

Devorar, digerir, superar Hegel. Na capital russa, sob influência de Stankevitch, Bakunin já em 1836 faz leituras importantes: Schelling e os românticos alemães (Richter, Hoffmann, Goethe, Schiller, Bettina von Arnim), e Kant, que logo abandona (uma "mixórdia de sêmola fervida"), para tomar Fichte, cujo elogio da subjetividade o encanta. Mas então descobre Hegel, cuja filosofia divide ao meio sua vida.

269

SOCIALISMOS ATÓPICOS

Ainda religioso, ainda não anarquista, Bakunin se entusiasma com a identidade entre Real e Racional; adere às teses da encarnação do Espírito e da Razão na História; acata as conclusões dos *Princípios da filosofia do direito* sobre o papel arquitetônico do Estado; arrebata-se com as afirmações da *Lógica*, da *Estética*, das *Lições sobre a filosofia da religião*. Em 1838, termina a leitura da obra completa com *Fenomenologia do espírito*. Em suas *Confissões*, confessa ter posto toda a sua existência na época sob a égide de Hegel: em discussões, leituras, comentários, traduções e até mesmo cartas enviadas às irmãs, que ficaram em Premukhino, transbordam quimeras hegelianas! O irmãozão convida as irmãzinhas a definir sua vida como tendência a tornar subjetivo o que é substancial em si!

No ano seguinte, Bakunin publica no *Observador de Moscou* uma introdução à sua tradução dos *Discursos acadêmicos* de Hegel. Ortodoxo, o futuro ateu anarquista, o quase materialista sensacionista ensina teodiceia, otimismo, positividade do negativo. Critica os filósofos franceses do século XVIII, aos quais nega até mesmo o direito ao título de pensadores! Na época, contrário à Revolução Francesa, responsabiliza o Iluminismo pela decadência do século. O remédio bakuniniano para aquela decadência? Reconciliação entre Religião e Filosofia! Na época, Bakunin é considerado o maior conhecedor do hegelianismo na Rússia.

As *Confissões* dizem: o hegelianismo vivenciado por Bakunin naquela incandescência total assemelha-se a um tipo de "doença filosófica". A cura aparece em 1842: Bakunin tem vinte e oito anos quando fica conhecendo os pensadores da ala esquerda do hegelianismo, que se opõem ao hegelianismo de direita

270

BAKUNIN

no qual ele nadava voluptuosamente. À direita, os discípulos de Hegel consideram a teoria do Estado o coroamento da "vida ética", a do "real racional" que justifica tão bem a monarquia prussiana, ou o cristianismo equiparado à "religião absoluta". O conjunto constitui um soberbo arsenal conceitual para defender a ordem política alemã. À esquerda, sob influência de Feuerbach, a quem os elogios de Bakunin nunca se esgotarão, insiste-se no papel importante do "trabalho do negativo" na dialética. A leitura de *Essência do cristianismo* de Feuerbach e *Vida de Jesus* de David Friedrich Strauss provoca a virada de Bakunin para o hegelianismo de esquerda – que abandonará, por sua vez, responsabilizando-o pelos malogros da Revolução de 1848... Em 1841, conhece Max Stirner, outro hegeliano de esquerda, futuro autor de *O único e a sua propriedade*. Mesmo depois da ruptura com Hegel, o revolucionário Bakunin continuará hegeliano por toda a vida, afirmando dialeticamente que toda destruição é construção.

Cansado de Hegel, da filosofia, da religião do Conceito, Bakunin desiste do projeto de ensinar essa disciplina em Moscou. Em julho de 1842, com o pseudônimo de Jules Elysard, publica um texto intitulado *A reação na Alemanha. Notas de um francês* (!): o ávido devorador de filosofia faz dieta teórica; a metafísica o enfada, está distanciada da vida, que não deve ser abordada com as palavras do filósofo, mas com as ações do revolucionário.

3

Boêmia revolucionária. Se desiste do magistério, como ganhar a vida? Sua relação com o dinheiro é

SOCIALISMOS ATÓPICOS

francamente neurótica. Bem cedo pensa em pegar sua parte na herança, e essa expectativa é um tema repisado durante toda a sua existência: quando afinal chegarão os rublos salvadores, provenientes do desmembramento da propriedade familiar? Bakunin passa a vida pedindo dinheiro emprestado a amigos, parentes, familiares. Empréstimos que, evidentemente, nunca pagará. Às vezes, se reembolsa um empréstimo, é porque fez outro!

Durante certo tempo Bakunin pensa em trabalhar como operário para ganhar o salário com o suor do rosto. De outra vez, pensa em tornar-se professor e dar aulas particulares. Veleidades que não se concretizam, pois aristocrata e trabalho não combinam... Quando consegue um contrato de tradução de *O capital* de Karl Marx, embolsa o dinheiro, gasta-o, atrasa, nunca entrega o texto e acaba por repassar o trabalho a outro, como lhe é aconselhado pelo amigo Netchaiev...

Uma anedota exemplifica sua relação com o dinheiro: ao chegar à Suíça, numa de suas numerosas mudanças devidas ao exílio ou às explosões revolucionárias neste ou naquele país europeu, Bakunin encontra um mendigo nas ruas de Zurique e lhe dá os dois rublos que tinha no bolso, sua única fortuna. Como grande senhor, acompanha o gesto com uma frase que convida a libertar-se totalmente das contingências materiais!

A personagem tem a elegância dos excessos, se não o excesso das elegâncias. É admirada, amada, respeitada, temida, detestada: Bakunin provoca paixões. Nas barricadas, faz maravilhas num primeiro momento, mas frequentemente estraga tudo logo depois. Por onde passa, deixa desolação atrás de si... Até os amigos enumeram seus defeitos ou suas qualidades, que ele leva ao paroxismo: autoritário, tirânico, brutal, infantil, sem cordialidade nem ternura, um amor-próprio monstruoso... Mas também: grande inteligência, espírito vivaz e profundo, real magnanimidade, generosidade (com o dinheiro dos outros!), senso de camaradagem, grande capacidade de esquecer traições ou afrontas...

Não muito limpo, para não dizer sujo mesmo, sem muda de roupa, dormindo vestido, com botas cambaias, trazendo na barba o cardápio da semana, usando no inverno e no verão a mesma imensa e informe túnica de tecido cinzento grosseiro, fechada com um único botão na altura do pescoço, portando em qualquer estação um chapéu de feltro mole, comendo por quatro, engolindo latas e latas de sardinha como aperitivo, fumando como uma chaminé, emborcando litros e litros de chá, ignorando horários, Bakunin seduz a todos os que dele se aproximam. Do alto de seus quase dois metros, ele encarna *fisicamente* a revolução...

4

Energia de destruição. Bakunin foi religioso, depois ateu, hegeliano; depois materialista, conservador; depois revolucionário, filósofo idealista; depois ativista insurrecional: tudo com constante intensidade. Tornando-se materialista ateu, revolucionário militante, durante um quarto de século viverá breve existência romântica (breve porque morre aos sessenta e dois anos) de revoltado em busca de barricadas, profetizando o fim do capitalismo, anunciando o advento próximo do novo mundo, preocupado

SOCIALISMOS ATÓPICOS

muito mais com o sonho (revolucionário) do que com a realidade (social e política).

O conhecimento de Wilhelm Weitling, alfaiate alemão que é considerado inventor do comunismo com uma obra intitulada *Garantias de harmonia e liberdade*, leva Bakunin a voltar-se para o ativismo revolucionário. Bakunin está chegando à casa dos trinta. Conhecemos seus engajamentos políticos por textos nos quais ele ataca o governo russo. O czar ordena-lhe sair da Suíça e voltar para a Rússia. Bakunin recusa-se a ceder e parte para a Bélgica. Em dezembro de 1844, o Senado o degrada, priva-o de seus títulos nobiliárquicos e de seus privilégios. A assembleia confisca todos os seus títulos de propriedade e o condena a trabalhos forçados perpétuos na Sibéria.

Volta a ser visto em Paris, na rua Bourgogne. Na capital francesa, fica conhecendo a elite socialista: Pierre Leroux, inventor da palavra "socialismo", para a França, e autor de um livro intitulado *De l'humanité* [Da humanidade]; Etienne Cabet, que pormenoriza um tipo de comunismo estatal em sua obra *Voyage en Icarie*; Proudhon, que lança a palavra "anarquista" em sua concepção moderna com *O que é a propriedade?*, homem ao qual ele passa horas explicando a filosofia de Hegel; Lamennais, cuja obra *Politique à l'usage du peuple* [Política para uso do povo] ele havia lido; mas também o historiador socialista Louis Blanc, o fourierista Victor Considérant, Lamartine, Michelet, Liszt, George Sand, com o que fortaleceu teoricamente sua saúde revolucionária e estimulou intelectualmente sua natureza rebelde! De passagem, inscreve-se na loja escocesa do Grande Oriente de Paris.

BAKUNIN

É difícil seguir Bakunin em suas viagens europeias. Assim que se constrói uma barricada, ele está lá; surge um indício de revolta em algum lugar, ele vai para lá, corre atrás da pólvora, carrega fuzis, faz discursos, corre, recua, pragueja e afirma que da próxima vez tudo dará certo. Inventário das insurreições das quais participa: Paris em fevereiro de 1848; Praga em junho do mesmo ano; Dresden em 3 de maio de 1849; em fevereiro de 1863, ele se prepara para ir à Polônia, mas falta ao encontro; Lyon em setembro de 1870; parte para Bolonha em 27 de julho de 1874, mas o malogro do movimento o conduz à beira do suicídio... Ou seja, um quarto de século insurrecional na Europa: em quase todas as ocasiões ele brandiu a bandeira vermelha e preta.

O governo russo o condena à morte. Mas a pena é comutada em prisão perpétua, uma vez que a pena capital havia sido abolida para os aristocratas. Da prisão alemã de Königstein, na qual ele mofa desde os acontecimentos de Dresden, é transferido para a Rússia, via Áustria e Polônia. Quando o comboio passa, debaixo de forte vigilância – o gigante está acorrentado, cercado por guarda-costas armados –, o povo chora, aplaude, aclama. Nessa época, 1850, Bakunin é realmente um herói que a Europa inteira conhece. Na mesma época, certo Karl Marx circula em esferas confidenciais. Bakunin é trancado na fortaleza Pedro e Paulo de São Petersburgo.

5

Cela, exílio e deportação do gigante. Preso Bakunin, ter-se-á definitivamente o fim da existência do insurreto? Nessa época, os acontecimentos levam a crer

275

SOCIALISMOS ATÓPICOS

nisso. Pois o condenado entra em sua cela do revelim Aleix da fortaleza Pedro e Paulo de São Petersburgo ignorando quantos anos de sua vida vai passar lá. Normalmente, deve terminar seus dias e sair com os pés para a frente, num caixão. Às vésperas de fazer trinta e sete anos, a entrada naquele calabouço não pressagia nada de emocionante para o pensador anarquista...

Na realidade, ficará lá seis anos menos alguns dias. Durante esse tempo, seu corpo vai sofrer a disciplina do poder: desnutrição, portanto escorbuto, perda dos dentes, ganho de peso até a obesidade, fragilidades diversas. Sua mãe intervém e, para canalizar ou ocupar a tremenda energia do filho, solicita a instalação na cela de uma oficina de marcenaria – com a qual, provavelmente, ele teria se ferido... Solicitação indeferida.

Músico, melômano, violinista, camerista, Bakunin compõe um poema sinfônico sobre Prometeu – peça inacabada. Com suas *Confissões* ele redige um ensaio de autobiografia intelectual e política. O exercício tem a proposta de manter a igual distância o (falso) arrependimento e a (verdadeira) tática para sair da fortaleza. A obra é dedicada ao czar na forma de súplica para obter um abrandamento da pena, a melhoria de suas condições de detenção, na falta de pura e simples anistia...

Na verdade, o czar lê a pretensa confissão, não a acha convincente, mas concede uma alternativa à prisão: exílio na Sibéria. Radiante, Bakunin aceita. A administração penitenciária, portanto, organiza sua extradição para as terras remotas da Sibéria sob proteção policial. Chegando à cidade de Tomsk em 27 de março de 1857, gordo, balofo, cansado, ban-

BAKUNIN

guela, mas ainda convencido da causa revolucionária (testemunho disso se encontra numa carta enviada clandestinamente à família durante o tempo da
redação da falsa confissão de arrependimento), Bakunin passa o tempo dando aulas de francês.
Aquele gigante envelhecido só pode ter despendi-
do uma energia tremenda e incrível para, apesar do
corpo destruído pela prisão, da sexualidade pouco
eficiente ao que tudo indica, da idade de quarenta e
quatro anos, da situação de deportado político, obter os favores de uma das duas senhoritas às quais
ensina a língua de Voltaire. Bakunin pede e consegue a mão de Antonia Kwiatkovski, jovem de dezessete anos com a qual se casa no ano seguinte ao conhecimento dos dois!
Nos meses que se seguem, Bakunin deixa o lugar
onde mora, abandona sua recente esposa, obtém o
posto de representante comercial em Irkutsk para
uma firma que, logo constatando a sua imperícia,
paga-lhe o salário durante dois anos com a condição
expressa de que ele não se dedique àquilo pelo que
é pago. Pedem-lhe que pare de viajar, que fique ajui-
zadamente em casa, esperando o pagamento do salário. Para aquele ogro animado de energia sem igual
é difícil concordar com esse programa!
Na noite do noivado do oficial encarregado de
vigiá-lo, Bakunin deixa o militar na mão, entregue
ao calor do amor e dá início ao incrível périplo da
fuga: pega um navio, parte para o Japão, muda de
navio, passa para o Panamá, chega aos Estados Unidos, consegue um passaporte americano, fica dois
meses em Nova York e depois vai para a Europa, de-
sembarcando em Londres, onde, apesar das promessas feitas ao czar, retoma a vida militante. Cha-

277

SOCIALISMOS ATÓPICOS

mada por ele, sua mulher põe-se a caminho para encontrá-lo, chega a Londres, ele já partiu em direção à Polônia, onde deseja participar da revolta. Para em Estocolmo, falta aos encontros que marcou, volta para Londres e para a Suíça, de passagem embarca a mulher e instala-se em Florença. Na época, Bakunin detalha sua escala de prazeres a um dos amigos: a felicidade suprema? Morrer pela revolução, combatendo pela liberdade nas barricadas. Depois, o amor e a amizade – provavelmente para ele dois modos de modular um mesmo sentimento platônico. Depois, a ciência e as artes – Wagner erra ao dizer que ele é inculto em matéria de arte... Por fim, fumar, beber, comer. Para acabar: dormir... Tudo praticado no dia a dia e em desordem, como boêmio integral.

6

Programa anarquista. O revolucionário anarquista, no sentido nobre e positivo do termo, também pratica a anarquia num sentido menos nobre e trivial da palavra: desordem, confusão, contradição, balbúrdia, bagunça... Em sua obra, construída a esmo, com uma colagem de textos de épocas diversas, nunca teóricos, mas sempre produzidos a partir de ocasiões pragmáticas, militantes e históricas, Bakunin mostra a vida em ação e suas efusões, exageros, lirismos, loucuras, delírios.

Mas, assim que estabelece seu corpo doutrinário, se deixarmos de lado as evoluções referenciais – Hegel, depois mais Hegel, Comte, depois mais Comte... –, Bakunin defende um programa anarquista que comporta alguns elementos inevitáveis. Em todas as so-

278

BAKUNIN

ciedades, fraternidades, em cada um dos grupelhos de conspiradores (e foram numerosas essas comunidades que duraram um dia ou um pouco mais...) constituídos pelo revolucionário, existe uma série de compromissos recorrentes a partir dos quais se pode falar de um corpo doutrinário. Vejamos o programa não escrito que permeia o fundo de toda a sua obra: *ateísmo*, negação radical de qualquer divindade, de qualquer monoteísmo e, em especial, do cristianismo, destruição das instituições religiosas, abolição da Igreja; *materialismo*, a realidade é puro composto de matéria, o espírito imaterial não existe, tampouco a alma; *socialismo*, e não comunismo que pressupõe o Estado, portanto coerção, mas sim defesa do coletivismo mutualista; *federalismo*, abolição de todos os Estados, de todas as nações, de todas as fronteiras, de todas as organizações hierárquicas, em proveito de contratos horizontais; *libertarismo*, amor à liberdade associada à justiça e à igualdade, pois liberdade sem igualdade ou igualdade sem liberdade definem o autoritarismo; *niilismo*, em outras palavras, positividade da negação, exacerbação da natureza construtiva da destruição; *feminismo*, acabar com a desigualdade entre homens e mulheres; *igualitarismo*, eliminar a herança; *anarquismo*, extirpar radicalmente todo poder, toda autoridade, toda força na qual se baseia o mundo capitalista; tudo isso sem abster-se do recurso à violência, cuja necessidade Bakunin afirma em toda e qualquer revolução.

SOCIALISMOS ATÓPICOS

7

Fim de uma vida boêmia. A vida militante de Bakunin leva-o para numerosos lugares da Europa. Insurreições, barricadas, condenações, prisões, exílio, deportação, fuga, novas insurreições, militância na Associação Internacional dos Trabalhadores, brigas com Marx e os marxistas: sua vida esgota-se em ações que não são santificadas realmente por nenhuma revolução. Sempre fracassos, sempre malogros. Sempre impotência para concluir...

Durante esse período, Antonia, sua jovem esposa, dá à luz um filho, depois o segundo, depois o terceiro de um mesmo pai que não é Bakunin, mas Gambuzzi. Na vida do pensador anarquista, fraternidade revolucionária pressupõe teoricamente tolerância amorosa, compartilhamento do amor, sexualidade livre. Em sua casa, isso também vale na prática... Bakunin parece mais ardente nas barricadas do que na cama. Faça a guerra, não o amor. Os dois homens são bons amigos. Três anos depois da morte de Bakunin, Antonia se casa com o antigo amante...

Bakunin, doente, cansado, atravessa mais uma vez as fronteiras para fugir à polícia. Uma vez, vestido de batina, com a barba raspada, de óculos verdes, carregando nos braços um cesto de ovos, sai da Suíça rumo à Itália. Em 1873, tem cinquenta e nove anos, seu amigo Cafiero compra uma casa, a Baronata, e lhe propõe ir morar lá. O lugar deve servir de domicílio definitivo a Bakunin e aos seus, assim como de ponto de encontro e descanso para os revolucionários europeus. Cafiero financia projetos faraônicos, depois, por lhe dar na veneta ou por ter atingido o limite da generosidade, não se sabe, zan-

280

BAKUNIN

ga-se com o ogro russo que, entrementes, pedira à mulher que fosse encontrar-se com ele naquela casa, apresentada como sua propriedade... Bakunin é posto para fora com mulher e filhos.

Sempre transbordante de energia, o anarquista compra, evidentemente a crédito, uma propriedade em Ticino: projeta montar ali uma exploração agrícola. Aquele intelectual, que nunca trabalhou na vida, aquele aristocrata russo que se amola no trabalho manual, aquele teórico hábil em ideias, mas desarmado diante da matéria do mundo, aquele homem, pois, compra manuais de química, devora tratados de agricultura, encomenda material para aspergir produtos químicos na totalidade da região, espalha veneno sobre a terra, queima definitivamente o solo e o subsolo, calcina o local.

Adeus bezerros, vacas, porcos, ninhadas, adeus frutos magníficos e vegetais exuberantes, adeus cornucópia, néctar e ambrosia, adeus riqueza sonhada! A propriedade dá a impressão de ter passado por uma guerra. Nessa história é possível medir os limites do idealismo e da imperícia do anarquista que acredita na excelência da espontaneidade, da boa mão invisível natural para organizar levantes, insurreições, revoluções e a felicidade na terra como se se tratasse de fins *naturais* da história...

Bakunin não é do tipo que pratica a autocrítica e o questionamento. Também não dá às lições da prática um poder dialético sobre o pensamento em curso. Onde está o ex-hegeliano negligenciando aquilo que sobrenada na logorreia hegeliana: o poder da dialética? Avança sempre perigosamente, não olha para trás, nunca pratica o exame de consciência, mas também não questiona ninguém.

SOCIALISMOS ATÓPICOS

Essa recusa da realidade por parte do revolucionário redunda em sua deterioração física. Doente da próstata, com a bexiga paralisada, prejudicado por uma vida sem higiene, Bakunin vai morrer e sabe disso. Aproxima-se desse momento com calma, serenidade e lucidez. Evidentemente, ele gostaria de ter redigido uma *Ética* "com base nos princípios do coletivismo, sem frases filosóficas ou religiosas", mas agora já não há tempo. Rejeita a alimentação e morre em 1º de julho de 1876. A notícia espalha-se como um rastilho de pólvora pela Europa, onde Bakunin é amado, conhecido, celebrado – e Marx, mal-amado, desconhecido e conhecido num círculo restrito. O autor do *Capital* passará o restante da vida tentando reverter a situação – e tendo sucesso nisso...

8

Manual de utilitarismo anarquista. O utilitarismo é visto erroneamente como a filosofia emblemática do liberalismo político. Na verdade, Bentham contribuiu muito para a implantação desse mal-entendido pernicioso e duradouro. Bentham, evidentemente, mas sobretudo seus críticos, Marx e os marxistas, Foucault e os foucaldianos, o que – convenhamos – é muita gente entre *A ideologia alemã* (1845) e *Surveiller et punir* [*Vigiar e punir*] (1975)! Ora, existe o utilitarismo de esquerda, e mais especialmente o *utilitarismo anarquista* cuja teoria é formulada por Kropotkin em *Moral anarquista* (1891), *Mutualismo* (1902) e *Ética* (1922).

Bakunin provavelmente não leu Bentham. Em nenhum lugar aparece seu nome, nem na correspondência, nem na obra completa. Em compensação, o

BAKUNIN

de John Stuart Mill é citado positivamente diversas vezes. Desse "homem ilustre", o pensador anarquista leu a *Autobiografia*. Bakunin respeita em Mill a seriedade da análise burguesa da economia política liberal e saúda seu ateísmo, ao mesmo tempo que justifica sua prudência sobre o assunto por causa do puritanismo da Inglaterra em sua época. A leitura de Hegel deixou vestígios em Bakunin; a de Auguste Comte também. Ele gostou, depois gostou menos, depois não gostou nem um pouco. Sua obra se ressente desses períodos de amor e desamor. Quando abandona a leitura dos textos filosóficos pelo combate revolucionário, quando deixa de lado a ideia pela prática, Bakunin quase só lê jornais para ficar a par da situação política.

Nisso, continua sendo um hegeliano para o qual (essa frase se tornou um refrão filosófico) a leitura do jornal atua como "uma espécie de oração matinal realista" (*Aforismos da época de Iena*, nº 31). Mas a prática sistemática dos textos filosóficos parece tê-lo convencido de sua inutilidade. Ler Bentham e os utilitaristas? Para que, se isso não parece útil ao avanço da ideia revolucionária nem à prática insurrecional...

O utilitarismo de Bakunin parece instintivo – como tudo nele, aliás. Leitor dos materialistas franceses do Iluminismo, que constituem a matriz utilitarista antes de seu confisco em âmbito anglo-saxão, Bakunin retém a estrutura do utilitarismo: postular a equivalência entre soberano bem, felicidade e revolução social, portanto socialismo anarquista, ou comunitarismo libertário, e, determinado e postulado o objetivo, considerar bom o que o possibilite, e ruim o que o impeça. Bem coincide com bom, mal com

283

SOCIALISMOS ATÓPICOS

mau. Para além da moral dogmática de tipo kantiano, portanto judaico-cristão, Bakunin pratica uma moral consequencialista.

Isso se mostra com nitidez num trecho do *Apêndice ao Império knuto-germânico* (1870-1871) que esclarece: "Tudo o que está em conformidade com as necessidades do homem e com as condições de seu desenvolvimento e de sua plena existência, para o homem [...] é o BEM. Tudo o que é seu contrário é o MAL." Necessidades? Condições para o desenvolvimento e a existência plena, ou seja: liberdade, justiça, igualdade, dignidade, salário, em outras palavras, felicidade, que só a revolução possibilita. Bem? O que possibilita a revolução. Mal? O que a impede ou retarda.

9

"Confissões", breviário utilitarista. A descoberta do manuscrito das *Confissões* na União Soviética marxista-leninista gerou uma campanha denegridora contra a memória de seu autor. O texto, encontrado numa arca da Terceira Seção da Chancelaria Imperial, foi publicado em Moscou pelos bolcheviques em 1921. Trata-se de uma súplica dirigida ao czar Nicolau I a pedido seu, em 1851. O imperador convida o revolucionário a escrever-lhe como se escreve a um pai espiritual... Um mês depois, Bakunin entrega sua cópia. Em 1855, o czar morre, Alexandre II lhe sucede. O prisioneiro escreve uma nova carta e assina: "um criminoso suplicante"!

O que são essas *Confissões*? Não uma verdadeira e real confissão, um arrependimento digno desse nome, um *exercício espiritual cristão* de autoflagelação

284

e autopunição em contradição com o passado, o próprio ser do revolucionário, mas um *exercício tático utilitarista* em condições de possibilitar consequências nada desprezíveis na vida daquele prisioneiro político que mofava num calabouço, pois se trata da melhoria de suas condições de prisão e até mesmo de sua soltura por uma graça.

O conjunto, para o anarquista, não significa fratura, ruptura, contradição, renegação (como alegam os bolcheviques), mas manifesta um momento na estratégia revolucionária da personagem. Momento, aliás, compensador, pois a obtenção do exílio em lugar da prisão tornará possível a sua fuga e depois o seu retorno à atividade revolucionária na Europa. É verdadeiro, bom e faz bem – cabe lembrar – aquilo que possibilita o avanço da causa; falso, ruim e faz mal o que o impede.

Bakunin não precisa convencer o czar de que mudou, de que está arrependido de seus delitos passados, ou seja, *quanto ao fundo,* mas sim *quanto à forma*: basta arrepender-se. Ninguém jamais sonda a alma, o coração e as entranhas de um ser com palavras. Mas, para se convencer de que o exercício é puro trabalho de retórica destinado a produzir efeitos de abrandamento da pena, basta comparar o texto das *Confissões* com o de uma carta enviada clandestinamente à irmã Tatiana, carta na qual Bakunin diz arrepender-se de não se ter suicidado na cela, a tal ponto a morte lhe parece preferível às condições de prisão. Ele confessa que a esperança o faz viver. Esperança? Que esperança? A de retomar a atividade revolucionária militante! Em vez de vergar suas convicções, a prisão fortificou seus sentimentos e lhes deu consistência

SOCIALISMOS ATÓPICOS

de aço. Lição de suas meditações carcerárias: Bakunin lamenta não ter sido mais prudente...

Numa das mãos, portanto, aquela falsa *Confissão*; na outra, essa carta que confia o ardil do confessionário czarista... Bakunin não traiu a si mesmo nem suas ideias, a causa, os amigos. Em nenhum momento revelou segredos, ofereceu ao poder meios de desmantelar as redes anarquistas ou as organizações revolucionárias. Limitou-se a arremedar o arrependimento, utilizando com sucesso o ardil da raposa, virtude prezada por Maquiavel.

Basta julgar pelo seguinte: o ateu, demolidor de Deus, destruidor de todas as religiões, inimigo do cristianismo, negador das virtudes da moral cristã, implora a Deus, invoca "o outro mundo" e lamenta seus erros passados... Quais? Falar mal dos czares; ter sido contaminado pela filosofia alemã; causar sofrimento a seu pobre pai; participar de insurreições; desejar a revolução...

Seguem-se resoluções como aquela que toma ao sair do confessionário: ele promete nunca mais cometer esses erros; jura que não está mentindo; declara-se culpado; reconhece a justiça da pena e do castigo; afirma ser feliz na fortaleza; critica o comunismo e o socialismo por causa de seu utopismo... O czar lê, anota, escreve à margem que não vê naquele maço de mais de duzentas páginas nada que se assemelhe a arrependimento sincero. Não importa, quando Alexandre II lhe dá a opção de escolher entre a prisão ou o exílio na Sibéria, as *Confissões* atingiram o alvo: Bakunin moveu a peça correta e fez o lance certo naquele jogo de xadrez. O poder não demorará a arrepender-se.

10

Anarquista ou libertário? Quando Bakunin critica o comunismo nas *Confissões*, caberá acreditar? Sim, pois ele não é comunista. Sem dúvida, está em ação um efeito retórico, mas Bakunin não pode se tornar culpado da leitura errônea de seu leitor! Comunista no sentido de Marx, ou seja, militar pela apropriação coletiva dos meios de produção com a ajuda da vanguarda esclarecida do proletariado que mantém esse estado de coisas graças à mecânica do Estado, isso Bakunin não é.

Bakunin não odeia nada tanto quanto o Estado, culpado de uma antinomia radical com a liberdade, que para ele representa o bem supremo. Comunismo e estatismo se pressupõem mutuamente, donde a oposição do pensador anarquista ao comunismo obrigatoriamente estatal. Pensamento provavelmente sutil demais para o czar, que vê no anticomunismo de seu interlocutor uma *garantia contrarrevolucionária*, quando deveria ter visto uma *alternativa revolucionária* à proposta marxista. Bakunin rejeita o comunismo porque estatal de fato, mas reivindica para si o título de coletivista, pois essa realidade provém de contratos horizontais entre revolucionários.

Como se sabe, o anarquismo data de Proudhon e de *O que é a propriedade?* (1840). Mas esse continente em gestação comporta uma série de pensadores que defendem ideias às vezes antinômicas. Sem dúvida Proudhon fala em nome do anarquismo, mas impossível encontrar antissemita mais feroz, misógino mais ridículo, belicista mais convicto, moralista mais mesquinho, homófobo mais declarado, maior panegirista do trabalho, da família e dos valores burgue-

SOCIALISMOS ATÓPICOS

ses associados, a tal ponto que, via Círculo Valois, o regime de Vichy fará dele um precursor da Revolução Nacional... Anarquista, Proudhon? Sim, mas...

O anarquismo pressupõe rejeição ao poder hierárquico, organizado *verticalmente*, de baixo para cima, mas não rejeita a organização contratual, o mutualismo, o federalismo e outras comunidades *horizontais*. Hierarquia, conforme diz a etimologia, pressupõe "poder do sagrado", o que nenhum anarquista digno desse nome aceita: o poder, mal necessário, é insuportável quando vindo de um terceiro, mas se torna aceitável quando cristaliza vontades livres e contratuais. Bakunin rejeita o Estado e o poder do Estado, rejeita o comunismo porque este último obriga à existência de aparatos repressivos que impedem, limitam ou vedam a Liberdade, grande palavra de Bakunin, seu absoluto, seu ideal.

"Libertário", então, Bakunin? Essa palavra está também em Proudhon, mas igualmente em Joseph Déjacque (autor, entre outras coisas, de *À bas les chefs!* [Abaixo os chefes!]) que cria um jornal epônimo – *Le Libertaire, "journal du mouvement social"* [O Libertário, "jornal do movimento social"] (1858). Esse termo designa o indivíduo que rejeita toda e qualquer força geral, coletiva, comunitária que obste a liberdade individual. Evidentemente, o comunismo faz parte dessas máquinas de obstar as soberanias individuais. Uma vez que ataca virulentamente aquilo que se atravessa no seu caminho pessoal, Bakunin, o anarquista, é um libertário. Seu *socialismo libertário* constitui de fato um antídoto para o *socialismo autoritário* de Marx...

11

Um pensamento satânico. A liberdade constitui o epicentro do pensamento de Bakunin. O teórico anarquista é o primeiro a afirmar que a liberdade de cada um termina onde começa a liberdade alheia; que a liberdade alheia, em vez de limitar a minha, a constitui; que qualquer empecilho à liberdade de um terceiro obsta a minha liberdade. Essas afirmações tornaram-se lugares-comuns intelectuais, mas na época constituem um programa revolucionário.

Donde sua crítica à Max Stirner, autor de *O único e sua propriedade* (1844), que, também classificado com certa pressa entre os anarquistas, defende a liberdade sem limites do Único, liberdade que não deve ser contida por nada. Na opinião de Caspar Schmidt (Stirner, "testudo", é pseudônimo), liberdade limitada não é liberdade. Em contrapartida, para Bakunin, é impossível deixar a liberdade selvagem e sem lei: ela deve obedecer ao princípio revolucionário gerador da felicidade da humanidade inteira!

A liberdade é um álcool forte no autor de *Estatismo e anarquia*. Quem é o herói – também arauto – dessa liberdade que ele tanto preza? Satã... Assim, com Adão, o diabo encarna o grande desobediente, o primeiro rebelde, o inventor da liberdade. Satã é aquele que diz não a Deus, portanto sim à Liberdade. Se Deus existe, a liberdade não; se a liberdade existe, Deus não pode existir; ora, a liberdade existe, basta olhar em torno de nós; portanto, Deus não existe... Bakunin recicla essa máquina silogística em várias ocasiões na sua obra. Como se os argumentos lógicos não bastassem, ele conclui que, mesmo que Deus existisse, seria preciso livrar-se dele!

SOCIALISMOS ATÓPICOS

Proudhon glorificou Satã em *De la justice dans la révolution et dans l'Eglise* [Da justiça na revolução e na Igreja] (1858). Bakunin volta a isso em vários livros: *Império knuto-germânico, Deus e o Estado,* e *Federalismo, socialismo e antiteologismo.* Satã diz não a burgueses, proprietários, a Deus, aos deuses, aos padres, aos senhores, aos herdeiros. Por isso, esse "primeiro livre-pensador", esse "eterno revoltado", esse "emancipador dos mundos" reina como chefe dos revolucionários passados, presentes e futuros.

12

Ciência libertária. Satã recusa a lei, a obediência cega e, para tanto, recorre à ciência. No jardim do Éden, Deus exige fé e submissão; quer respeito à proibição imposta; Satã, por sua vez, rejeita esses ditames e se vale da razão, da inteligência, mobiliza a cultura e dá ao saber um real poder sobre o mundo. Razão satânica contra fé divina; ciência em face da crença: ocasiões para reatualizar o projeto dos filósofos do Iluminismo do século da Revolução Francesa.

A defesa da ciência em Bakunin é acompanhada por uma advertência contra o poder dos cientistas. O texto intitulado *A ciência e a questão vital da revolução* (1870) deixa claro: o governo da ciência não é defensável. Nem o positivismo de Auguste Comte nem o socialismo do materialismo dialético de Karl Marx são perdoáveis, em sua opinião. Um cientista no poder usará a ciência e abusará dela para construir um poder e dispor dele de tal modo que, mais uma vez, a humanidade será dividida em senhores e escravos, dominadores e dominados – impensável

BAKUNIN

para um anarquista. O governo da ciência legitimaria uma nova tirania.

A ciência à qual Bakunin aspira não é um instrumento de sujeição, mas de libertação; não deve dar oportunidade à dominação dos povos, mas à sua libertação. A razão age como instrumento de desconstrução das alienações: usá-la a contento possibilita destruir fábulas, ficções, quimeras sobre as quais a sociedade é construída – especialmente o Estado burguês e a Igreja cristã.

Como leitor atento e fiel de Feuerbach, especialmente da *Essência do cristianismo* e da *Essência da religião*, Bakunin desconstrói a religião cristã e depois mostra que o medo está na origem da construção de todas as alienações depois aproveitadas pelas religiões: o Céu lotado dos cristãos pressupõe a Terra vazia dos humanos, que é devastada intelectual e conceitualmente.

Donde seu ataque feroz e recorrente ao idealismo, que realiza essa malversação ontológica, e a defesa do materialismo, que restitui o título de nobreza à realidade, à terra, ao concreto. Não há ideias puras, não há alma imaterial, não há princípio divino posto no homem por Deus para permitir hipoteticamente sua salvação, não há eternidade do espírito, mas pura e simples combinação de átomos, partículas redutíveis à física dos elementos.

O materialismo científico constitui a base do pensamento bakuniniano. Na obra completa encontramos o arsenal habitual das opções do materialismo clássico: só há matéria e organização de matéria; a vida equivale a uma energia redutível a essa organização; não existem ideias inatas; o cérebro produz as ideias; o determinismo triunfa, o indivíduo igno-

291

SOCIALISMOS ATÓPICOS

ra a liberdade; responsabilidade moral é coisa de ficção metafísica; existem mundos mortais em número infinito; bem e mal decorrem de convenções sociais; existem leis naturais intangíveis; o sensacionismo fornece um método adequado para apreender o mundo; a experiência possibilita a obtenção de certezas científicas. Vade-mécum materialista.

13

Ateísmo combativo. Consequência natural do materialismo: inexistência de Deus. Antes da leitura de Strauss e de Feuerbach, durante seu período hegeliano, Bakunin conservava um resto de crença no catolicismo ortodoxo de sua formação familiar. Suas ideias evoluem, ele vai do Deus da Bíblia ao deus dos filósofos, e, em seguida, esse Deus torna-se suficientemente conceitual para possibilitar a evolução em direção à pura e simples negação. Quando chega ao ateísmo, Bakunin torna-se militante feroz da causa.

Sua leitura de Paulo de Tarso prova-lhe que a famosa tese paulina do caráter sagrado do poder – "todo poder vem de Deus" – continua produzindo efeitos. Daí o íntimo conluio da Igreja com o Estado, em que um sustenta, justifica e legitima o outro, encobrindo seu cúmplice nos delitos comuns: sangue, crimes, guerras, exploração, miséria, perseguições, injustiças, delitos, inquisições, fogueiras, torturas e toda a santa litania dos banditismos cristãos.

Em sua guerra intelectual e ideológica contra a ordem cristã e burguesa, Bakunin associa numa mesma condenação o espiritualismo cristão ao idealismo alemão, a religião vaticana à metafísica hegeliana, as *Epístolas aos romanos* de Paulo de Tarso à

Fenomenologia do espírito do Hegel de Berlim, a Igreja ao Estado, o Sacerdote ao Rei. Na economia do pensamento do anarquista, Feuerbach age como anti--Hegel e oferece seu antídoto. Em *O princípio do Estado*, ele escreve: "É típico da teologia fazer do nada a realidade, e da realidade, o nada."

Seguindo fielmente Feuerbach, a partir dos medos genealógicos de deuses, Bakunin analisa o processo que conduz do fetiche ao Deus único, passando por feiticeiros e elementos naturais. Depois retoma a seu modo o processo de alienação evidenciado pelas análises de *Essência do cristianismo*: a substância de Deus alimenta-se da dissipação da substância dos homens. O que o homem não é (poder, onisciência, onipresença, onipotência, imortalidade, eternidade, imaterialidade etc.) é por ele transformado em ficção, é cristalizado numa instância; depois, ele se ajoelha diante dela para venerar suas impotências que se tornaram miraculosamente potência divina à qual ele se submete.

Como vimos, o silogismo fornece o material de luta: Bakunin organiza premissas, deduções e conclusões para despedaçar o Deus único. Exemplos: se Deus existe, a ordem natural não existe; ora, a ordem natural existe; logo, Deus não existe. Ou então: o mundo é imperfeito; ora, Deus o criou; logo, Deus é imperfeito; o que implica que ele não existe. Ou ainda, em *Deus e o Estado*: se Deus existe, o homem é escravo; ora, o homem pode ser livre; logo, Deus não existe. Finalmente: Deus existe, logo o homem é escravo; ora, o homem é inteligente, justo e livre; logo, Deus não existe.

SOCIALISMOS ATÓPICOS

14

As três morais. Em *Três conferências feitas aos operários do vale de Saint-Imier*, Bakunin opõe *moral privada* a *moral estatal*, depois confronta essas duas éticas com a *moral revolucionária*. A primeira pressupõe respeito à dignidade humana, ao direito e à liberdade de todos; a segunda opõe-se a isso e transforma em Bem o que serve ao poder e à grandeza do Estado, até mesmo aquilo que contraria as leis, tal como a violação, o crime, o assassinato, a pilhagem, a guerra. A partir daí, o Mal define tudo o que se opõe ao Estado, à Pátria, à Nação. Nessa questão de segunda moral imoral de acordo com as categorias da primeira, Deus abençoa todas essas malversações – pelo menos seus sacerdotes as abençoam em nome dele...

A moral revolucionária, por sua vez, pressupõe Liberdade, que não existe sem Igualdade. Em *Federalismo, socialismo e antiteologismo*, Bakunin faz do socialismo a oportunidade e o lugar da realização dessa famosa Liberdade. Premonitório, ele afirma, muito antes da ditadura marxista dos países do Leste Europeu: "Liberdade sem socialismo é privilégio, injustiça; e [...] socialismo sem liberdade é escravidão e brutalidade." Texto de 1868...

Que relações há entre o hedonismo e esse utilitarismo anarquista, esse socialismo libertário, essa vida de militante revolucionário, essa teoria materialista da destruição da sociedade capitalista, essa mística da insurreição permanente, esse pensamento da libertação? Onde encontramos felicidade e prazer na obra e no pensamento do ativista russo?

294

BAKUNIN

Explicitamente, no projeto revolucionário de Bakunin, em seu epicentro, no coração do reator nuclear anarquista. Essa citação da segunda conferência dada aos operários de Saint-Imier mostra isso: "Querer a liberdade e a dignidade humana de todos os homens, ver e sentir minha liberdade confirmada, sancionada, infinitamente expandida pelo assentimento de todo o mundo, isso é felicidade, paraíso humano na terra"...

15

Autoritários contra libertários. A historiografia anarquista situa a sua origem na Revolução Francesa. Em seguida, esse movimento passa pelos *sans-culotte*, pela Comuna de Paris, pelos *Enragés* (Jacques Roux, Pierre Dolivier, Jean-François Varlet, Momoro), mas também por Gracchus Babeuf e Buonarroti, portanto pelos Iguais. As opiniões sobre Robespierre, tão querido pelos marxistas (embora ele confisque a energia revolucionária para atender aos fins da burguesia!), Saint-Just e outros heróis do cartão-postal revolucionário rompem com a leitura habitual. De um anarquista a outro, a seleção dentro do pessoal revolucionário muda: o deísta Proudhon, que execra os ateus, por exemplo, agrada menos a Hébert e aos descristianizadores do que ao ateu feroz Bakunin...

Os anarquistas em geral não se enganam: a Revolução Francesa é uma revolução malograda; de revolução só tem o nome. No mínimo, se for revolução, qualificará o fim da ordem feudal, marcada pelo poder da nobreza, e o advento da ordem burguesa exemplificada pelo poder dos proprietários. O desaparecimento do poder aristocrático em favor

SOCIALISMOS ATÓPICOS

de industriais, comerciantes, banqueiros, investido-
res, metalurgistas, donos de fábrica, isso foi efetivamente uma mudança, mas representa muito pouco
para os pobres, para as pessoas modestas, para o
Povo. Os anarquistas esculhambam essa revolução
francesa que permite o golpe de Estado da burguesia liberal à custa de um fracasso da verdadeira revolução. A Bastilha demolida e os privilégios abolidos
geram novas Bastilhas e novos privilégios, que devem ser novamente destruídos.

Em *Federalismo, socialismo e antiteologismo*, Bakunin
faz uma crítica anarquista da Revolução Francesa –
crítica habitualmente negligenciada pelos historió-
grafos desse período histórico. Bakunin – não é de
espantar – reivindica a linhagem de Babeuf e, via
Buonarroti, do comunismo babouvista. O autor de
Tribun du peuple [*Tribuno do povo*] propõe uma comunidade de bens que prescinda do fortalecimento
do aparato estatal por meio da organização horizontal dos cidadãos. Um comunismo sem Estado. A essa
linhagem coletivista Babeuf/Buonarroti, Bakunin opõe
a *linhagem burguesa* Robespierre/Saint-Just, em outras palavras, a linhagem do republicanismo político
que produz Cavaignac e Napoleão III.

Na linhagem Babeuf, Bakunin distingue o *socialismo autoritário de Estado* do *socialismo libertário positivista*. O socialismo de Estado, por sua vez, divide-se em
socialismo revolucionário (Etienne Cabet, Louis Blanc)
e *socialismo doutrinário* (Saint-Simon, Prosper Enfantin, Charles Fourier, Victor Considérant). Do lado
do socialismo libertário: Proudhon. Os nomes não
são mencionados por Bakunin, mas não é muito difícil colocar o nome de Marx sob a rubrica "socialis-

BAKUNIN

mo autoritário de Estado", e o dele sob a rubrica "socialismo libertário positivista".

A linha divisória está exatamente aí: Marx, o autoritário, Bakunin, o libertário; mas ambos socialistas. São dois temperamentos, dois caracteres, duas maneiras radicalmente antitéticas de estar no mundo: Marx, atrabiliário, doutrinário de gabinete mal conhecido, trabalhador das bibliotecas, militante político articulador de bastidores, pequeno-burguês na vida cotidiana, ciumento e invejoso, comprometido numa luta para estabelecer seu poder na organização operária internacional; Bakunin, ogro dionisíaco, insurgente permanente, frequentador de barricadas, revolucionário pragmático, boêmio romântico, companheiro de todos os miseráveis que o amam. Um produz o marxismo-leninismo, seus revolucionários profissionais e sua ditadura autoritária; o outro permanece como modelo de uma revolta visceral, do rebelde contra qualquer poder, inclusive o dos revolucionários da véspera transformados em tiranos do dia seguinte pela graça de uma revolução por eles traída... Cinismo contra romantismo, teoria contra empirismo, tática contra profecia, revolução contra revolta – autoridade contra liberdade...

16

Água e fogo. Marx e Bakunin encontraram-se várias vezes. Mas logo as dissensões aparecem. Marx lança mão de qualquer coisa para dispor da liderança da contestação operária internacional, inclusive de calúnia, mentira e intriga. Ele e os seus permitem que corra o boato de que Bakunin age como espião a soldo do governo russo. O insulto reaparece regu-

297

SOCIALISMOS ATÓPICOS

larmente: a ele é atribuída a responsabilidade por todos os fracassos insurrecionais da Europa; ora – dizem –, esses fracassos são muito úteis ao poder para desencadear a repressão sobre os operários! Entenda quem puder...

Por outro lado, os paus-mandados de Marx murmuram: como Bakunin poderia ter fugido do exílio siberiano e voltado a Londres pelos Estados Unidos sem a cumplicidade do poder? Depois murmuram cada vez menos essas coisas, que acabam escritas nos jornais, alguns dos quais, como por acaso, dirigidos por um amigo ou um cúmplice de Marx.

Marx é mau orador, sabe disso, Bakunin é excelente. Em congressos e tribunas o autor do *Capital* envia emissários, põe os seus amigos para falar, enquanto a eloquência do anarquista arrebata as multidões. O alemão é desconhecido, o russo é celebrado em toda a Europa. O amigo de Engels é vaidoso, orgulhoso, ciumento, destrói todos aqueles de cujas ideias se apropria, e estes são legião. Seus assassinatos em *Ideologia alemã* ou *Sagrada família*, ou até mesmo em *Miséria da filosofia*, escrito inteiramente contra Proudhon, do qual extrai numerosas ideias sem nunca citar fontes, mostra essa personalidade em ação: ele esmaga, destrói, tenta construir sua reputação amontoando os cadáveres dos pensadores socialistas sob sua bota intelectual.

O futuro herói da União Soviética e dos países do Leste Europeu revela-se um pequeno-burguês envergonhado de ser pobre. Para fazer boa figura, aluga uma casa por um preço exorbitante; põe seus filhos para aprender piano e desenho; proíbe as filhas de trabalhar na esperança do dote e de um belo e útil casamento; engravida a empregada e dá um jei-

298

to na coisa com um Engels bom príncipe que aceita assumir a paternidade para salvar a reputação do amigo. A sra. Marx, de solteira Jenny von Westphalen (de pai barão, excelente família, rica e influente), casada na igreja evangélica, de fato dificilmente teria suportado as escapadas do marido. Cabe lembrar que, por sua vez, Bakunin não encontra nenhum motivo de crítica no fato de sua mulher ter tido, sob seu teto, três filhos dos quais ele não era o pai! No cartão de visita da mulher, Marx faz questão que conste seu título de baronesa. Durante esse período, os lucros obtidos por Engels em suas manufaturas possibilitam que Marx trabalhe no *Capital*. Prova factual de que, como afirma Marx no papel, o capitalismo trabalha para sua própria destruição.

Bakunin recebeu a encomenda de uma tradução do *Capital* para o russo. Sempre sem dinheiro, aceitou, mas sendo desorganizado e incapaz de se dedicar a um trabalho e concentrar-se por muito tempo, principalmente num tipo de projeto que exige humildade perante um adversário intelectual, ele nunca realizou a tarefa, gastando imediatamente o adiantamento que lhe fora pago... Bakunin terceirizará o trabalho, ideia sugerida por Netchaiev.

Suscetível, Marx enviara *O capital* a Bakunin, que nunca acusou recebimento. Negligência mais que insolência. Ou então, conhecendo a personagem, falta de diplomacia ou incapacidade de dobrar-se às formalidades burguesas! A historiografia às vezes registra essa anedota para explicar a ofensa e uma parte do mal-entendido entre os dois. Pessoalmente, atribuo tudo isso à incompatibilidade radical entre duas visões do mundo – entre dois temperamentos, duas sensibilidades...

SOCIALISMOS ATÓPICOS

17

Estado marxista contra revolta anarquista. Bakunin bem depressa e bem cedo enxerga a potencialidade tirânica do pensamento contido no *Manifesto do partido comunista* (1848) e em outros textos programáticos de Marx/Engels. De modo que poderíamos dizer que a primeira crítica de esquerda ao marxismo vem de Bakunin. Muito depressa? Muito cedo? Como assim? Já em *A ciência e a questão vital da revolução,* texto datado de 1870. Ou seja, meio século antes da revolta dos marinheiros de Cronstadt em 28 de fevereiro de 1921, que se rebelam para protestar contra a negação dos ideais da revolução pelo poder bolchevique que traíra a causa de 1917.

Leiamos o *Manifesto do partido comunista*: Marx quer a ditadura do proletariado? Quer. Mas o que significa essa expressão? Pois uma ditadura se exerce *sobre.* Sobre quem o proletariado exercerá sua ditadura? Esse proletariado vai ser logrado, pois uma parte apresentada como sua "vanguarda esclarecida" exercerá o poder sobre aquilo que restar, a saber, a massa, a maioria, os operários da base, camponeses, pobres, desempregados, boias-frias, crianças, mulheres. Bakunin prevê o que será da ditadura do partido autoproclamado "Proletariado", único, pretextando sua natureza esclarecida – pela doutrina marxista...

Bakunin rejeita essa ideia porque Marx e o marxismo reabilitam aquilo que ele combate: a separação entre dominantes e dominados. O anarquista não define as classes sociais a partir dos meios de produção (o proletário não os possui, o burguês, sim), mas em relação à situação delas perante o poder. Um proletário que disponha de um poder agra-

BAKUNIN

da menos a Bakunin do que um burguês que não o tenha, pois o inimigo é o poder. Sejam quais forem as mãos nas quais se encontre, o poder corrompe, produzindo submissão, portanto abolição da liberdade. O abuso se deduz naturalmente do uso. Contra o economicismo estrito da posição marxista, o socialista libertário faz sua leitura do poder: não burgueses e proletários, portanto, mas governantes e governados, em outras palavras, dominadores e dominados, exploradores e explorados. O maniqueísmo marxista revela uma posição fixa, artificial, mecânica, sumária. Bakunin opõe sua leitura dinâmica: a existência de classes intermediárias que sofrem tensões obriga a discernir melhor.

Dentro desse espaço distinto coabitam uma minoria constituída de mais exploradores que explorados e uma maioria feita de explorados mais numerosos que os exploradores. O princípio de constituição desses estratos é simples: quanto mais se está longe do povo, mais se é explorador... Enquanto Marx apresenta uma visão do mundo em preto e branco, Bakunin propõe um espectro social cromático mais sutil. A mecânica marxista exige esse dualismo que justifica a luta de classes que, a longo prazo, gera a revolução. A sociologia bakuniniana abre outras portas para a dinâmica revolucionária.

Que sociologia é essa? Bakunin explica como a sociedade se reproduz duplicando as oposições dominadores/dominados. Por exemplo, a instrução e a educação das crianças, que é reservada à prole das classes exploradoras e vedada a filhos e filhas dos explorados; o uso da herança, útil para transmitir tanto o patrimônio fundiário e financeiro quanto o patrimônio sociológico: em outras palavras, o lugar

SOCIALISMOS ATÓPICOS

ocupado na pólis, na sociedade; a técnica da busca dos melhores elementos na classe dominada para propiciar sua promoção social para a classe exploradora, à custa da disponibilização de seu talento para uso dos dominantes na forma de colaboração no trabalho de manutenção da ordem política; colaboração da religião, que se sente à vontade para citar Paulo de Tarso, a fim de justificar o estado de coisas por meio de obscuras legitimações teológicas; a indiferença em relação aos miseráveis, pelos quais não se faz nada que possa tirá-los do estado de sujeição.

18

Amigo e inimigo do povo. Marx gosta do "Proletário", desde que este demonstre um marxismo militante; detesta o povo, odeia os camponeses, despreza o subproletariado (várias vezes definido como "racaille"*, na tradução francesa...). Por outro lado, não tem consideração alguma pela luta das mulheres. Bakunin desconfia do Proletário com maiúscula. O aristocrata russo gosta do povo, não detesta os camponeses, os pequenos proprietários agarrados a seu miserável pedaço de terra. Melhor ainda: conta até com a força e a vitalidade do subproletariado para atear o incêndio revolucionário: preza assim prisioneiros, desempregados, párias, boias-frias.

O socialista libertário gaba os méritos do povo: vivacidade mental, senso de justiça, compaixão, bom senso, fé na vida, ingenuidade, simplicidade, verdade; o povo tem naturalmente a energia revolucionária ou a força republicana. E o socialismo autori-

---

* Ralé. (N. da T.)

302

BAKUNIN

tário marxista deseja impor a ditadura a esse povo. Bakunin crê na espontaneidade, na força, na energia rebelde liberada, na cólera, no movimento natural das massas e das multidões; Marx, por sua vez, celebra a organização, o partido, as estruturas. O marido da baronesa Westphalen reserva para os camponeses e para o mundo rural as palavras mais duras. Sua ditadura do proletariado pressupõe a expressão de um poder forte do operário urbano organizado como vanguarda sobre o trabalhador do campo, equiparado aos burgueses, pois, segundo a máquina maniqueísta marxista, ele possui os meios de produção – em outras palavras, alguns ares de terra, ferramentas, sementes... Bakunin sabe que o agricultor se apega a esse pedacinho de poder, mas não solta a matilha proletária urbana armada nos campos. Em compensação, envia "corpos francos" militantes que deveriam realizar um trabalho pedagógico para explicar a revolução e dissipar temores. O burguês Marx não gosta do povo; o aristocrata Bakunin atribui-lhe todas as virtudes. Em *Estatismo e anarquia*, Bakunin escreve: "O povo não terá vida mais fácil quando o porrete que o golpear for chamado de popular." Estamos em 1873. O que acham disso os povos do antigo bloco soviético?

Bakunin anuncia que um Estado popular marxista seria um despotismo. Qualquer um que está na posição de representar o povo ou de falar e agir por ele abandona o povo, deixa de acreditar que faz parte dele, pois passa da situação de governado para a de governante, da situação de dominado para a de dominante. Esquecido da classe da qual provém, entregue à nova classe à qual tem acesso, o ex-explorado torna-se explorador, e isso ocorre de maneira

SOCIALISMOS ATÓPICOS

natural, pois é da própria natureza do poder corromper qualquer um que o tome. Esse homem novo esquece que está agindo na qualidade de representante, entregando-se à reprodução do sistema que lhe permitiu essa promoção.

Esse mesmo homem passa a trabalhar para o Estado que vive de nacionalismo, fronteiras, patriotismo, exploração, conflitos, alimentando-se do sangue dos pobres. Bakunin prevê que os representantes da classe operária, chegando ao ápice do Estado, esquecerão sua classe de origem e trabalharão como traidores para a classe que outrora os oprimia. Essa nova casta se constitui – escreve ele – como entidade autônoma e independente. Sob o regime soviético, essa oligarquia prevista por Bakunin chamava-se *nomenklatura*...

Por todas essas razões, Bakunin, o anarquista, opõe-se ao referendo, à democracia representativa, ao sufrágio universal, direto ou indireto, às câmaras representativas, ao habitual jogo democrático. Pois essa pretensa democracia reproduz a separação entre governantes e governados, portanto entre exploradores e explorados, dominadores e dominados, impede a liberdade, gera submissão da maioria à minoria, servidão da maior parte da sociedade que depende das decisões de uma ínfima minoria, chamada representativa.

Enquanto a democracia ou o Estado marxista se apresentarem como as únicas formas possíveis de vida política, será mantida no Estado a negatividade contra a qual Bakunin se insurge com todas as suas forças: disciplina, ordem, hierarquia, polícia, exército, tribunais. Tudo isso constitui o aparato estatal disciplinar. Com setenta anos de regime socialista

BAKUNIN

marxista, as previsões de Bakunin infelizmente se concretizaram...

19

Sequência das previsões. Recapitulando: o socialismo libertário de Mikhail Bakunin opõe-se ao socialismo autoritário de Marx em pelo menos sete aspectos. *Um*: na ditadura do proletariado, entendida como ditadura de uma minoria do proletariado sobre a maioria; *dois*: na definição economicista das classes sociais em relação à posse ou não dos meios de produção, ponto em que Bakunin considera que a diferença ocorre entre governantes e governados, exploradores e explorados, dominantes e dominados; *três*: no poder, absolutamente ruim para o anarquista, defensável e necessário para o autoritário; *quatro*: na existência de uma dinâmica social em condições de ultrapassar a leitura maniqueísta da realidade, dividida entre burgueses e proletários; *cinco*: na questão do povo – repulsa marxista pelo operário de base, por camponeses e subproletários e veneração apenas à vanguarda esclarecida do proletariado, em oposição ao "populismo", no sentido russo do termo, de Mikhail Bakunin; *seis*: na inevitável traição consubstancial a toda representação política; *sete*: na constituição de um poder no poder com o nascimento, em regime representativo, de uma oligarquia, outro nome da nomenklatura.

Cabe acrescentar uma nova previsão: Bakunin quer e deseja a revolução. Inclusive à maneira ilógica ou irracional do messianismo, do profetismo. O anarquista, otimista, espera aquilo que não pode deixar de advir: a revolução social, necessariamente

305

SOCIALISMOS ATÓPICOS

induzida pela pauperização. Mas, se, por qualquer razão desconhecida ou mal conhecida, a revolução não ocorre rapidamente, então Bakunin prevê o advento da "ditadura militar" de um Estado militarizado e onipotente, que age de conluio com a Igreja para defender o capitalismo, a exploração dos operários e dos camponeses, a defesa "com energia desesperada da ordem estatal, jurídica, metafísica, teológica e militar-policial, considerada o último bastião de proteção atual do precioso privilégio da exploração econômica". Essa ideia, exposta em *Estatismo e anarquia* (1873), mostra que, *oito*, além do devir totalitário do marxismo, Bakunin previra, em caso de malogro da revolução social, a alternativa daquela ordem militar-política total que assumiu o nome de fascismo no século XX!

20

Positividade anarquista. Formado na escola de Hegel, Bakunin virou a casaca filosófica depois de ler Feuerbach. Embora *Essência do cristianismo* precise de Hegel para superar o hegelianismo... O filósofo anarquista celebrou a positividade da destruição. Incluir o negativo num processo dialético que conduza à produção da positividade é uma maneira pós-hegeliana de continuar hegeliano... Sem dúvida, Bakunin destrói, mas para construir. Ao ler sua obra completa, ao ver sua obra militante nas barricadas, será possível dizer que aquilo era positividade anarquista?

Contra a probabilidade do despotismo marxista e para evitar a brutalidade da reação fascista (permitam-me o anacronismo conceitual), Bakunin propõe, em *Federalismo, socialismo e antiteologismo* (1868)

306

e em *Cartas a um francês* (1870), dois objetivos que nossa época poderia muito bem adotar, farta que está de um século XX de totalitarismos marxistas: a *luta contra o liberalismo* e a *construção dos Estados Unidos da Europa*. Como apresentar projetos ainda capazes de gerar entusiasmos no século XXI? Em *Cartas a um francês* encontra-se sob sua pluma a expressão "liberalismo burguês", cuja fórmula Bakunin nos dá de maneira extremamente abreviada, mas com soberba quintessência: "azar dos fracos". O que é o programa liberal? Enriquecimento pessoal, seja qual for o custo moral, humano, social ou político; domínio do capital sobre o trabalho; uso do comércio para fins de roubo e exploração; destruição das pequenas unidades de produção pelas grandes; consequentemente, aumento dos trustes; proletarização das massas, porque dominadas ao extremo; supressão de todas as habilidades artesanais simultânea à produção de objetos cada vez mais imperfeitos. Quem diria que essa constatação é de 1870?

Formularemos em linguagem pós-industrial contemporânea a constatação de Bakunin, quando ele estigmatiza os plenos poderes do liberalismo: triunfo do dinheiro que reina em todos os campos; papel fundamental dos fundos de pensão na economia mundial; desaparecimento da ética diante da lei do mercado; concentração das forças produtivas em algumas mãos invisíveis por trás de empresas fantasmas; advento do reino das multinacionais; papel dos setores terciários e da informática na proletarização da totalidade da população; destruição do artesanato em proveito de um comércio de bens de consumo descartáveis, destinados a alimentar a vitalidade do mercado capitalista. Bakunin é um pensador para hoje...

SOCIALISMOS ATÓPICOS

Para acabar com esse velho mundo capitalista, Bakunin propõe a realização dos Estados Unidos da Europa. Quando surge nele essa ideia? E onde? Em 1868, em *Federalismo, socialismo e antiteologismo*. O que ele propõe? Abolição das fronteiras entre as nações, fim das pátrias, desaparecimento dos nacionalismos (que habitualmente geram guerras, conflitos, ódio, sentimento patrioteiro), dissolução dos Estados, de todos os Estados, para acabar de vez com o reino do dinheiro.

Seu projeto está contido no título da obra de 1868: federalismo contra Estado; socialismo contra liberalismo; antiteologismo contra conluio da Igreja cristã com os poderes monárquicos europeus. Tudo em proveito de uma associação contratual entre os povos organizados de maneira horizontal, portanto anarquista. Estados Unidos da Europa antiliberais e libertários? Projeto entusiasmante e ainda atual!

CONCLUSÃO
Elogio de uma política minúscula

1

Vida e morte dos dispositivos coletivos. Grande parte do século XIX, portanto, propôs um dispositivo hedonista coletivista e comunitário como reação à proposta utópica liberal de felicidade hipoteticamente construída por uma mão invisível. O eudemonismo social passa por dispositivos que os anarquistas chamarão mais tarde de *ambientes livres*: a comuna de Robert Owen, em New Lanark, assume a forma de aldeia organizada segundo o princípio socialista, ou comunidade utopista (para Owen: Nova Harmonia nos Estados Unidos, em Indiana, em Hants perto de Glasgow; para Cabet: Nauvoo, Nova Icária, em Illinois [1847]...).

A esses dispositivos cabe acrescentar o mais célebre, o Falanstério (o primeiro em Condé-sur-Vesgre, em 1832, mas também na Rússia, na Romênia e na Polônia, prontamente...), que, a partir das indicações

EUDEMONISMO SOCIAL

deixadas por Charles Fourier, justifica associações inspiradas no filósofo, mas deixando de lado toda a parte erótica. A contaminação pelo exemplo esperado pelo autor do *Novo mundo industrial* realmente não aconteceu... As comunidades utopistas foram malsucedidas tanto quando criadas em nome de Owen quanto de Cabet ou de Fourier...

Na melhor das hipóteses, esses grandes construtos revolucionários previstos para mudar a face do mundo geram armazéns associativos, cooperativas de produção, uma "Padaria verídica" (deficitária depois de três anos...), centros de aprendizagem autogeridos, seguros-saúde corporativistas, caixas de aposentadoria profissional, sociedades de socorro mútuo, escolas com pedagogias alternativas. Malogros? Se quiserem... Se bem que...

Na verdade, quando Petrachevski cria um falanstério fourierista para seus quarenta servos, os referidos servos não o escutam com os mesmos ouvidos, e, na véspera da inauguração, incendeiam o prédio; quando se desfazem, as microcomunidades utopistas mostram o rosto menos radioso do ser humano, possibilitam que os vícios voltem à tona quando nada proíbe proibir; quando os revolucionários que preconizam a divisão e a comunidade dos bens, a alegria no trabalho, a felicidade da comunidade e a redenção na, pela e para a coletividade se mostram mais egoístas, mais ciosamente proprietários, mais invejosos, mais preguiçosos; quando os defensores do amor livre e do comunismo generalizado se esmurram por uma mulher ou constroem cercas para fechar um pedaço de terra; quando os sócios das comunidades owenistas tiram proveito da generosidade do fundador para viver à custa e às expensas da

CONCLUSÃO

coletividade, pode-se, efetivamente, concluir que houve malogro... Pois, de fato, a realidade do eudemonismo social não esteve à altura das ambições de seus fomentadores.

2

Positividade das microssociedades. Mas esse malogro, apesar de tudo, vem paradoxalmente acompanhado por certo sucesso, uma vez que tais oficinas e laboratórios, apesar da incapacidade de revolucionar o planeta inteiro, de modificar o curso de toda a humanidade, apesar do insucesso das insurreições europeias das quais Bakunin participou, apesar de tudo isso, portanto, essas ideias lançadas no século abriram caminho e realizaram-se aos poucos: a felicidade não é assunto para revoluções imediatas e brutais, mas evoluções de longo prazo. Owen e Stuart Mill, Fourier e Bakunin, por exemplo, produziram efeitos nada desprezíveis na história da humanidade. Seus dispositivos eudemonistas não foram inúteis.

Aquilo que se convencionou chamar de conquistas sociais (sufrágio universal, redução da jornada de trabalho, gratuidade da saúde, acesso à aposentadoria, fundos nacionais de solidariedade, educação nacional gratuita, humanização das condições de trabalho, igualdade entre homens e mulheres, proibição do trabalho infantil, emancipação das colônias etc.) foi conquistado por lutas, mas sua conquista foi efetiva.

Conforme demonstra a História, de fato foi preciso que houvesse verdadeiros massacres (vinte mil mortos da Comuna), prisões (Blanqui durante mais de vinte anos), deportações (Louise Michel e os par-

EUDEMONISMO SOCIAL

ticipantes da Comuna para a Nova Caledônia), fuzilamentos (insurreições europeias), perseguições, mas as ideias avançaram, os dispositivos eudemonistas não foram inúteis. O pan-óptico liberal, as comunidades socialistas ou comunistas, o falanstério fourierista, essas formas gregárias de felicidade individual realizada pelo grupo, tudo isso constituiu um dos aspectos do século XIX: digamos que ele exemplifica a vertente cenobítica do hedonismo.

Essas experiências políticas de laboratório dão uma lição fundamental a nossos tempos pós-modernos: uma microssociedade possibilita realizar uma revolução aqui e agora, inclusive e sobretudo num ambiente hostil. O capitalismo existe, é verdade, mas, no próprio âmbito de uma sociedade organizada segundo o princípio liberal, caracteres bem vigorosos e mulheres e homens aguerridos podem criar enclaves, geografias que extrapolem esse quadro, para aplicarem as ideias revolucionárias nas quais acreditam. Portanto, a revolução é possível aqui e agora, desde que não se tenha em vista sua imediata internacionalização! Grandeza daquilo que chamarei de política minúscula, que, segundo o princípio de Gulliver, pressupõe que uma multidão de pequenos elos possam paralisar duradouramente um gigante...

3

Radicalismos existenciais. Ora, no mesmo século, na mesma época, o aspecto cenobítico do hedonismo, que é o *eudemonismo social,* vem acompanhado por sua indissociável vertente eremítica com o trabalho de um punhado de *figuras do radicalismo existencial.* Esses temperamentos fortes brandem a tocha

312

CONCLUSÃO

antiga da vida filosófica, da existência incandescente, da postulação socrática de uma escultura de si mesmo, da busca da melhor forma de vida, da adequação entre os indivíduos.

Esses caracteres robustos põem Sócrates contra Platão, querem a felicidade e o hedonismo como construções solares e solitárias, não contra o mundo, nem forçosamente longe do mundo, mas apesar dele. Não desejam tanto mudar a ordem do mundo (embora não renunciem a intervir nele) quanto modificar-se para, por meio de uma luta filosófica, conquistar a paz, a serenidade, em suma, a sabedoria.

Enquanto os liberais anunciam o futuro radioso graças ao aumento da riqueza das nações ou enquanto, em resposta a essa utopia, socialistas e comunistas, quando não anarquistas e fourieristas, burilam suas revoluções e profetizam a felicidade da humanidade com a ajuda de seus socialismos atópicos, algumas figuras, singularidades, grandes individualidades contemporâneas do dandismo baudelairiano, reatualizam Sócrates e a dialética de sua conversação, Diógenes e seu barril, Epicuro e a magia de sua amizade no Jardim, sua frugalidade e sua ascese hedonistas, Alcibíades e sua audácia, os estoicos e seu culto à vontade...

Os dispositivos hedonistas mudam: longe das grandes máquinas perigosas e impossíveis de dirigir (pan--óptico ou falanstério, comuna ou comunidade), descobrem-se aparelhos minúsculos dos quais o mais radical é a cabana perto de um lago de Thoreau, em Walden Point, perto de Concord, no Estado americano de Massachusetts, onde, ao lado de Emerson e alguns outros *transcendentalistas americanos* reunidos no salão da casa, o autor de *Desobediência civil* produ-

EUDEMONISMO SOCIAL

zirá uma obra, um pensamento e uma vida filosóficos edificantes em vários aspectos.

Nesse banquete dos radicalismos existenciais, encontraremos também Arthur Schopenhauer, com demonstrações de pessimismo em *O mundo como vontade e representação*, mas autor de um pouco conhecido *A arte de ser feliz*, que transforma o sombrio filósofo em sábio otimista na vida. Também cruzaremos com o hegeliano de esquerda Max Stirner e sua associação de egoístas. Além disso, como líder da primeira desconstrução, Lou Salomé e o claustro nietzschiano sonhado durante algum tempo com Paul Rée. Ou então com Jean-Marie Guyau, autor de um *Esquisse d'une morale sans obligation ni sanction* [Esboço de moral sem obrigação nem sanção] que teve muita importância para Nietzsche, obra filosófica de um cometa muito cedo desaparecido aos trinta e três anos, para quem a ética era questão de aumento do poder de existir. Portanto, um outro século XIX...

BIBLIOGRAFIA

Mandeville ou Flora Tristan? O cinismo político do pensamento liberal é exposto sem constrangimento em *La Fable des abeilles*, seguido de *Essai sur la charité et les écoles de charité*, e depois em *Défense du livre* [trads. fr. de *The Fable of the Bees*, "Essay on Charity and Charity Schools" e "A Vindication of the Book"], de Bernard de Mandeville, dois volumes da Vrin. Introdução, tradução [francesa], índice de Lucien e Paulette Carrive. Como antídoto a essa crueldade liberal, cabe ler Flora Tristan, cuja vida é possível descobrir com a biografia de Évelyne Bloch Dano: *Flora Tristan. La femme messie*, Grasset, e a obra que contém *Promenades dans Londres ou L'aristocratie et les prolétaires anglais*, François Maspero. Org. François Bédarida. A obra e a vida encontram-se em Dominique Desanti em *Flora Tristan, vie, oeuvre mêlées*, 10x18. Quanto ao ambiente socialista da época: Gian Mario Bravo, *Les Socialistes avant Marx*, três volumes, Maspero.

* * *

Grandezas do utilitarismo. Trata-se de um continente filosófico quase esquecido na França, pois foi muito duradouro o triunfo da fascinação pelo idealismo alemão, fomentada pela

EUDEMONISMO SOCIAL

Universidade nos anos seguintes à Revolução Francesa, de tal modo que ele se tornou lei institucional e palavra-chave da historiografia dominante. Em vez de cultivarem um vocabulário abstruso, avessos a voos líricos idealistas, preocupados com as coisas concretas, alguns pensadores ingleses – Godwin, Bentham, Mill, Sidgwick, Moore – propõem as bases de outro modo de filosofar, que fica fora das portas da faculdade.

Por isso, o grande interesse pelo formidável livro de Elie Halévy intitulado *La Formation du radicalisme philosophique*, três volumes. Volume 1: *La jeunesse de Bentham (1776-1789)*; volume 2: *L'Evolution de la doctrine utilitaire de 1789 à 1815*; volume 3: *Le Radicalisme philosophique*, Alcan 1901, reedição PUF 1995. Cabe completá-lo com a excelente iniciativa de Monique Canto--Sperber, que dirige a coleção "Philosophie morale", lendo-se: Catherine Audard, *Anthologie historique et critique de l'utilitarisme.* Volume 1: *Bentham et ses précurseurs (1711-1832)*; volume 2: *L'Utilitarisme victorien (1838-1903)*; volume 3: *L'Utilitarisme contemporain*, PUF, 1999.

* * *

Godwin, pastor e anarquista? *An Enquiry Concerning Political Justice and its Influence on General Virtue and Happiness* teve uma tradução francesa *L'Enquête sur la justice politique et son influence sur la morale et le bonheur d'aujourd'hui* publicada em 2005, com tradução de Denise Berthaud e Alain Thévenet para Atelier de création libertaire. Trabalho considerável com um mínimo de notas. Redigi seu prefácio, apresentando Godwin menos como inventor do anarquismo e mais como protoanarquista, útil para a constituição posterior de um *corpus* realmente anarquista. Para dispor de um exemplo de historiografia anarquista, pode-se consultar até mesmo o (ruim) "Que sais-je?" de Henri Arvon, *L'Anarchisme*, PUF, 1951. É de se perguntar se Arvon alguma vez leu Godwin... É o velho bordão dos historiadores do anarquismo.

Alain Thévenet é especialista de Godwin; a ele dedicou grande parte de sua vida. Também lhe devemos uma biografia e uma análise crítica: *William Godwin. Des Lumières à l'anarchisme*, Atelier de création libertaire, 2002, e uma antologia prefaciada: *William Godwin et l'euthanasie du gouvernement*, Atelier de

316

BIBLIOGRAFIA

création libertaire, 1993. Devo uma parte de minhas informações a essas duas obras, mas também e sobretudo a Henri Roussin, *William Godwin*, Plon, 1913, obra que não encontrei citada em nenhuma bibliografia de Alain Thévenet.

Também de Godwin, uma edição francesa quase confidencial de *Of Servants: Des domestiques*, seguido também pela tradução francesa de *Of Choices in Reading: Du choix des lectures*, Alidades, L'Impertinent, tradução de Emmanuel Malherbet, 32 páginas, entre as quais algumas, temíveis, dedicadas aos domésticos. Dali retiro esta única frase: "Sua perfeição atinge o ápice quando ele se torna realmente máquina." Godwin, pai do anarquismo, ah, é mesmo?

Por fim, um fascículo das edições "Pensée et action", Bruxelas, 1953: *William Godwin (1756-1836). Philosophe de la justice et de la liberté*, intervenções de obscuros desconhecidos no movimento anarquista – G. Woodcock, A. Prunier, H. Salt, J. Cello, C. Zaccaria, J. Garcia Pradas e, mais conhecido, Hem Day. Nada de transcendente nem de insuperável. Interessantes textos de Kropotkin extraídos de sua obra e referentes a Godwin, apresentado sem surpresa como o "primeiro teórico do socialismo sem governo, ou seja, da anarquia"...

* * *

Jeremy Bentham, utopista liberal. Encontrei num sebo *Déontologie* [trad. fr. de *Deontology*], edição original francesa de 1834 realizada por John Bowring, tradução de Benjamin Laroche, publicada pela Charpentier; serviu de base para a edição prefaciada por François Dagognet para a Encre Marine em 2006. Também em sebos: *La Religion naturelle* [trad. fr. de *The Influence of Natural Religion on the Temporal Happiness of Mankind*], Germer Baillière, 1875, edição de George Grote, tradução do inglês de E. Cazelles; quanto a *Tactique des assemblées législatives* seguido por *Manuel des sophismes politiques*, obra em dois volumes extraída dos manuscritos por E. Dumont, edição Bossange Frères, 1822; *Théorie des peines et des récompenses*, Elibron Classics, edição de Dumont, Volumes 1 e 2; *Principes de législation et d'économie politique*, com grande número de informações biográficas nas setenta e uma páginas do prefácio de S. Raffalovitch.

EUDEMONISMO SOCIAL

Há reedições mais ou menos em todos os sentidos e em todos os editores, segundo o interesse ideológico específico do responsável pela edição. Versão esquerdista – minha preferência: *Le Panoptique* seguido por "L'oeil du pouvoir", entrevista de Michel Foucault e seguida de um posfácio de Michelle Perrot, "L'inspecteur Bentham", pela Belfond, 1977 [ed. bras. *O panótico*, trad. Guacira Lopes Louro, Autêntica, 2ª ed., 2008]. Evidentemente, cabe ler o capítulo intitulado "Le panoptisme" [O pan-optismo] em *Surveiller et Punir* de Michel Foucault, Gallimard, 1975 [*Vigiar e punir*, trad. Raquel Ramalhete, Vozes, 40ª ed., 2012].

Versão homossexual: *Essai sur la pédérastie*, tradução [francesa de *Essay on Paederasty*] de Jean-Claude Bouyard para Question de genre, 2003, do texto editado por Louis Crompton em *Journal of Homossexuality*, vol. III, 4&IV, 1978. Prefácio desvinculado do contexto filosófico utilitarista e das razões atenuantes. Donde a incompreensão e o falso paradoxo de um Bentham a fustigar a homossexualidade, ao mesmo tempo que trabalhava por sua descriminalização.

Versão liberal: *Garanties contre l'abus de pouvoir et autres écrits sur la liberté politique*, em especial *Emancipez vos colonies!*, pelas edições "Rue d'Ulm" com prefácio de Marie-Laure Leroy, da École Normale Supérieure, doutora etc. Bentham como defensor das liberdades civis, da liberdade de imprensa, da democracia representativa, um "liberal" tal como gostam os da École Normale Supérieure... O extremo oposto de um Foucault, sem dúvida.

Versão lacaniano-linguística: trabalhos de Jean-Pierre Clero, que se vira como pode para traduzir um Bentham transformado em ícone por Lacan, sugado pela filosofia analítica da linguagem. Donde as edições de *Fragment sur le gouvernement* [trad. fr. de *A Fragment on Government*] seguida por *Manuel de sophismes politiques*, Bruylant, L.G.G.D.J., 1996; *De l'ontologie* [trad. fr. de *Of Ontology*], Seuil, 1997, traduzido e comentado com Christian Laval; além disso, *Chrestomathia*, Cahiers de l'Unebévue, 2004.

Versão sorbonesca: sobre o filósofo e, mais especialmente, do ângulo econômico, um rápido *Jeremy Bentham, les artifices du capitalisme*, de Christian Laval, PUF, 2003, soft. Das atas do co-

BIBLIOGRAFIA

lóquio de Genebra em 1990, *Regards sur Bentham et l'utilitarisme*, obra coletiva, publicada por Kevin Mulligan e Robert Roth, Librairie Droz, 1993. Nelas se encontram informações sobre Dumont, o pastor editor e preparador dos textos do filósofo, bem como um resumo do trabalho antiutilitarista de Alain Caillé – que foi meu efêmero professor num crédito obrigatório de sociologia na Universidade de Caen –, "Utilitarisme et anti-utilitarisme", corrente M.A.U.S.S. (Mouvement Anti-Utilitariste dans les Sciences Sociales [Movimento Antiutilitarista nas Ciências Sociais]), que fustiga a utilidade em nome da dádiva em Mauss e Marcel, postulação que possibilita a alguns cristãos praguejar contra Bentham em nome da dádiva e da contradádiva. O egoísmo do malvado utilitarista contra a bondade católica do amor ao próximo, *remake* de um grande clássico. Alain Caillé opõe "aimance" [amância] [!] ao princípio de utilidade...

Recentes trabalhos mais especificamente dedicados à filosofia do direito: Xavier Bebin, *Pourquoi punir? L'approche utilitariste de la sanction pénale*, l'Harmattan, 2006, algumas páginas severas contra a leitura do pan-óptico feita por Foucault. E Guillaume Tusseau, *Jeremy Bentham et le Droit constitutionnel. Une approche de l'utilitarisme juridique*, l'Harmattan, 2001. Leitura liberal de Bentham, inventor do Estado constitucional contemporâneo – o que dizer do pan-óptico?

Deve-se notar que o utilitarismo hedonista e o trabalho sobre a ética desenvolvida em *Deontology*, a meu ver a parte mais revolucionária da obra de Bentham, continuam letra morta, do ponto de vista bibliográfico e até mesmo editorial – afora a reedição que iniciei para a Encre Marine. A obra propõe uma real alternativa à moral cristã e kantiana, o que provavelmente explica em parte esse esquecimento...

* * *

John Stuart Mill, o romântico. Não há biografia em língua francesa, mas uma autobiografia, *Autobiographie*, traduzida por Guillaume Villeneuve para a Aubier [*Autobiografia*, trad. Alexandre Braga Massella, Iluminuras, 2007]. Descobre-se aí um Mill filósofo romântico, frágil, feminista, socialista, apaixonado, filho sofredor de seu pai, mais do que pensador da econo-

EUDEMONISMO SOCIAL

mia política liberal. Este último Mill se descobre com *Sur la définition de l'économie politique, et sur la méthode de l'investigation qui lui est propre* [trad. fr. de *On the Definition of Political Economy: and on the Method of Investigation Proper to It*], introdução Guy Bensimon, tradução de Christian Leblond para o editor Michel Houdiard. Ver também *Essais sur Tocqueville et la société américaine*, Vrin. Também se deve ler, sobre o Mill político, *Le gouvernement représentatif*, tradução Dupont White para a Guillaumin, 1865 [*Considerações sobre o governo representativo*, várias eds. bras.].

Evitamos fazer de Mill um estrito discípulo de Bentham quando não nos limitamos a fazer referência a *Utilitarismo* e quando lemos também *Essai sur Bentham* [trad. fr. de *Bentham*] apresentado, traduzido e anotado por Catherine Audard e Patrick Thierry para a PUF Quadrige. Acerto de contas claro e nítido de Mill com Bentham... A meu ver, o grande Mill – que talvez agrade tanto aos libertários... – está em *De la liberté*, tradução de Gilbert Ross, édition du Grand Midi [*A liberdade*, trad. Eunice Ostrensky, Martins Fontes, 2000], e em *L'Asservissement des femmes*, tradução de Marie-Françoise Cachin, Petite Bibliothèque Payot [*A sujeição das mulheres*, trad. Debora Ginza, Escala, 2006]. Um libertário no sentido amplo do termo e um feminista convicto... Para se ter acesso ao filósofo do conhecimento: *La Logique des sciences morales*, tradução Gustave Belot, Librairie Delagrave [*A lógica das ciências morais*, trad. Alexandre Braga Massella, iluminuras, 1999].

Também se pode ler *La Nature* [trad. fr. de "Nature"], tradução de Estiva Reus, La Découverte, mas evitando a apresentação, o posfácio e o léxico de Francisco Varerga, personagem desonesta que, em *Les Fondements philosophiques du libéralisme. Libéraliste et étique*, La Découverte, escreve sem constrangimento que *Deontology* de Bentham "foi fraudulentamente apresentada como 'obra póstuma' de Bentham" e reincide, ao fazer do *Panóptico* um projeto do irmão, pelo qual Bentham não poderia em hipótese nenhuma ser considerado responsável... Ou como evitar a questão hedonista e a questão do regime policial em Bentham para fazer do liberalismo um santo pensamento...

* * *

BIBLIOGRAFIA

Owen, o patrão inventor do socialismo. Em 1905 foi publicada uma biografia escrita por Edouard Dolléans, *Robert Owen*, pela Société Nouvelle de Librairie et d'Édition. Foi seguida pela tradução intitulada *Le Catéchisme du nouveau monde moral* [trad. de *The Catechism of the New Moral World*]. Do mesmo Dolléans, historiador do movimento operário, vale ler *Le Chartisme (1831-1848). Aurore du mouvement ouvrier*, Les Nuits Rouges, 2003. As Éditions Sociales publicaram na época trechos escolhidos de Robert Owen, organização de M. Morton. As traduções intituladas *Une nouvelle vision de la société ou Essai sur le principe de formation du tempérament de l'homme et sur la mise en pratique de ce principe* [trad. fr. de *A New View of Society, or Essays on the Principle of the Formation of the Human Character and the Application of the Principle to Practice*] (1813-1816), assim como *Conférences sur les mariages religieux dans le vieux monde immoral* [trad. fr. de *Lectures on the Marriages of the Priesthood of the Old Immoral World*] (1835) são inéditas. Foram feitas por Magali Fleurot. Do filho: Robert Dale Owen, *Esquisse d'un système d'éducation dans les écoles de New Lanark* [trad. fr. de *An Outline of the System of Education at New Lanark*], tradução Desfontaines para as edições Lugan em 1825.

Obra antiga: de Louis Reybaud, *Etudes sur les réformateurs ou socialistes modernes*, Guillaumin, 1864: volume 1 dedicado a Saint-Simon, Fourier, Owen, Comte; volume 2, ao socialismo, ao cartismo, aos comunistas, aos "utilitários", aos "humanitários" e aos... "mórmons"! Mais recentemente: Serge Dupuis, *Robert Owen, socialiste utopique (1771-1858)*, édition du CNRS, 1999.

* * *

Fourier e o orgasmo atrativo. Duas biografias: uma para os corajosos, seiscentas páginas, *Fourier. Le visionnaire et son monde*, de Jonathan Beecher, Fayard (1993), traduzido do inglês por Hélène Perrin e Pierre-Yves Pétillon; outra, com duzentas e cinquenta, para os apressados: Emile Lehouck, *Vie de Charles Fourier. L'homme dans sa vérité*, Denoël-Gonthier, 1978.

A obra completa foi publicada em doze volumes pelas edições Anthropos (1966-1968), organização de Simone Debout, a quem também se deve um *"Griffe au nez ou donner have ou art". Ecriture inconnue de Charles Fourier*, Anthropos, 1974... Sobre o

321

EUDEMONISMO SOCIAL

filão Fourier extravagante, ver de Michel Nathan *Le ciel des fouriéristes. Habitants des étoiles et réincarnations de l'âme*, Presses Universitaires de Lyon (1981).

Os impacientes que desanimam diante das seis mil páginas da obra completa devem conformar-se com as seleções de textos e outras antologias. Daniel Guérin realizou uma excelente com o título *Vers la liberté en amour*, Idées Gallimard, 1975. René Schérer, grande fourierista jurado e confesso, publicou *Charles Fourier ou la contestation globale*, Séguier (1996). Deve-se ler do mesmo autor *Pari sur l'impossible. Etudes fouriéristes*, Presses Universitaires de Vincennes (1989) e *Utopies nomades. En attendant 2002*, Séguier (1996) – ou como ser fourierista no ano 2000! Schérer também prefaciou uma seleção de textos publicada com o título *L'Ordre subversif* para a Aubier Montaigne em 1972. Jean Goret, por sua vez, assinava o posfácio. A este último devemos *La pensée de Fourier*, Presses Universitaires de France, 1974.

De Jacques Debu-Bridel, *L'Actualité de Fourier. De l'utopie au fouriérisme apliqué*, France-Empire, 1978: Fourier apresentado como "terceira via" por... um homem que começou na Action française, foi resistente e acabou gaullista de esquerda! Ele mesmo realizou uma antologia com o título *Fourier* para a Traits em 1947. Introdução bem-feita e sintética. Depois de maio de 68, Fourier foi repensado à sombra das barricadas. Disso resultou: Barthes, *Sade, Fourier, Loyola*, Seuil, 1971 [ed. bras. trad. Mario Laranjeira, Martins Fontes, 2005], e um trabalho acadêmico (bem-feito) de Pascal Bruckner, *Fourier*, 1975.

* * *

O ogro Bakunin. Biografia laboriosa de Madeleine Grawitz, *Michel Bakounine*, Plon. Percebe-se na obra o toque da professora de direito público e de Ciências Políticas... 620 páginas de detalhes supérfluos onde se faz mais uma biografia extremamente detalhada das Internacionais e dos movimentos operários do que um real retrato intelectual, cultural e filosófico de Bakunin, aludindo-se ligeiramente à sua homossexualidade, apresentada em várias ocasiões como uma hipótese jamais comprovada, nem mesmo analisada. A escolha, nas notas de rodapé, das citações de análises psicanalíticas ridículas não dis-

BIBLIOGRAFIA

pensava a biógrafa de propor sua abordagem psicológica da personagem – com mais de seiscentas páginas, havia lugar... –, o que faz muita falta. Existem *Obras completas* de Bakunin em francês, *Oeuvres complètes*, em oito volumes pelas edições Champ Libre. Mas *Confissões* não estão lá... Portanto, nem tão completas. Estas podem ser lidas na edições PUF, *Confessions*, tradução de Paulette Brupbacher, com prefácio de Boris Souvarine e notas de Max Nettlau. É possível ler edições separadas, *Fédéralisme, Socialisme, Antithéologisme*, L'Age d'homme, Lausanne [*Federalismo, socialismo, antiteologismo*, trad. Plínio Augusto Coelho, Cortez, 1988]. *Dieu et l'État* [*Deus e o Estado*, trad. Plínio Augusto Coelho, Hedra, 2011], com prefácio de Elisée Reclus e Cafiero, "À la brochure mensuelle". Ou excertos: *Le Socialisme libertaire. Contre les despotismes*, antologia realizada por Fernand Rude para a Denoël Médiations e *Le Sentiment sacré de la révolte*, édition Les Nuits rouges, coletânea de Etienne Lesourd.

O conflito Marx/Bakunin é objeto de dois volumes extremamente bem-elaborados em 10 x 18: *Socialisme autoritaire ou libertaire*, dois volumes de textos comentados sobre as relações tumultuadas entre os dois homens, os dois pensamentos, os dois modos de conceber o mundo operário – ou o mundo simplesmente... O mesmo editor publicou outro belíssimo livro de Arthur Lehning intitulado *Michel Bakounine et les autres*: as relações com Proudhon, Marx, Wagner, Michelet, Kropotkin, Malatesta. Precioso para restaurar a figura do homem, do pensador, do revolucionário, do temperamento. Gaston Leval realizou uma síntese honesta com *La Pensée constructive de Bakounine*, Spartacus.

CRONOLOGIA

A CONSTELAÇÃO HEDONISTA	*A CONSTELAÇÃO IDEALISTA*
	1714: Mandeville: The Fable of the Bees.
	1723: Mandeville: Essay on Charity.
	1724: nascimento de Kant.
1744: Piranesi grava Carceri [Prisões]	
15 de fevereiro de 1748: nascimento de Jeremy Bentham.	
3 de março de 1756: nascimento de William Godwin.	
	1762: nascimento de Fichte.
	1770: nascimento de Hegel.
14 de maio de 1771: nascimento de Robert Owen.	
7 de abril de 1772: nascimento de Charles Fourier.	
1774-1779: Nicolas Ledoux, Arc-et-Senans.	

EUDEMONISMO SOCIAL

A CONSTELAÇÃO HEDONISTA	*A CONSTELAÇÃO IDEALISTA*

1781: Kant, Crítica da razão pura.
1784: Kant, O que é esclarecimento?
1785: Bentham, *Essay on* · *1785: Kant,* Metafísica dos
Paederasty. · costumes.

1788: Kant, Crítica da razão prática.

1789: Bentham, *Uma introdução aos princípios da moral e da legislação.*

1789, tomada da Bastilha.
4 de agosto de 1789: abolição dos privilégios.

26 de agosto de: Declaração dos direitos do homem.

1790: Kant, Crítica da faculdade do juízo.

1793: decapitação de Luís XVI.

1793: Godwin, *An Enquiry Concerning Political Justice.*

1793: Condorcet, *Esboço de um quadro histórico dos progressos do espírito humano.*

1793: Bentham, *Emancipez vos* · *1793: Kant,* A religião nos limites
colones! · da simples razão.
1794: Godwin, *Caleb Williams.*
1793: Owen, experiência de New Lanark.

27 de julho de 1794: Termidor, morte de Robespierre.
1794: Fichte, Princípios da doutrina da ciência.
30 de março de 1796: Conspiração dos Iguais.

1796: Kant, Metafísica dos costumes. Doutrina do direito.
1797: Kant, Doutrina da virtude.

4 de setembro de 1797: golpe de Estado do Diretório.

CRONOLOGIA

A CONSTELAÇÃO HEDONISTA	*A CONSTELAÇÃO IDEALISTA*
	1798: Fichte, Sistema da ética.
	1798: Schelling, A alma do mundo.

10 de novembro de 1799: golpe de Estado de Bonaparte.

1800: Fichte, O destino do homem.
1800: Schelling, Sistema do idealismo transcendental.
1802: Hegel, Fé e Saber.
1804: morte de Kant.

1804: Napoleão imperador.

1804: nascimento de Feuerbach. *1804: Schelling,* Filosofia e religião.

20 de maio de 1806: nascimento de John Stuart Mill.

1806: batalha de Iena.

1806: Fichte, Prescrição para a vida feliz.
1807: Hegel, Fenomenologia do espírito.
1807-1809: Fichte, Discurso à nação alemã.

1808: Fourier, *Théorie des quatre mouvements.*

1809: Schelling, A essência da liberdade humana.

1809: batalha de Wagram.

1812: Hegel, A ciência da lógica.

1812: Napoleão, campanha da Rússia.

1813: nascimento de Kierkegaard.

1813: Goya, Os desastres da guerra.

327

EUDEMONISMO SOCIAL

A CONSTELAÇÃO HEDONISTA   *A CONSTELAÇÃO IDEALISTA*

1813: Owen, *A New View of
Society.*
1814: Bentham, *Chrestomatha.*   *1814: morte de Fichte.*

**18 de maio de 1814: nascimento
de Mikhail Bakunin.**

*1815: Batalha de Waterloo.
Os Cem Dias.
1816: Niepce, primeiro negativo fotográfico.*

1816: Owen, *Discurso aos
habitantes de New Lanark.*

1817: Hegel, Enciclopédia.
*1818: nascimento de Marx.
1821: Hegel,* Princípios da filosofia
do direito.

1822: Fourier, *Traité de l'association
domestique et agricole.*
1824: Bentham, *Livro dos sofismas.*
1º de maio de 1825: inauguração
de New Harmony, comunidade
owenista nos Estados Unidos.
Primavera de 1827: fim de New
Harmony.
1829: Fourier, *O novo mundo
industrial e societário.*

1831: morte de Hegel.

**6 de junho de 1832: morte de
Bentham.**

1832: Hegel, Introdução à história
da filosofia.

1834: Owen, *O novo mundo moral.*
1835: Fourier, *La Fausse industrie.*
1835: Owen, *Lectures on the
Marriages of the Priesthood of
the Old Immoral World.*
**7 de abril de 1836: morte de
Godwin.**
**10 de outubro de 1837: morte de
Charles Fourier.**

328

CRONOLOGIA

A CONSTELAÇÃO HEDONISTA	*A CONSTELAÇÃO IDEALISTA*
Fourier, *O novo mundo amoroso*, manuscrito póstumo. 1838: Owen, *O livro do novo mundo moral.* 1838: John Stuart Mill, *Bentham* (anônimo numa revista; com seu nome em 1840).	
	1840: Proudhon, O que é a propriedade?
1841: Feuerbach, *A essência do cristianismo.*	*1841: Marx,* Crítica da filosofia do direito de Hegel.
1842: Bakunin, *A reação na Alemanha. Notas de um francês.* 1842: Flora Tristan, *Promenades dans Londres.* 1843: publicação póstuma de *Deontology.* 1843: Mill, *Sistema de lógica.*	1843: Kierkegaard, *Ou... ou...* 1843: Kierkegaard, *Temor e tremor.*
1844: nascimento de Nietzsche.	*1844: Marx,* Manuscritos de 1844. *1844: Kierkegaard,* O conceito de angústia. *1845-1846: Marx,* A ideologia alemã.
1845: Feuerbach, *Preleções sobre a essência da religião.* 1846: Feuerbach, *Contra o dualismo de corpo e alma, de carne e espírito.*	*1846: Kierkegaard, Post-Scriptum.*
	1848: Marx, Manifesto do partido comunista. *1848, Kierkegaard,* Discursos cristãos. *1848, Auguste Comte,* Discours sur l'ensemble du positivisme.
1849: Owen, *The Revolution in the Mind and Practice of the Human Race.*	*1849, Kierkegaard,* O desespero humano.

EUDEMONISMO SOCIAL

A CONSTELAÇÃO HEDONISTA	*A CONSTELAÇÃO IDEALISTA*

1850: Feuerbach, *A revolução e as ciências naturais.*

1851: Bakunin, *Confissões.*

1851: Comte, Système de politique positiviste.

1852: Comte, Catecismo positivista.

1854: Mill começa sua *Autobiografia.*

1855: morte de Kierkegaard.

1857: Feuerbach, *Teogonia.*

17 de novembro de 1858: morte de Robert Owen.

1859: Mill, *A liberdade.*

1859: Marx, Contribuição à crítica da economia política.

1859: Darwin, A origem das espécies.

1863: Mill, *O utilitarismo.*

1866: aparecimento da palavra "ecologia" em Haeckel.

1867: Marx, O capital.

1869: Mill, *A sujeição das mulheres.*

1870: dogma da infalibilidade papal.

1870: Bakunin, *Cartas a um francês.*

1870: Bakunin escreve *Deus e o Estado.*

1870: Bakunin, *A ciência e a questão da revolução.*

1871: Bakunin, *Três conferências aos operários do vale de Saint-Imier.*

1872: Bakunin, *Federalismo, socialismo e antiteologismo.*

15 de setembro de 1872: morte de Feuerbach .

7 de maio de 1873: morte de John Stuart Mill. Publicação de sua *Autobiografia.*

1873: Bakunin, *Estatismo e anarquia.*

1º de julho de 1876: morte de Mikhail Bakunin.

1893: morte de Marx.

330

ÍNDICE REMISSIVO

CENSURA
inclusão no Índex, 24, 225

CIÊNCIA
libertária, 290, 291

CINISMO
Mandeville, 21, 22, 23, 24

CORPO
alimentos, 244, 246, 247, 252, 253, 254
alma, 240, 241
Bentham, 83
cinco sentidos, 254
contracepção, 147
dos trabalhadores, 30
gastrosofia, 212, 214, 227, 247, 252, 253, 256
Godwin, 36, 40, 41
maus-tratos, 31
paixões, 230-231, 250, 251, 252, 264, 265
plenamente realizado, 199
prostituição, 23, 30, 31, 81, 115, 130, 189, 196, 212

reencarnação, 240
sexualidade, 154, 195, 195, 199, 212, 258, 259, 260, 261, 262, 263, 268, 280
violação, 88

ECONOMIA
capitalismo, 16, 31, 52, 110, 114, 120, 273
comércio, 16
definições, 16, 28
e liberdade, 112
e moral, 18
e política, 18, 130
e socialismo, 25
liberalismo, 18, 52, 54, 81, 110, 111, 114, 115, 120, 145, 307
pauperização, 18, 24, 26, 27, 32, 81, 110, 113, 115, 174, 190, 197, 242, 306
produção, 16, 18, 19, 26, 52, 80, 115, 115, 118, 177
propriedade privada, 16, 45, 52, 59, 167, 177, 191, 192
prosperidade, 20, 21, 23
revolução industrial, 14, 26, 27

EUDEMONISMO SOCIAL

riquezas, 17, 18, 22, 24, 28, 31, 52, 112, 115, 115

ESTÉTICA
música
Berlioz, 138
Brahms
Quarteto op. 25, 138
Corelli, 70
Haendel, 70
Liszt, 274
ópera, 254, 255
Ravel
Pavana para uma infanta defunta, 14
Wagner, 278
Tristão e Isolda, 138
Webern, 14
pintura
Cézanne, 14
David, 14
Goya, 14
Ingres, 14
Matisse, 14
Picasso, 14
As senhoritas de Avignon, 14
Turner, 14

EUDEMONISMO
felicidade
comum, 22, 30, 40, 84, 86, 92, 109, 110, 119, 162, 165, 200
da humanidade, 24
indireta, 135
individual, 162, 163, 199
longe do mundo, 14
mútua, 201
Owen, 183
social, 310, 311, 312
Stuart Mill, 132, 133, 135

FILÓSOFOS
I) Antiguidade
Agostinho, 132, 195
Alcibíades, 313
Aristóteles, 70, 86, 90, 126, 245

Diógenes de Sinope, 313
Epicuro, 150, 153, 313
Platão, 70, 84, 86, 90, 126, 150, 156, 245, 313
Sócrates, 70, 90, 94, 143, 150, 152, 313

II) Cristãos hedonistas
Montaigne, 132

III) Libertinos barrocos
Espinosa, 91

IV) Clássicos
Descartes, 132
Fichte, 14, 269
Hegel, 13, 14, 228, 269, 270, 271, 274, 278, 283
Hobbes, 126
Kant, 13, 58, 59, 61, 64
La Rochefoucauld, 19, 64, 90
Leibniz, 113
Locke, 19
Montesquieu, 19
Pascal, 132
Rousseau, 14, 15, 132, 199
Saint-Simon, 25
Schelling, 14, 269
Tocqueville, 19, 109, 144, 320

V) Ultras
d'Holbach, 199
Helvétius, 16, 35, 199
La Mettrie, 132
Meslier, 199
Sade, 88, 92, 93, 195, 322

VI) Eudemonismo social
Mikhail Bakunin
anarquista, 278, 278, 282, 283
e a ciência, 290, 291
e a felicidade, 294
e a liberdade, 289, 289, 294
e a moral, 284, 285, 294
e a música, 268, 276
e a religião, 270, 273, 291, 292, 293
e a revolução, 275, 278, 305
e a Revolução Francesa, 270, 295

ÍNDICE REMISSIVO

e a sexualidade, 268, 280
e a violência, 279
e Deus, 286, 289, 290, 291,
  292, 293, 294
e Hegel, 269, 270, 271
e Marx, 297, 298, 299, 300
e o ateísmo, 286, 292, 292, 293
e o capitalismo, 273
e o comunismo, 286, 288
e o dinheiro, 271-272
e o Estado, 287, 288
e o exílio, 276, 285
e o materialismo, 290, 291,
  292
e o poder, 300, 301
e o povo, 302, 303
e o socialismo, 25, 294, 296,
  297, 301, 305, 308
e o utilitarismo, 282, 283, 285
e os prazeres, 278
família, 267, 268
formação, 267, 268
leituras, 269
libertário, 288, 289, 306, 307
militante, 267, 277, 280
nascimento, 267
retrato, 273
sua doutrina, 278
sua morte, 267, 282
sua obra, 278, 279
sua saúde, 282
viagens, 267, 274, 275, 278

Jeremy Bentham
cidadão francês, 78
e a benevolência, 98, 100, 102,
  105, 106
e a escola, 79
e a felicidade, 93, 109
e a homossexualidade, 100,
  102, 103, 104, 105
e a justiça, 158
e a liberdade, 158
e a moral, 84
e a natureza, 154
e a polidez, 107
e a prudência, 98, 98, 99, 106
e a religião, 82

e as mulheres, 81
e Beccaria, 72
e Dumont, 73, 74, 75
e Helvétius, 72
e John Stuart Mill, 80, 82, 157
e Maupertuis, 72, 85
e o dever, 90, 91
e o hedonismo, 84, 85, 86, 92,
  93, 93, 94, 95, 96, 97, 98, 99,
  100, 107, 152, 153, 156, 157
e o liberalismo, 17, 18, 79, 109,
  111, 114, 115, 120, 157
e o sucesso, 72
e o utilitarismo, 79, 83, 84,
  151, 157
e os animais, 105, 106, 153
formação, 70, 71, 72, 73
infância, 70
nascimento, 69
Pan-óptico, 76, 77, 119, 120,
  121, 122
retrato, 150
seu corpo, 83
seus discípulos, 83
viagens, 76

Charles Fourier
autobiografia fundadora, 215,
  242, 243
considerado louco, 218, 224-
  -225
e a alma, 240, 241
e a analogia, 237, 238, 239,
  240
e a ecologia, 244, 244, 247, 248
e a educação, 252, 255, 256
e a gastrosofia, 212, 214, 227,
  247, 253, 253, 256
e a história, 218
e a moral, 248
e a música, 254, 255, 256
e a natureza, 236
e a Revolução, 214, 216, 217
e a sexualidade, 212, 259, 261,
  262, 263
e as cifras, 230, 231, 233, 252
e as microcomunidades, 224,
  252, 257, 258

EUDEMONISMO SOCIAL

e as mulheres, 213, 225, 225, 259, 260
e as paixões, 230-231, 250, 251, 252, 264, 265
e as palavras, 211, 227, 227, 229, 231, 233, 262
e as personagens conceituais, 226, 228, 229, 234-235
e Deus, 235, 236, 241, 250
e Flora Tristan, 29
e Napoleão, 218, 258
e o "parentismo", 220, 221
e o capitalismo, 242
e o liberalismo, 242
e o pensamento político, 242, 243
e o socialismo, 25, 212, 243, 244
e o trabalho, 256, 257, 258
e o utilitarismo, 249
e os alimentos, 244, 246, 247, 252, 253, 254
e os Evangelhos, 236, 237
e os sinais, 232
e Robespierre, 219
educação, 213
família, 213
formação, 213, 214
fracasso editorial, 218, 222
nascimento, 213
no Índex, 225
o Falanstério, 76, 80, 110, 219, 224, 227, 252, 255, 256, 257, 258, 309, 310, 312, 313
sua morte, 225
sua obra, 226, 229, 234
sua saúde, 225
viagens, 214, 215
visão do mundo, 211, 212, 235, 238, 239, 240

William Godwin
contraditório, 42, 42, 54
e a justiça, 58, 58, 60, 61
e a moral, 58
e a prisão, 55, 58
e a religião, 36, 36, 37, 38, 49, 51, 51, 52

e a Revolução, 44
e as mulheres, 38, 41, 42, 43
e Helvétius, 35, 39
e o anarquismo, 36, 49, 50, 52, 53, 60, 62, 63, 65
e o casamento, 41, 42, 47
e o corpo, 40
e o deísmo, 40, 42, 51, 53
e o dinheiro, 48, 60
e o povo, 45
e o progresso, 57
e o sucesso, 42, 43, 45, 47, 47
e o suicídio, 64
e Shelley, 47
físico, 41
libertário, 39
nascimento, 37
seu caráter, 40, 43, 44
sua formação, 35, 36, 37, 38
sua morte, 49
utilitarista, 50, 51, 53, 57, 59, 61, 62, 63, 64

Robert Owen
e a educação, 177, 178
e a educação nacional, 204
e a felicidade, 183, 199, 200, 201
e a palavra "socialismo", 15
e a pedagogia, 200, 201, 202, 203
e a política, 191
e a propriedade privada, 177, 191, 191
e a religião, 174, 192, 193
e a revolução, 180
e as microcomunidades, 173, 185, 186, 208
e as riquezas, 190, 191
e Bentham, 181
e Deus, 174, 192, 193
e Flora Tristan, 29
e Fourier, 222
e o capitalismo, 173, 177
e o casal, 197, 198
e o casamento, 194, 195, 196, 197
e o comunismo, 177, 187, 188

334

ÍNDICE REMISSIVO

e o deísmo, 174
e o espiritismo, 187
e o igualitarismo, 205, 206, 207
e o liberalismo, 189
e o livre-arbítrio, 174, 193
e o reformismo, 201
e o socialismo, 25, 173, 177, 181, 182
e os negócios, 175
empresário, 176, 177, 178, 179
militante, 208
nascimento, 174
plagiado, 25
sua família, 174
sua formação, 174
viagens, 174, 175

John Stuart Mill
e a autobiografia, 139, 140
e a construção de si, 160
e a felicidade, 133, 162, 163
e a justiça, 158, 164, 164
e a liberdade, 158, 161, 162, 164
e a natureza, 154
e Bentham, 127, 129, 148, 149, 150, 151, 152, 156, 157, 158
e Comte, 144
e o empirismo, 145, 154
e o hedonismo, 135, 152, 153, 155, 156, 158
e o indivíduo, 160, 161, 162, 163
e o liberalismo, 157
e o radicalismo filosófico, 144
e o socialismo, 25, 131, 137, 145, 157, 159, 160, 168, 169, 170
e o sucesso, 145
e o utilitarismo, 130, 135, 137, 141, 148, 151, 152, 155
e Ricardo, 127
e seu pai, 126, 127, 128, 133, 134, 138, 139
e sua mãe, 133, 139, 140
e Tocqueville, 144
educação, 126
formação, 127, 128, 129

hápax existencial, 132
microcomunidades, 128, 131
nascimento, 126
retrato, 131
romântico, 137, 138
sua morte, 147
viagens, 127, 146

VII) Modernos
Bergson, 14, 78, 173
Comte, 144, 170, 186, 278, 283, 290
Engels, 25, 28, 32
Feuerbach, 271, 306
Freud, 14
Husserl, 14
Mandeville, 19, 21, 23, 24, 32
Marx, 25, 26, 28, 29, 32, 109, 111, 148, 159, 160, 162, 165, 173, 248, 275, 280, 282, 287, 288, 290, 298, 299, 300
Nietzsche, 9, 13, 84, 132, 206, 314
Proudhon, 15, 25, 26, 191, 213, 295, 298
Sacher-Masoch, 88, 92
Tocqueville, 19, 109, 144
Tristan F., 25, 28, 29, 30, 31

VIII) Obras citadas
120 dias de Sodoma, Sade, 88
A arte de ser feliz, Schopenhauer, 314
A arte de ter prazer, Michel Onfray, 132
À bas les chefs!, Joseph Déjacque, 288
A ciência e a questão vital da revolução, Mikhail Bakunin, 290, 300
A democracia na América, Tocqueville, 144
A escultura de si, Michel Onfray, 108
A essência da religião, Feuerbach, 291
A essência do cristianismo, Feuerbach, 271, 291, 293, 306

335

EUDEMONISMO SOCIAL

A fisiologia do gosto, Brillat--Savarin, 212, 214

A Fragment on Government, Bentham, 72, 318

A ideologia alemã, Marx, 85, 282, 298

A interpretação dos sonhos, Sigmund Freud, 13

A liberdade, John Stuart Mill, 138, 140, 145, 147, 159, 160, 162, 165, 168, 169, 320

A lógica das ciências morais, John Stuart Mill, 320

A moral anarquista, Kropotkin, 282

A New View of Society, Robert Owen, 130, 168, 321

A New View of Society, or, Essays on the Principle of the Formation of the Human Character and the Application of the Principle to Practice, Robert Owen, 176, 181, 182, 192, 199, 204, 205

A origem da família, da propriedade privada e do Estado, Engels, 191

A reação na Alemanha. Notas de um francês, Jules Elysard (Mikhail Bakunin), 271

A riqueza das nações, Adam Smith, 17, 113

A situação da classe trabalhadora na Inglaterra, Engels, 28

A sujeição das mulheres, John Stuart Mill, 138, 147, 170, 320

A Vênus das peles, Sacher--Masoch, 88

"A Vindication of the Book", Bernard de Mandeville, 315

A Vindication of the Rights of Men, Mary Wollstonecraft, 45

A Vindication of the Rights of Woman, Mary Wollstonecraft, 41

An Enquiry Concerning Political Justice and its Influence on General Virtue and Happiness, Godwin, 35, 42, 42, 43, 44, 47, 48, 49, 50, 57, 60, 63, 68, 316

An Outline of the System of Education at New Lanark, Robert Dale Owen, 321

Annals of the Parish, Galt, 128

Anti-Dühring, Engels, 25

Apêndice ao Império knuto--germânico, Mikhail Bakunine, 284

As confissões, Rousseau, 15

As recompensas em matéria penal, Bentham, 129

Auguste Comte and Positivism, John Stuart Mill, 144

Autobiografia, John Stuart Mill, 127, 131, 135, 138, 139, 140, 141, 145, 159, 283, 319

Bentham, John Stuart Mill, 83, 129, 149, 150, 320

Cartas a um francês, Mikhail Bakunin, 307

Catechism of the New Moral World, Robert Owen, 199, 321

Catecismo dos industriais, Claude-Henri de Saint--Simon, 111

Chrestomathia, Bentham, 71, 80, 86, 318

Christianity Unveiled, Godwin, 49

Cinco memórias sobre a instrução pública, Condorcet, 201

Cinco semanas em um balão, Júlio Verne, 27

Commentaires on the Laws of England, Blackstone, 72

Confissões, Mikhail Bakunin, 270, 276, 284, 285, 286, 287, 323

Considerações inatuais, Nietzsche, 9

ÍNDICE REMISSIVO

Considerações sobre o governo representativo, John Stuart Mill, 169, 320

Contribuição à crítica da economia política, Marx, 159

Crítica da razão prática, Kant, 58

Crítica da razão pura, Kant, 145

Curso de filosofia positiva, Auguste Comte, 144, 214

Da Terra à Lua, Júlio Verne, 27

De l'homme, Helvétius, 21, 57, 72

De l'humanité, Pierre Leroux, 274

De la justice dans la révolution et dans l'Église, Proudhon, 290

Deontology, Bentham, 71, 87, 89, 91, 93, 95,100, 101, 105, 106, 119, 122, 153, 317, 319

Desobediência civil, Thoreau, 313

Deus e o Estado, Mikhail Bakunin, 290, 293, 323

Devaneios do caminhante solitário, Rousseau, 14

Direitos do homem, Thomas Paine, 45

Discursos acadêmicos, Hegel, 270

Do espírito, Helvétius, 57, 72

Dos delitos e das penas, Beccaria, 39, 57, 72

Doutrina da virtude, Kant, 99

Égalité, Pierre Leroux, 15

Elements of Political Economy, James Mill, 130

Emancipez vos colones, Jeremy Bentham, 100, 109, 318

Esboço de um quadro histórico dos progressos do espírito humano, Condorcet, 130

Esquisse d'une morale sans obligation ni sanction, Jean-Marie Guyau, 314

Essai de philosophie morale, Maupertuis, 57

Essai sur l'inégalité des races humaines, Gobineau, 205

"Essay on Charity and Charity Schools", Bernard de Mandeville, 23, 315

Essay on Paederasty, Bentham, 101, 103, 109, 318

Essays on Government, James Mill, 138

Essays on Some Unsettled Questions of Political Economy, John Stuart Mill, 139

Estatismo e anarquia, Mikhail Bakunin, 289, 303, 306

Estética, Hegel, 270

Ética, Kropotkin, 282

Ética prática, Peter Singer, 84

Eutífron, Platão, 126

Examen critique de diverses déclarations des droits de l'homme et du citoyen, Bentham, 75

Federalismo, socialismo e antiteologismo, Mikhail Bakunin, 290, 294, 300, 306, 308, 323

Fenomenologia do espírito, Hegel, 13, 270, 293

Filosofia da miséria, Proudhon, 26

Frankenstein ou o Prometeu moderno, Mary Shelley, 48

Garantias de harmonia e liberdade, Wilhelm Weitling, 274

Garanties contre l'abus de pouvoir et autres écrits sur la liberté politique, Jeremy Bentham, 318

History of British India, James Mill, 126

Ilíada, Homero, 127

Jacques Vingtras, Jules Vallès, 27

Jacques, o fatalista, Diderot, 174

L'Esprit des bêtes. Zoologie passionnelle, Toussenel, 238

L'Histoire et le Commerce, Rapin, 70

337

EUDEMONISMO SOCIAL

La Fausse industrie, Charles Fourier, 214, 224, 226

La Ville monstre, Flora Tristan, 28, 32

Le Monde des oiseaux. Ornithologie passionnelle, Toussenel, 238

Le Stupide XIXe siècle, Léon Daudet, 13

Lectures on the Marriages of the Priesthood of the Old Immoral World, Robert Owen, 192, 195, 321

Les Morticoles, Léon Daudet, 13

Lettre au grand Juge, Charles Fourier, 219

Libertação animal, Peter Singer, 105

Lições sobre a filosofia da religião, Hegel, 270

Life of Robert Owen, Robert Owen, 187

Lógica, Hegel, 270

Manifesto do partido comunista, Marx-Engels, 32, 111, 159, 300

Manuel d'économie politique, Bentham, 74, 111, 111, 114

Manuel des sophismes politiques, Bentham, 112, 317

Manuscrits publiés par la Phalange, Charles Fourier, 243,

Mémoires, Berlioz, 138

Mémoires d'un père, Marmontel, 134

Memoirs of the Author of A Vindication of the Rights of Woman, Godwin, 42

Metafísica dos costumes, Kant, 58

Miséria da filosofia, Karl Marx, 26, 298

Modesta proposta para evitar que as crianças dos pobres da Irlanda se tornem um fardo para seus pais ou para seu país,

e para torná-las benéficas ao público, Jonathan Swift, 113

Monsieur Nicolas, Restif de la Bretonne, 15

"Nature", John Stuart Mill, 320

Not Paul, but Jesus, Jeremy Bentham, 91

O capital, Karl Marx, 26, 28, 85, 191, 272, 282, 299

O contrato social, Rousseau, 39

O espírito das leis, Montesquieu, 69

O gênio do cristianismo, Chateaubriand, 13

O Império knuto-germânico, Mikhail Bakunin, 290

O Inferno, Dante, 122

O livro do novo mundo moral, Robert Owen, 111

O mundo como vontade e representação, Schopenhauer, 314

O mutualismo, Kropotkin, 282

O novo mundo amoroso, Charles Fourier, 191, 219, 221, 222, 226, 228, 233, 259

O novo mundo industrial e societário ou Invenção do procedimento industrial atraente e natural distribuído em séries apaixonadas, Charles Fourier, 111, 214, 216, 223, 226, 231, 232, 237, 242, 245, 247, 249, 257, 310

O panóptico ou a casa de inspeção, Jeremy Bentham, 77, 109, 119, 318

O pintor da vida moderna, Baudelaire, 137, 160

O princípio do Estado, Bakunin, 293

O que é a filosofia, Gilles Deleuze, 226

O que é a propriedade?, Proudhon, 15, 191, 274, 287

O único e sua propriedade, Max Stirner, 271, 289

ÍNDICE REMISSIVO

Of Choices in Reading, Godwin, 317

Of Ontology, Jeremy Bentham, 318

Of Servants, Godwin, 317

Oliver Twist, Charles Dickens, 27

On the Definition of Political Economy; and on the Method of Investigation Proper to It, John Stuart Mill, 320

Paraíso perdido, Milton, 80

Peregrinações de uma pária, Flora Tristan, 29

Politique à l'usage du peuple, Lamennais, 274

Principes de législation et d'économie politique, Jeremy Bentham, 317

Principia ethica, Moore, 84

Princípios da filosofia do direito, Hegel, 145, 270

Princípios de economia política, James Mill, 139

Princípios de economia política, John Stuart Mill, 139, 145, 165, 169

Princípios de economia política, Ricardo, 111

Promenades dans Londres ou L'Aristocratie et les ouvriers anglais, Flora Tristan, 28, 29, 110, 178, 315

"Prometheus Unbound", Percy Bysshe Shelley, 60

Psychopathia sexualis, Krafft--Ebing, 264

Queen Mab, Percy Bysshe Shelley, 48

Sagrada família, Marx, 85, 298

Sistema da natureza, d'Holbach, 39, 57

Sistema de lógica dedutiva e indutiva, John Stuart Mill, 134, 145, 159

Situação dos indigentes, Jeremy Bentham, 109, 117

Situation and Relief of the Poor, Bentham, 117, 118

Sobre um pretenso direito de mentir por humanidade, Kant, 59

Tactique des assemblée legislatives, Jeremy Bentham, 75, 112, 116-117, 317

Teeteto, Platão, 126

The Fable of the Bees or Private Vices, Public Benefits, Bernard de Mandeville, 19, 23, 24, 32, 315

"The Grumbling Hive or Knaves turn'd Honest", Bernard de Mandeville, 19, 20, 21, 22

The Influence of Natural Religion on the Temporal Happiness of Mankind, Jeremy Bentham, 71

"The Mask of Anarchy", Percy Bysshe Shelley, 60

The Methods of Ethics, Sidgwick, 84

The Revolution in the Mind and Practice of the Human Race, Robert Owen, 187, 209

Théorie de l'unité universelle, Charles Fourier, 226, 228, 245

Théorie des peines et des récompenses, Jeremy Bentham, 74, 75, 79, 89, 93, 100, 113, 115, 118, 153, 317

Théorie des quatre mouvements et des destinées générales, Charles Fourier, 218, 219, 223, 230, 236, 239, 259

Things as They Are, or The Adventures of Caleb Williams, Godwin, 47

Threading my way, Robert Dale Owen, 193

Three Essays on Religion, John Stuart Mill, 154

Traité de l'association domestique agricole, ou Attraction

339

EUDEMONISMO SOCIAL

industrielle, Charles Fourier, 222, 248

Traités de législation civile et pénale, Jeremy Bentham, 75

Três conferências feitas aos operários do vale de Saint-Imier, Mikhail Bakunin, 294

Tribuno do povo, Gracchus Babeuf, 296

Uma introdução aos princípios da moral e da legislação, Bentham, 74

Uma investigação sobre a natureza e as causas da riqueza das nações, Adam Smith, 111

Union ouvrière, Flora Tristan, 31

Utilitarismo, John Stuart Mill, 83, 94, 138, 147, 148, 149, 152, 163, 320

Viagem ao centro da Terra, Júlio Verne, 27

Vida de Jesus, David Friedrich Strauss, 271

Vie de Turgot, Condorcet, 130

Vigiar e punir, Michel Foucault, 282, 318

Vinte mil léguas submarinas, Júlio Verne, 27

Volta ao mundo em oitenta dias, Júlio Verne, 27

Voyage en Icarie, Etienne Cabet, 111, 274

HEDONISMO
Bakunin, 278
Bentham, 84, 85, 86, 93, 93, 94, 95, 96,106, 107, 156, 157
comunitário, 309
e utilitarismo, 87
prazer
aritmético, 94, 95, 96, 98, 99, 100, 108
cultural, 154
definição, 93
natural, 154
qualidade, 153, 154-155
quantidade, 153

Stuart Mill, 135, 156, 158

HISTORIOGRAFIA
errônea, 36, 85, 130, 136, 137, 149, 296
dominante, 69, 85, 86, 148, 149
personagem conceitual, 226, 228, 229, 234-235

LIBERDADE
Bakunin, 294, 295
defesa, 16, 30, 39
do mercado, 24

LITERATURA
Balzac, 224
Dante, 122
Gautier, 224
George Sand, 224, 274
Restif de la Bretonne, 15
Sainte Beuve, 224
Valéry, 132

MATERIALISMO
115, 270, 273, 279, 283
Bakunin, 290, 291, 292

MORAL
Bakunin, 294
benevolência, 98, 100, 102, 105, 106
Bentham, 90
caridade, 23
cristã, 18
deontologia, 84, 159
e economia, 18
e liberalismo, 18, 19
e política, 18
e revolução, 284
Fourier, 248
Godwin, 58
inveja, 21
livre-arbítrio, 174, 193
moralizadora, 21
orgulho, 21, 23
paixões ruins, 21
probidade, 21

ÍNDICE REMISSIVO

prudência, 98, 99, 106
vaidade, 21
vício, 21, 23, 97
virtude, 21, 22, 23, 97, 98

MULHERES
Bentham, 81
condições de vida, 170, 170
direitos, 41, 146, 164, 168
emancipação, 259
Fourier, 213, 225, 225, 259, 260
Godwin, 38, 41, 42, 43
poligamia, 261
proibições, 30
visão das mulheres, 38

NATUREZA
consolação, 14
contemplação, 137
= Deus, 236
ecologia, 244, 245, 247, 248
ordem natural, 24

POLÍTICA
anarquismo, 13
Bakunin, 278, 278, 282
Godwin, 49, 50, 52, 53, 60, 62, 63, 65
Proudhon, 15
autoridade, 15, 16
comunismo, 13, 15, 187, 188, 286, 287, 288
democracia, 144, 164, 164, 304
direitos do homem, 44, 46, 75, 79, 101, 102, 116, 117, 217
Estado
intervenção, 16, 112, 145, 164, 165, 207
justiça, 60
leis, 117
liberalismo, 16
Bentham, 109, 157
e cristianismo, 17, 24
e economia, 18, 52, 54, 81, 110, 111

e moral, 18, 19
e política, 18, 26
e utilitarismo, 18, 19
Mandeville, 19
Owen, 189
utopia, 17
marxismo, 16
militância, 25
revolução, 13, 177, 180, 273, 275, 278, 283, 285, 305, 312
Revolução Francesa, 44, 45, 46, 74, 214, 216, 217, 270, 295
socialismo, 13, 15
Bakunin, 294, 296, 301, 302--303, 305, 308
científico, 25
comunista, 25
cristão, 25
e economia, 25
formas múltiplas, 25
Fourier, 212, 243, 244
humanitário, 25
liberal, 25, 145
libertário, 25, 301, 302
mutualista, 25
Owen, 181, 182
paternalista, 25
pré-marxista, 26
reformista, 25
romântico, 25
sociológico, 25
Stuart Mill, 130, 137, 145, 159, 160, 168, 169
utópico, 25, 26
sufrágio universal, 144, 164, 164, 166, 168, 304, 311

PROGRESSO
ciências, 166
Godwin, 57
invenções, 26

RELIGIÃO
ateísmo, 42, 286, 292, 293

341

EUDEMONISMO SOCIAL

Bakunin, 270, 273, 290, 291, 292, 293
calvinismo, 36, 37, 37, 39, 40, 49, 50
Calvino, 38
cristianismo, 49
deísmo, 24, 40, 42, 51, 174
Deus, 91, 150, 174, 192, 241, 250, 251, 286, 289, 290, 291, 292, 293, 294
e liberalismo, 17
Evangelhos, 236, 237
espiritismo, 187
Godwin, 35, 36, 37, 38
inferno, 38
jansenismo, 24
Jesus, 17, 24, 91, 150, 193, 248, 271
Owen, 192, 193
panteísmo, 49
pecado original, 115

TRABALHO
classe operária, 9, 19, 28, 29, 30, 32
condições de trabalho, 30, 114, 121, 177, 183, 311
crianças, 176, 177, 178, 183, 184
desemprego, 32, 110, 114
divisão, 9, 30, 116, 177, 179, 184
fábrica, 9, 25
legislação, 183
matuenção do emprego, 21
mercado, 9, 23

prazer, 256, 257
proletariado, 19, 26, 28, 30, 32
redução, 184, 311
salários, 21, 30, 31, 114, 115

UTILITARISMO
anarquista, 282, 283, 284
Bentham, 89, 151, 157
calvinista, 49, 51
comunitário, 118
definição, 18
e hedonismo, 87
Fourier, 249
Godwin, 59, 61, 62, 63, 64
liberal, 19
nascimento, 84
Stuart Mill, 130, 135, 137, 141, 148, 151, 155

VIDA FILOSÓFICA
amizade, 154
casal, 197, 198
casamento, 42, 42, 47, 194, 195, 196, 197
coerência, 136
construção de si, 140, 151, 160, 163, 313
conversação, 43, 44, 154, 313
Falanstério, 76, 80, 110, 219, 224, 227, 252, 255, 256, 257, 258, 309, 310, 312, 313
figuras radicais, 313
microcomunidade, 45, 67, 128, 130, 173, 185, 186, 208, 252, 257, 258, 309, 312
romantismo, 137